**Feminism
Reboot**

페미니즘
리부트

혐오의 시대를 뚫고 나온 목소리들

손희정 지음

나무연필

책머리에

분투의 기록

무슨 자신감이었을까. 2015년 8월, 나는 한 지면을 빌려 "페미니즘이 리부트되었다"고 진단했다. 이후 2년 동안 대중을 휘감고 도는 페미니즘의 물결을 타고 아주 신나게 돌아다녔다. 태어나서 가장 많은 말을 했고, 가장 많은 글을 썼다. 내내 에멀린 팽크허스트의 말을 기억하고 되새겼다. "싸우는 여자가 이긴다." 그래, 싸우는 우리는 이길 것이라고 믿었다. 우리의 싸움이 옳다고 확신했기 때문이었다.

하지만 2017년 중반을 넘어가고 있는 지금은 어쩐지 주저하고 있다. 우리는 이길까? 이긴다는 것은 무엇일까? 이 싸움에 과연 끝이란 있을까. 아니, 우리는 과연 옳을까. 아니, 아니, 다시 질문하자. 과연 '우리'란 누구인가. 이런 흔들림 속에서 책을 준비했다.

이 책은 그 자체로 일종의 분투의 기록이다. 「집, 정주와 변주의 공간」을 제외한 여덟 편의 글은 모두 2015년에서 2017년 사이에 쓴 것이다. '#나는페미니스트입니다'에서부터 메갈리아의 등장, 강남역 페미사이드femicide(여성 살해), 《시사인》절독 사태와 넥슨의 성우 계약 해지, 그리고 포스트트루스 시대 어용 시민의 탄생과 탁현민 등용에 이르기까지, 지난 2년 간 한국 사회는 '페미니즘'이라는 이름 아래 정신없이 요동쳤다. 이 책에 수록된 글들에서 나는 꽤 꼼꼼하게 그 상황들을 따라가면서 묘사하고, 해석하고, 이해하며, 개입하기 위해 최선을 다했다. 그 덕분에 작업의 한계는 분명하지만 현장감만은 생생할 것이라 자부한다.

여러분은 그 분전역투 가운데 계속해서 흔들리는 한 페미니스트의 갈등을 읽을 수 있을 것이다. 하나의 글에서는 페미니즘의 가능성을 의심하고, 다른 하나의 글에서는 페미니즘을 찬양하다가, 그다음 글에서는 "미래가 보이지 않는다"며 좌절한다. 그리고 나는 이 모든 것이 솔직한 기록이라고 생각한다. 그런 의미에서 이 책은 지금/여기의 페미니즘에 대한 일종의 에스노그라피ethnography이기도 하다.

감정의 인클로저와 페미니즘 리부트

닥치는 대로, 상황에 따라, 순간순간에 충실하게 쓴 글들이지만, 모아놓고 보니 아홉 편의 글을 관통하는 공통적인 문제의식이 보인다. 그것은 IMF 이후 진행된 한국 사회의 '감정의 인클로저'를 분석하고, 그에 대한 페미니즘 비평의 개입 가능성을 타진하는 것이었다.

감정을 구획하여 테두리를 치고 자본의 필요에 따라 그것을 자원화할 수 있도록 관리하는 감정의 인클로저. 이는 자본주의 초창기, 공유지에 말뚝을 박고 사유화함으로써 민중들 사이의 관계를 단절시키고 그에 대한 착취를 손쉽게 했던 시초 축적으로서의 인클로저 운동에 기대고 있는 개념이다. 이때 공유지 대신 분절되어 관리되기 시작한 것이 바로 감정이다. 그 과정에서 개인을 파편화시키는 감정들이 더 큰 파고를 형성하고, 그렇게 사람들 사이의 종적이고 횡적인 유대가 깨지고 있다. 우리는 우리 자신의 감정 안에서 점점 더 고립되어가고 있는 것이다.

감정의 인클로저는 1960년대 말 서구에서 경제성장률이 저하하고 68혁명과 같은 격렬한 민중 봉기가 일어나면서, 이에 대응하는 부르주아의 계급투쟁 과정에서 등장했다. 정보혁명을 바탕으로 하는 인지자본주의는 에바 일루즈와 윌리엄 데이비스 등이 관찰하고 있는 것처럼 자본의 심리에 대한 관여, 즉 정동의 관리와 함께 출현했다. 그렇게 전 지구적 신자유주의화의 중심에는 정동 관리가 놓여 있었다. 우리 시대에 두드러지는 감정들, 예컨대 강력한 주체화의 동학인 혐오, 존엄을 짓밟는 모멸과 수치, 부정성 negativity 을 부정하는 즉각적인 재미, 분노를 지우는 쾌활한 허무, 타자성을 소거하는 맹목적 행복의 추구 등은 정동 관리 시대의 소산이기도 하다.

한국에서 신자유주의가 본격화되고 정동 관리가 요청되었던 최근의 위기는 IMF였다. 이를 계기로 한국의 노동시장은 원주민-비장애인-이성애자(로 상상되는) 남성을 중심으로 재편되었고, 그 과정에서 다양한 소수자에 대한 혐오가 본격적으로 작동하기 시작한다. IMF 이후에 닥쳐온 새로운 시초 축적의 과정에서, 한국 사회의 전환이 그야말로 혐오를 요청했던 것이다. 첫 번째 글인 「혐오의 시대」는 바로 이 문제를 다루고 있다.

그런데 중요한 것은 이런 '감정에 테두리치기'는 명백하게 가부장제와 착종되어 있는 자본주의와 자유주의의 기획 안에서 진행되었다는 점이다. 이 시기에 급속도로 부상하기 시작한 소수자 혐오가 특히 OO녀 담론으로 대변되는 여성 혐오의 형태로 드러났다는 것은 이 지점을 잘 보여준다. 따라서 감정의 인클로저를 제대로 이해하기 위해서는 젠더라는 상수를 고려하는 페미니즘의 방법론이 필요하다. 「페미니즘 리부트」와 「젠더전戰과 '퓨리오숙'들의 탄생」에서는 한국에서의 신자유주의화와 감정의 인클로저가 전혀 젠더 중립적이지 않았다는 사실을 밝히고, 그렇게 도래한 '헬조선'에서 페미니즘이 어떻게 대중적 요청과 만나게 되었는지를 살펴보았다.

'감정의 인클로저'는 악질적인 통치술이기도 하다. 자본주의 초창기의 공유지에 테두리를 쳤던 인클로저 운동이 토지 점유를 통해 행사했던 효과와 마찬가지로, '감정의 인클로저'는 인간들 사이의 '감정적 공유지'를 해체하고 '원자화된 개인'을 자연적인 것

으로 인식하게 만드는 효과를 가져왔기 때문이다. 감정적인 공유
지가 해체된다는 것은 무엇보다 공감의 능력이 사라진다는 것, 타
자를 끊임없는 경쟁과 적대의 대상으로만 파악하게 된다는 것, 따
라서 동료의 조직화와 삶을 위한 연대 그리고 공동체의 형성이
점차로 불가능해진다는 뜻이기도 하다. 「'느낀다'라는 전쟁」에서
는 이런 단절을 극복하기 위한 하나의 가능성으로 사이버 공유지
를 경유한 정서적 연대의 구축을 상상해보고자 했다.

당장 눈앞에 펼쳐진 상황을 살피고 이에 개입하면서 조금씩 논
의를 진전시켰기에 모든 글은 어느 정도 겹쳐 있고 또 긴밀하게
연결되어 있기도 하다. 관심 가는 주제에 따라 글을 선별해 읽어
도 무방하지만, 처음부터 찬찬히 따라 읽는다면 그 재미가 또 다
를 것이라 생각한다. 그랬을 때 보이는 나의 태도는 「혐오의 시
대」에서는 꽤 비관적이었지만 「'느낀다'라는 전쟁」에 이르러서
는 낙관적이 된다. 「'느낀다'라는 전쟁」은 기실 '속도의 페미니
즘'이 신뢰보다는 불신을, 공동체의 구축보다는 단죄를 향해 뛰
어갔던 일련의 사건들이 일어나기 전, 그리고 무엇보다 페미니즘
의 이름으로 소수자에 대한 혐오를 정당화하는 일부 논의가 그
문법을 확립하기 전에 쓰였기 때문이다.

1부의 마지막에 수록한 「어용 시민의 탄생」은 페미니즘 내부
의 지형 변화와 함께 외부에서 "(성소수자 인권은) 나중에"와 "(동
성애에) 반대합니다"라는 목소리가 불거진 이후에 쓴 글이다.
「'느낀다'라는 전쟁」에서 상상하고자 했던 사이버 공유지의 구축

을 방해하는 반지성주의가 '진보 정치'의 이름으로 활개치기 시작한 시점이었다. 나는 그 반지성주의를 기반으로 한 '386 아재' 들의 재생산과 남성 연대의 문제를 이야기하지 않을 수 없었다. 그러나 반지성주의가 비단 남자들만의 문제는 아니라는 것을, 감정의 인클로저가 초래한 하나의 시대정신이라는 것을 통감하지 않을 수 없다. 그것이야말로 우리에게 남겨진 과제가 아닐까.

페미니즘 문화 비평이란 무엇인가

2부에서는 좀더 구체적으로 개별 문화 텍스트를 다루는 비평들을 모았다. 종종 농담처럼 강조하곤 하는데, 여성학을 전공했으리라는 사람들의 예상과 달리 나는 영화학 전공자다. 「천공의 상상력과 영화-구멍」의 시작에서 고백하고 있는 것처럼, 나는 그저 영화 덕후일 뿐이며, 좀더 공부한 덕후로서 할 수 있는 이야기를 하는 것이 나의 정치이기도 하다. 그래서 사실 가장 관심이 있는 것은 어떤 이야기가 쓰이고 소통되고 감정을 만들어내며, 그렇게 한 시대를 살아가는 사람들의 주체성 형성에 개입하는 방식이다. 그리하여 페미니스트로서 내가 할 일이란 페미니즘 문화 비평을 하는 것이라 생각한다.

그렇다면 '비평의 종말'이 선언된 이 반지성주의의 시대에 페미니즘 문화 비평은 도대체 무엇을 할 수 있을까? 혹은 무엇을 해야 할까? 2부에 수록한 글들은 이 질문에 답하기 위한 노력의 결과물이다.

「기억의 젠더 정치와 대중성의 재구성」에서 밝히고 있듯이, 나에게 있어 '비평가의 임무'란 낡은 습관을 질문의 장에 올려놓음으로서 그것을 해소하기 위해 노력하는 것이다. 문화 텍스트는 그것을 접하는 자에게 이야기를 전하고 그 이야기가 촉발하는 감정에 소구함으로써 영향력을 행사한다. 특히 대중성과 통속성을 그 특징으로 하는 대중문화에서 하나의 이야기가 짜여지는 방식, 그 이야기가 만들어내는 감정이야말로 습관으로부터 비롯되는 것이다. 무엇이 감동적이다, 재미있다, 즐겁다, 슬프다, 라고 하는 것은 당연하지 않다. 다만 그것을 당연한 것인 양 만들어온 일련의 습관과 연결되어 있을 뿐이다. 이런 습관과 감정이 연결되는 바로 그 자리가 이데올로기가 작동하는 곳이다.

비평가는 그 연결 고리에 질문을 던지는 사람이다. 예컨대 '못생긴 여자'를 놀림감으로 삼는 개그는 왜 웃긴가? '못생긴 여자'와 재미, 웃음 사이에는 특정한 기준으로 여성의 외모를 평가하는 오래된 가부장제의 습관, 그것을 보면 웃기다고 느끼게 되는 그 습관이 놓여 있다. '못생긴', '여자', '웃기다'는 모두 역사적이고 문화적으로 구성된 의미망에 불과하다. 이는 당연하거나 자연스러운 일이 아니다.

그러나 낡은 습관의 해소만으로는 충분하지 않다. 한 습관의 폐기는 새로운 습관의 창조로 이어져야 한다. 「'느낀다'라는 전쟁」에서 나는 다음과 같이 강조했다. "습관은 우리가 기대고 있는 하나의 체제system이며, 삶을 조직하고 유지하는 체제는 어느 공동체에나 반드시 필요하기 때문이다. 그러므로 습관의 해체는 무無가 아닌, 새로운 것에 대한 지향이다." 그렇다면 비평은 습관을 깨부수는 데 그치는 것이 아니라, 그에 대한 새로운 상상력을 벼려내는 것이어야 한다.

2부에 모아놓은 각각의 비평문에서 내가 페미니스트 문화평론가로서 하고자 했던 것은 그런 작업이었다. 성공했느냐? 그렇지는 않은 것 같다. 하지만 습관을 부수고 새로운 체제를 상상하려는 노력 자체는 꽤 즐거웠다. 독자들이 내가 누렸던 즐거움을 함께 경험할 수만 있어도 좋겠다. 그것만으로도 충분하다.

열심히 써온 글 뭉치가 책이 될 수 있으리라 생각도 못했을 때부터 지지와 지원을 아끼지 않으셨던 한신대학교 박미선 선생님, 그 글 뭉치를 결국 한 권의 책으로 만들어주신 나무연필 임윤희 대표님께 감사드린다. 이 책에 수록된 거의 모든 글의 초고를 읽고 조언을 아끼지 않았던 류진희, 오혜진, 허윤에게 우정과 존경의 마음을 함께 보낸다. 때로 감당하기 힘든 광풍 속에서도 끝까지 버티게 하는 책임감과 성실함은 부모님으로부터 배운 것이다. 그 아름다운 분들께 부끄럽지 않은 책이기를 바란다.

2017년 7월, 광화문에서
손희정

차례

2부 지금 여기를 조망하는
페미니즘 비평

Feminism
Reboot

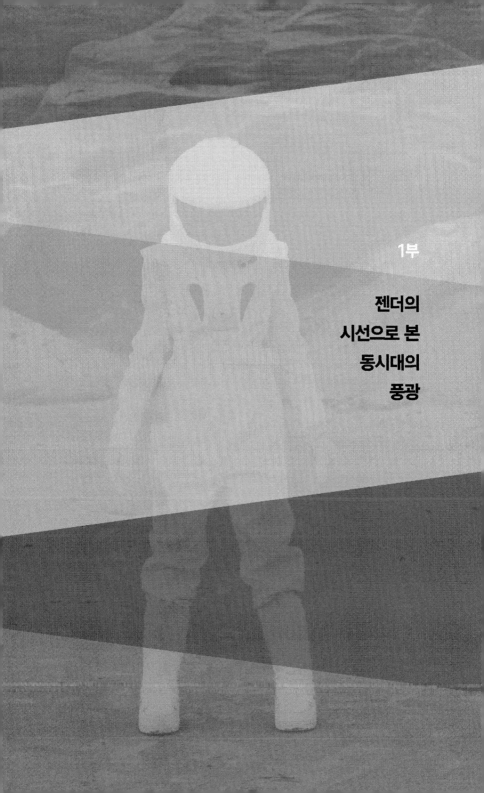

1부

**젠더의
시선으로 본
동시대의
풍광**

혐오의 시대
혐오는 어떻게 이 시대의 문제적 정동이 되었는가

> 홍준표: 군 동성애는 국방 전력을 약화시키는데,
> 어떻게 생각하십니까?
> 문재인: 예, 그렇게 생각합니다.
> 홍준표: 그래서 동성애 반대하십니까?
> 문재인: 반대하지요.
> 홍준표: 동성애 반대하십니까?
> 문재인: 그럼요.
> _2017년 4월 25일, 〈JTBC 주관 대통령 후보자 토론회〉 중에서

2016년 4월, 제20대 국회의원 선거에서 동성애 반대, 차별금지법 제정 반대, 이슬람 반대, 그리고 할랄식품 단지 설립 반대를 외치며 등장한 기독자유당은 2.63%의 정당 득표율을 기록했다. 비례대표를 통한 원내 진출 도달 0.27% 직전이었다. 2017년 대선 정국에서 홍준표 후보는 '동성애 반대'를 스스로를 변별하는 정치적 의제로 들고 나왔다. 동성애를 반대하느냐는 질문을 던진 한 토론회 이후, 홍준표 캠프에서는 그가 "동성애에 반대하는 확실한 후보"임을 내세우기 시작했다. 기독자유당을 포함 '범기독교계'에서 홍준표 지지를 선언한 것은 물론이다. 타인의 존재 자체에 반대하고 법적 차별을 주장하는 것을 생존 전략으로 삼은 정치 세력의 본격적인 등장. 이는 지난 몇 년 간 한국 사회를 휩

쓸었던 혐오의 파도를 돌이켜보면 크게 이상한 일도 아니었다.

매일매일 갱신되는 김치녀 에피소드, 사제 폭탄이 터졌던 한 토크 콘서트, 세월호 텐트 앞에서 벌어진 폭식 투쟁, 차별금지법은 반기독교법이라며 울부짖는 보수 개신교도들, 국가공무원의 "국민은 개돼지" 발언, 여성 혐오 살인사건의 희생자를 기리는 공간에 등장한 핑크 코끼리,[1] 《시사인》 절독 사태, 그리고 대선 후보들이 "동성애에 반대하십니까?"라는 질문을 던지고 답하는 풍경에 이르기까지, 우리는 정치 공간은 물론이거니와 일상의 구석구석까지 파고들어 그 영향력을 키워가고 있는 '혐오'라는 정동affect[2]을 보게 된다. 이 모든 사건이 지난 몇 년간 펼쳐진 일들이며, 사회가 급격히 우경화되면서 혐오를 동력으로 삼는 반동적이고 폭력적인 정치 행위들이 점차 확대되고 있다.

이러한 사례에만 주목한다면 혐오를 특정한 문제적 집단에 국한된 독특한 정동으로 여길 만하다. 그러나 표현의 정도와 드러나는 양태만 다를 뿐, 혐오는 우리 사회의 지배적인 정동이 되어가고 있다. 염려스럽게도 오늘날 혐오는 '그들'만의 것이 아니라 '우리 모두'의 것이다.

혐오란 어느 날 갑자기 튀어나온 정동이 아니다. 그것은 개인과 공동체의 경계를 구성하고 이를 견고하고 안전하게 유지하는 데 어느 정도는 필수적인, 유구한 역사를 가지고 있는 정동이다. 그렇다고 해서 혐오가 언제나 지금과 같이 한국 사회의 성격을 규정하고 포착하는 데 결정적인 역할을 해온 것은 아니었다. 개신교 우파가 한국 사회의 지배적인 인식론과 공명하면서 교세를 확장시켰던 과정을 살펴보면 반공의 시대에는 분노와 증오가, 발전주의의 시대엔 희망으로 고무된 열정이 영향력 있는 정동으로 활용되었다.[3] 한국 교회가 정경교政經教 유착을 통해 강력한 이데올로기적 국가장치로 작동해왔음을 생각해보면, 이런 정동의 지배는 비단 교회 내부에 국한되는 것이 아니었다. 특정한 정동이 한 사회에서 식별 가능할 정도로 두드러질 때, 그것은 구성원의 주체성 형성에 개입하면서 사회의 견고한 지배 체제를 구성하고 지지하는 핵심적인 요소로 작동한다.

그렇다면 우리 시대의 혐오는 인간의 존재와 문명을 조건 짓는 근본적인 정동으로서의 혐오와 구분되는 어떤 시공간적 특수성을 갖고 있을까? 왜 혐오는 21세기 한국 사회의 가장 문제적인 정동으로 등장했고, 어떻게 확대 재생산되었으며, 어째서 그 과정에서 반동적 복고주의라고 할 만한 방향성을 띠게 되었을까?

이 글은 이에 대한 답을 찾기 위해 정치적 민주화와 시장적 자유화의 기점이 되었던 87년 체제와, 그 한계 안에서 등장한 '혐오하는 스놉'에 대해 살펴볼 것이다. 그리고 혐오와 긴밀하게 연결되어 있는 이 시대의 또다른 지배적인 정동인 수치심으로 시선을 돌린다. '혐오하는 스놉'들의 폭력적인 문화적 실천이라 할 수 있는 '조리돌림'을 이해하기 위해서라도 혐오와 수치심의 관계는 반드시 규명되어야 한다.

그러나 이 글은 여기에서 추적을 멈추지 않는다. 반동적 복고주의와 연결되어 있는 혐오를 탐색하고 나서는 '그들'의 정동인 혐오가 기실 '우리 모두'의 정동이 되어가고 있음을 염려하는 최초의 문제의식에 가닿게 될 것이다.

87년 체제와 '외부 없음'의 세계

'역사적 여당'이라고 할 만한 한국의 뿌리 깊은 기득권, 즉 '역사적 블록'(그람시)에 복무하는 정동에 대해 고민하는 것이라면, 사실 혐오는 한국 근대를 아우르는 더욱 방대한 연구 가운데서 탐구되어야 할 주제다. 하지만 이 글은 동시대에 발현된 특정한 혐오의 당대적 기원近起源을 탐색하려는 것이기에 1980년대 말에서부터 2010년대 중반에 이르는 기간을 집중적으로 살펴보고자 한다.

이 시기는 1987년 제도적 민주화가 달성되고 1989년 세계적 냉전 체제가 붕괴되면서 국내외적으로 자유민주주의의 승리와 함께 '역사의 종언'(프랜시스 후쿠야마)이 선언된 때로부터 출발한다. 1990년대에 들어서면서는 질적 민주화의 추구와 함께 본격적인 소비자본주의의 시대가 도래했다. 그러나 1994년에는 '풍요로운 문화 시대'의 구멍을 드러냈던 지존파 사건이 터지고, 그 시대의 몰락을 전조하듯 같은 해에 성수대교가, 그다음 해에는 삼풍백

화점이 붕괴했다. 1997년에는 IMF가 터졌으며, 헌정 사상 최초로 정권 교체가 실현되었다. 2002년 '광장 문화'라는 담론을 들뜨게 했던 월드컵 응원 열풍을 지나 그에 발이라도 맞춘 듯 반권위주의적 정부가 인터넷의 급부상과 정치 팬덤의 등장 등 변화된 선거 문화를 거쳐 집권한다. 하지만 정치 개혁의 실패와 신자유주의의 가속화에 따라 진보 정권이 지속적으로 대중의 기대로부터 미끄러지면서 2008년 CEO 정부가 들어서고, 국가 공권력에 의해 국민이 불에 타 죽는 사건(용산 참사)이 터진다. 2012년에는 독재 정부의 아류가 그 허위적 부활을 알렸으며, 이어서 세월호 사건이 터진다. 그리고 2017년, 우리는 포스트 세월호 시대에 박근혜-최순실을 축으로 하는 희대의 국정 농단을 목격했다.

그야말로 역동적이며 급격한 전환들을 겪어온 시기였으며, 각각의 국면은 사회 구성원들을 더욱 열악하고 팍팍한 삶의 조건 및 실망과 좌절 혹은 총체적인 허무와 무관심으로 밀어 넣는 계기들이 되었다. 반동적 복고주의와 상호 보완적 관계를 형성하고 있는 혐오뿐만 아니라 우리의 시공간 자체를 휘감고 있는 혐오에 대해 이해하기 위해서는 이 시기의 사회적 흐름을 파악해야 한다. 혐오는 1987년 제도적 민주화 달성 이후 한국 사회의 정치적·경제적 실패와, 그 실패를 제도적 차원이 아니라 개인적 차원이자 '자연'인 것처럼 느끼게 하는 문화적 실패로부터 스스로를 비대하게 만드는 자양분을 얻어왔기 때문이다. 결국 혐오란 87년 체제의 실패로부터 비롯된 것이다.

그렇다면 여기에서의 실패란 구체적으로 무엇을 가리키는 것일까? 이를 설명하기 위해서는 우선 87년 체제의 성격을 검토해 봐야 한다.

무엇보다도 87년 체제의 핵심은 제도적 민주화의 달성으로 설명된다. 87년 민중 봉기의 결과로 서구식 자유민주주의가 제도로 정착되고, 80년 광주민중항쟁 이후 급격하게 좌경화되었던 급진적 사회운동의 중심 역시 민중·민족운동에서 점차 시민운동 및 신사회운동으로 이동한다. 이를 통해 투쟁 전선이 민주/반민주에서 소수/다수로 변경되었으며,[4] 강력한 시대정신으로 자유주의가 득세한다.[5] 물론 여기에는 내부적 요인뿐 아니라 1989년 이후 국가사회주의의 몰락과 군사적 신자유주의military neo-liberalism[6]의 전횡이라는 외부적 요인이 강력하게 작동하고 있었다.

그런데 어렵게 얻어진 정치 영역에서의 민주화는 한편으로는 자본이 자기증식 논리를 합리화하면서 이를 확고히 하기 위한 변화이기도 했다. 즉, 박정희에서 전두환으로 이어진 군부독재에 의해 형성된 권위주의 체제를 종식시킨 87년 체제는 권위주의 체제로는 자본이 더 이상 효율적인 축적을 지속할 수 없게 되었을 때 등장했다.[7] 전 지구적으로 자본의 축적 체제가 신자유주의로 전환하는 자장 안에 한국 역시 놓여 있었던 것이다.

그러므로 87년의 변화는 국가 구성원의 민주화에 대한 열망과 함께 자유화를 실현하고자 했던 자본의 욕망이 함께 이끌어낸 것으로 봐야 한다. 민중에게 민주화는 그야말로 목숨을 건 혁명을 통해 쟁취한 것이었지만, 그 결과는 좀더 복잡한 동학 속에서 도 래했던 것이다. 그런 의미에서 "87년 체제는 처음부터 독점재벌 과 민중 부문에 의해 각각 자유화와 민주화라는 두 프로젝트가 가동되었던 체제이며, 두 세력 간에 어떤 쪽도 서로에 대한 압도 적 우위를 갖지 못한 교착의 체제로 이해될 필요"가 있다.[8]

그러나 이런 교착 상태에서도 민주화 프로젝트는 서구식 자유 민주주의의 틀을 넘어서는 것이 아니었으므로 궁극적으로는 자 유를 내면화하는 과정이기도 했던 셈이며, 1997년 IMF를 결정 적인 계기로 한국 사회는 본격적인 신자유주의 시대를 열게 된 다. 2010년대의 대한민국을 87년 체제가 아닌, 신자유주의의 확 산을 특징으로 하는 97년 체제로 설명하려는 입장은 민주화와 자유화를 엄격하게 분리한다. 하지만 한국 사회에서 이 둘은 서 로 분리된 것이 아니라 복잡하게 착종된 하나의 과정이었다. 그 러므로 생명을 벼랑 끝으로 내모는 신자유주의 체제라는 자본주 의의 실패와 그 생명을 구하는 것에 절대적으로 무능한 자유민주 주의의 실패는 하나의 과정이자 하나의 실패로 이해해야 한다.

이와 함께 87년 민주화의 중요한 성과였던 합법적 정치 공간 의 확대는 양면적인 효과를 가져왔다. 이를 통해 많은 운동들이 합법적으로 가능해졌고, 2000년에는 노동자 정당이 창당되어 원 내에 진출하는 놀라운 '역사의 진보'가 이루어졌다. 그러나 다른 한편으로 이 합법의 공간은 국가의 법이 인정하는 게임의 룰을 강제했고, 이를 통해 사회변혁 운동을 자유민주주의의 법칙으로 길들였다.

1990년대는 1980년대의 혁명성이 제도 내에서 지위를 얻으면서 순화되는 시기였다. 노사정 위원회의 결성으로 구축된 사회적 합의 체제는 노동운동의 에너지를 순화시켰고,[9] 이전의 사회운동 세력이 투신할 수 있도록 민주노동당이 열어놓은 현실 정치의 장은 2000년대 말에 이르러 권력을 위한 이합집산의 장으로 변질된다. 운동 주체들은 '합법'과 '불법'으로 분화되고, 지배 권력은 그 내부 갈등을 통해 지배를 공고히 했다. 여기에 여성을 포함한 성소수자, 외국인 노동자, 장애인 등 법 외부에 존재함으로써 법 내부를 결정하는 조건이 되었던 자들의 투쟁은 시민권 획득을 통한 내부자 되기에 집중했다. 더 많은 합법적 자유에 대한 요구는 민주화에 걸맞게 법의 힘이 확대된 틀 안에서 그 내용이 복잡하게 세분화되었다. 이렇게 변혁과 혁명의 에너지는 사회적 합의 체제하에서 개량되었다.

이 과정에서 87년 체제는 '탈사회주의적postsocialist' 조건으로 이어진다. 탈사회주의적 조건이란 무엇보다 대안적 질서에 대한 비전의 부재와 그것을 추구해나가는 좌파운동의 에너지 및 상상력의 고갈, 그리고 그런 '조건들에 대한 조건'으로서 신자유주의라는 거대한 매트릭스의 형성으로 설명될 수 있다.[10] 그야말로 자본주의-자유민주주의의 '외부 없음'의 세계가 열린 것이다. 이러한 세계에서 살아가는 개인들은 폐소공포증에 시달리며 고립되고 파편화된다.

제도적 민주주의의 달성, 그리고 공백의 등장

폐소공포증에 시달리며 고립되고 파편화되었다는 것. 이는 신자유주의로의 전환이라는 자본의 새로운 시초 축적 과정에서 일어난 '감정의 인클로저'의 결과이기도 했다. 총체적인 불평등과 비정의非正義, 생존주의와 무한경쟁, 실업, 가계 부채, 빈곤, 지역의 몰락, 자연 파괴, 공동체의 해체 등은 관계를 단절시키고 연대를 무화시켰으며, 그렇게 개인을 고립시켰다. 이때 개인은 자신이 살아가고 있는 이 파국의 지형 위에서 다른 대안 따위는 없다는 허무주의적 자포자기에 빠지게 되고, 그로부터 기인하는 '희망 없음'의 심리적 압박에 노출된다. 그렇게 인간은 '곁'을 조직할 능력을 상실하고 마는 것이다.

엄기호는 곁이란 "말하는 자리가 아니라 듣는 자리"에 가까우며, "서로를 참조하며 배우는 '곁의 언어'"가 존재하는 공간, "개인적 경험을 공적 이슈로 바꾸는 역량"이 자랄 수 있는 공간이라고 설명한다. 이는 정치적인 적대를 설정해야만 하는 '편'과는 다른 것이다.[11] 하지만 곁을 잃은 개인은 불안이나 위기가 계속되는 와중에 도대체 무엇을 해야 할지, 누구를 만나야 할지, 심지어는 어떻게 존재해야 할지 알 수 없는 막막함을 느낀다.

우리가 곁을 조직할 수 있는 역량을 상실해가고 있는 이유는 무엇보다도 신자유주의의 가장 효율적인 통치성인 '유동성

liquidity'에의 추구가 개인을 불안정한 삶으로 내몰고 있기 때문이다. 신자유주의 지배 체제는 노동력을 비롯한 다양한 삶의 조건들을 유연하게 하기 위해 모든 생산력을 '가정주부화^{housewifisation}'해왔다. 마리아 미즈와 베로니카 벤홀트톰젠은 자본주의 사회에서 "그들은 주부이기 때문에"라는 말로 여성의 노동을 가치 절하하는 데서 착안하여, 노동력을 유의미한 생산성에서 탈락시켜 착취하는 과정을 '가정주부화'라고 명명했다. 그런데 산업자본주의 시대에 여성의 노동력을 가정주부화했던 자본주의는 신자유주의 시대에 이르러 성별을 가리지 않고 모든 노동력의 가정주부화를 확대, 가속화한다.[12] 그리고 우리 시대에 유휴 노동력은 잠재적인 생산력이 아니라 그저 잉여로 처리된다. '쓰레기'(바우만)의 탄생이다. 이런 노동력의 가정주부화는 구성원들의 경제적 삶을 불안하게 할 뿐만 아니라, 지금까지 스스로를 경제적 주체로 여겨왔던 남성들로서는 경험해보지 못한 '탈각'의 순간을 선사했다. 특히 우리 시대의 남성들이 불안과 분노를 느끼게 되는 이유다.

가정주부화에서 비롯된 경제적 주체로서의 자격 박탈과 그에 뒤따르는 남성성의 불안은 자본주의 체제와 그것이 보장하는 평등한 기회에 대한 믿음 역시 위협했다. 흥미롭게도 혹은 고통스럽게도, 배타적으로 남성으로 상상되었던 보편 인간 사이의 평등한 관계를 약속하면서 세계사에 등장했던 '자유로운 시장'은 21세기에 이르러 그 무능을 만천하에 드러냈고 '평등'이 일종의 수사에 불과하다는 사실을 인정해버렸다. 신자유주의라는 지배 체제의 자기 무능에 대한 노골적인 고백은 이 시대를 살아가는 개인이 경제적 주체가 될 수 없다는 진실을 폭로했으며, 불안한 삶의 조건에도 불구하고 그저 '버티도록' 내버려두는 체제의 전략은 개인의 실존적 삶과 정체성을 뒤흔드는 거대한 경제적 공백을 가져왔다.

이런 경제적 공백은 정치적 공백과도 연결되어 있었다. 엄기호는 산업자본주의 시대에 자신의 노동력을 바탕으로 시민권을 획득하고 한 사람의 국민으로 인정받았던 남성들이 자본주의 역사 이래 처음으로 정치적 주체로서의 자격을 빼앗겼다는 박탈감에 시달리게 되었다고 설명한다.[13] 그의 통찰은 매우 날카롭다. 그러나 더 중요한 것은 먹고사는 문제 자체에 봉착한 대중은 정치적 주체가 되고자 하는 의지는 물론이거니와 관심으로부터도 소외되어버린다는 점이다. '자유'라는 환상에 포획된 열정적이지만 동시에 완전히 무기력한, 허무주의적인 주체가 되는 것이다. 여기에서 정치의 실패, 그리고 그로부터 기인한 '정치적 공백'이 등장한다.

우리 시대의 정치적 실패에 대해 이해하고자 할 때 대의제 민주주의 자체에 내재되어 있는 민주주의의 실패를 탐색하는 정정훈의 글을 흥미로운 참조점을 제공한다. 그는 한국의 민주주의를 점검하면서 "김대중, 노무현으로 이어진 '민주정부'가 지속되지 못하고 과거 군사독재 정권에 그 뿌리를 둔 세력이 연속적으로 집권하게 된 배경에는 민주정부의 실패가 있"었다고 평가한다. 그리고 "민주정부의 실패에는 제대로 된 정당정치가 부재하는 상황, 사회적 갈등을 제도적으로 매개하여 조정해가는 대의정치가 제대로 작동하지 않는 상황에 그 원인이 있다"고 강조한다. 또한 이런 민주정부의 실패와 더불어 사회변혁 운동 역시 87년 체제 이후 한국 사회의 보수화를 막아내지 못했다.[14] 정정훈의 이러한 평가는 앞서 언급했던 자유화=민주화 과정에 대한 설명과 공명한다.

그런데 그는 한국의 특수성을 탐색하는 데서 멈추지 않고 민주주의의 실패를 대의제 민주주의의 한계 그 자체에서 찾는다. 네그리·하트의 주장처럼 대의제는 민중에 의한 절대적 민주주의에 대한 완충제로 역할했으며, 일종의 불안정한 타협으로서 지배계급과 민중 사이의 "대립의 결과물"[15]이었다. 가라타니 고진 역시 의회 선거에서 개인의 자유는 현실 생산관계에서의 계급관계가 사상되는 곳에서 성립한다고 지적하면서, "사람들이 자유인 것은 단지 정치적 선거에서 '대표하는 자'를 뽑을 때뿐"이라고 강조한다. "실제로 보통선거란 국가기구(군·관료)가 이미 결정한 일에 '공공적 합의'를 부여하기 위한 복잡한 의식일 뿐"이라는 것이다.[16] 이처럼 대의제 민주주의 자체가 사실은 개인이 정치적 주체가 될 수 없는 불가능성의 공백을 노정하고 있다.

87년 제도적 민주화를 달성하기 전까지 한국 사회에는 어쨌든 지향해야 할 바로서의 민주주의가 상정되어 있었고, 민주주의의 달성을 추구하는 정치 주체들의 열정적인 투쟁이 존재했다. 그것은 '진정성'(김홍중)으로 추동되는 에너지를 가지고 있는 것이기도 했다. 그러나 도달해야 할 근본적인 이데올로기이자 신념으로서의 민주주의는 달성되었고, 또 한편으로 그 민주주의는 지속적으로 '우리'를 대의하는 데 실패해왔다. 제도적 민주주의의 실현을 향한 거대한 의지는 해소되었지만, 그 해소 끝에 민주주의는 제대로 작동하지 않고 있는 것이다. 현실 정치를 비롯해 '정치적인 것'에 대한 허무주의적 태도와 혐오는 이런 조건을 토대 삼아 등장한다. 그리고 이는 다시 또 '먹고사니즘' 외에는 아무것도 말할 수 없는 경제적이고 인식론적인 조건과 함께 진동한다.

혐오하는 스놉, 인정 투쟁의 반동적 전유

지금 우리가 놓여 있는 자리는 정치적·경제적 공백이 중첩되어 있는 곳이다. 그리고 그 공백 안에서 '곁'을 잃고 관계를 상실한 채로, 그렇게 관계를 상실했기에 간™주체적인 욕망이 왜곡된 형태로 발현되는 '혐오하는 스놉'[17]이 등장하게 된다.

지금 여기의 '스놉'이란, IMF를 지나면서 경제적·사회적·생물학적 생존주의가 유일한 존재 양식이 된 시대에 "왜곡된 인정 투쟁의 공간에서 살아남는 것"에 몰두하는 인간형이다. 이때 인정 투쟁의 장은 "도덕적 존엄성이 훼손되고 파괴된 상태에서 무차별적인 과시가 지배"하는 곳이다.[18] 스놉은 인정을 위한 인정을 갈구하며 정치적 입장에서부터 일상의 구체적인 행동에 이르기까지 삶의 구성 요소들을 촘촘하게 자기 스타일로 만든다. 한국 사회에 스놉이 나타나게 된 배경에는 지금까지 살펴본 정치적·경제적 공백의 등장뿐 아니라 1990년대 소비사회를 거치면서 이미지가 되어버린 상품과 함께 인간 자체를 이미지화해버리는 문화적 조건이 놓여 있었다. 이런 문제에 주목하면서 심보선은 "이념의 시대, 운동의 시대, 민주화의 시대가 끝난 후 우리에게 열린것은 문화적 스노비즘의 시대"였다고 진단한다.[19]

이 시기에 부상한 것이 바로 '취향'이라는 감각적 실체였다. 역사의 썰물이 빠져나간 거대한 무의미의 공간 속에서 포스트 386 세대는 취향의 형성과 조련을 통하여 자신의 내면을 구성하려 하였다. 이 세대에게 '자기답게 산다'는 것은 취향을 가진다는 것이었고 취향은 또한 영예로운 것으로 여겨졌다. 이때 그들이 고민하는 취향이란, 사회가 요구하는 인간상과 자신의 개성 사이에 얼마나 큰 괴리가 존재하는지를 과시하고 호소하는 도구였다. 이렇게 자기애적으로 확장되고 부유해진 자아의 존재론적 빈곤을 채울 수 있는 가능성을 열어준 것이 바로 문화적 스노비즘과 이를 물질적으로 지원했던 소비문화 산업이었던 것이다.[20]

문화적 스노비즘을 지원한 것이 보드리야르가 말한 원본 없는 복사본이 지배하는 소비문화[21]였다면, 이를 지원하는 인식론적 지평은 '정체성 담론'이었다.

1987년 제도적 민주주의가 달성되자 그다음 과제로 부상한 것이 바로 질적 민주화였다. 질적 민주화란 정치·경제의 영역에서뿐만 아니라 생활 세계를 지배하고 있던 권위주의적 문화를 개혁하는 것을 그 목표로 삼았다. 본격적인 문화운동의 시대가 열린 것이다. 이것이 앞서 언급했던 소수/다수로의 투쟁 전선 이동의 내용이기도 하다.

이 운동들은 자연스럽게 다양성과 차이를 강조하고, 이를 차별로 만드는 이데올로기에 대항하는 정체성의 정치학을 그 인식론적 지평으로 삼고 있었다. 그러나 반성적으로 돌이켜보았을 때, '차이'를 특권화하는 이런 인식론적 지평이 적극적으로 만나고 있었던 것이 소비사회의 다품종 소량 생산, 다양성, 개성의 이데올로기였다는 점은 부인하기 어렵다. 과거의 민중·민족운동이 권위주의적 문화 및 국가·민족 같은 전통적 이데올로기와 조응하면서 어떤 실패를 담보할 수밖에 없었던 것처럼, 1990년대를 풍미했던 문화운동은 자본 영역과의 조응을 피할 수 없었던 것이다.[22] '문화의 시대'란 급진적인 차원(문화운동)에서도 보수적인 차원(소비문화)에서도 "나는 나"라는 강력한 정체성의 언설에 기대게 되는 시대고, 두 차원은 서로 쉽게 분리되지 않으면서 공통의 지반地盤을 공유하고 있었다.

이 과정에서 다양한 전통적 가치들이 질문의 장 위에 올려진다. 전통적 가치들에 대한 도전은 그 자체로 배제되었던 자들의 목소리를 들리게 함으로써 생명을 구했던 운동이자 급진적으로 요청된 시대의 필연이었지만, 동시에 '비빌 언덕'이 사라지는 시대로의 진입을 의미하는 것이기도 했다. 경제적·정치적 위기의 순간마다 무능한 제도적 격자의 틈새로 추락하는 개인을 지탱해주고 받쳐주었던 것은 어쨌거나 공통감각을 나누고 있던 '전통적인 공동체'였다. 탈권위주의 시대에 이런 공동체 감각은 해체되기 시작한다.

그런데 여기서 분명히 해야 할 것은, 전통적인 공동체의 붕괴가 탈권위주의를 지향했던 신사회운동의 성과가 가져온 '기대하지 못했던 효과side effects'가 아니었다는 점이다. 그보다는 오히려 개인을 관계로부터 탈각시켜 파편화하고 개인의 자유와 개성을 강조함으로써 소비주체화하려 했던 자본주의, 그리고 공동체에 축적된 지식이나 노하우 같은 전통적 가치를 해체함으로써 유동성을 확보하려는[23] 신자유주의의 통치성이었다고 보는 것이 더 적절하다. 왜냐하면 다양한 신사회운동은 전통적인 공동체의 권위주의와 대결하면서도 내부 가치를 공유할 수 있는 다양한 공동체를 상상하고 구성하려는 노력을 게을리하지 않았기 때문이다.[24]

그리하여 1990년대라는 문화의 시대를 지나면서 정체성은 유일한 대의로 남게 되고 전통적 가치관에서 비빌 언덕을 찾는 이들을 위한 사회 안전망은 소멸된다. 이런 상황에서 정치적·경제적으로 주체가 될 수 없고 사회 구성원으로도 인정받을 수 없을 때, 그렇다고 해서 불안정한 삶으로부터 피해 도망가거나 의지할 만한 관계조차 전혀 찾아볼 수 없을 때, 개인은 자신의 정체성을 확인하고 '힘을 가진 자'로부터 그것을 인정받기 위한 처절한 인정 투쟁에 몰두하게 된다.

그렇다면 왜 그 인정 투쟁이 반동적 복고주의의 형식과 내용으로부터 더 분명하게 가시화된 것일까?

첫째, 그것은 무엇보다도 자신에게는 좋은 시절이 있었다는 허구적 향수에 사로잡힌 전통적 기득권들, 특히 한국 사회에서는 남성들이 더 큰 박탈감을 느끼게 되었기 때문이다. 가진 것은 점점 더 없어지는 데도 불구하고 여전히 전통적인 성역할을 강요받는 시대에 남성들이 노출되어 있는 압박감의 무게도 물론 무시하지 못할 것이다. 당대의 혐오가 특히 '여성 혐오'의 형태로 가시화되기 시작했다는 것은 그런 점에서 주목할 만하다.[25]

둘째, 거대 담론이 사라지고 개인의 삶을 추동할 수 있는 신념이 모호해진 시대에 강력한 소속감을 요청하는 전통적인 공동체 감각은 개인에게 가장 기대기 쉬운 큰 줄기이자 거대한 매혹으로 다가온다. "신자유주의하에서 주변부로 밀려난 이들이 체제에 대한 저항 세력으로 자연스럽게 귀결되는 것이 아니라 자신과 비슷한 상황에 처한 다른 자들을 배제하려고 더욱 강력하고 권위주의적인 질서를 옹호하는 반동적 집단 정서를 갖게" 되는 것이다. 그렇게 종족, 종교, 민족, 국민 등 전통적인 동일성의 이데올로기가 재소환된다. "그리고 그 동일성이 강력하고 단일한 것인 만큼 이에 이질적인 것 혹은 그러한 동일성에 대한 고착을 방해하거나 저해하는 것에 대해서는 증오의 정서"를 갖게 되는 것이다.[26] 이때 소구되는 동일성의 공동체란 그저 배타적이고 폭력적인 인정 투쟁의 공간일 뿐, 제도가 실패한 사회 안전망을 대체할 수 있는 선의를 지닌 윤리적 공간이 되지 못한다.

셋째, CEO 정권 이후 자본과 국가 영역에 의해 주도된 신보수주의 문화 정책과 전략 역시 혐오의 성격을 규정하는 데 적지 않은 영향을 미친 것으로 보인다. 실제로 국정원을 비롯한 국가기관은 조직적으로 '호남' '종북' '민주화 세력' 등의 차별 조장 표현을 유포했고, 이들은 혐오의 대상으로 급부상했다. '국정원 게이트'가 단순히 선거 부정(도 단순하다고 말할 순 없지만)으로만 논의되어서는 안 되는 이유다. 또한 이는 87년 체제라는 틀 안에서만 혐오의 문제가 다뤄질 수 없는 이유이기도 하다. 박정희 체제와 같은 좀더 광범위한 프레임을 바탕으로 21세기에 등장하기 시작한 '역사적 블록'의 장기 집권 계획과 신보수주의의 맥락을 함께 고려해야 한다. 넓은 시야로 조망해볼 때, '국정원-전경련-한기총-어버이연합'으로 이어진 지원금의 흐름은 '기획된 혐오의 사각 구도'를 상징적으로 보여주는 것이기도 하다.

개인이 자신의 정체성을 공고히 하면서 인정 투쟁과 공동체 감각을 강력히 표출할 때, 그것을 추동하는 정동으로써 혐오가 대두된다. 혐오란 개인이 주체로 거듭나고 그 정체성을 형성하기 위해 요청되는 근본적인 정동일 뿐만 아니라, 공동체의 경계와 위생, 도덕을 지키기 위해 유용하게 활용되어온 정동이기 때문이다. 우리는 이제 드디어 '혐오'라는 정동 자체에 다가섰다.

우리 시대의 혐오,
열악한 주체들을 나로부터 떼어내는 정동

앞서 언급했던 것처럼 혐오는 우리에게 새롭거나 낯선 감정은 아니다. 스튜어트 월턴은 인간다움을 조건 짓는 대표적인 감정 중 하나로 혐오를 꼽으면서 "혐오의 촉발이 침, 콧물, 가래, 귀지, 오줌, 똥, 정액, 피(특히 생리혈) 같은 고약한 신체 분비물이나 썩거나 곪는 생물학적 과정의 구체적인 예에 뿌리를 둔 것처럼 보인다는 사실"을 모른 척할 수 없다고 말한다.[27] 혐오는 신체의 안전과 정결함을 유지하기 위해 사회적 관습들에 스며들어 있는 감정으로서 일종의 "진화적 근거"를 가지고 있을 뿐만 아니라,[28] "우리에게 말로 다 할 수 없는 심원한 것들을 위반하지 않도록 경고하는 지혜를 담고 있는 감정"이다.[29] 즉 이는 건강하고 단정한 사회를 유지하는 데 핵심적인 감정인 것이다.

혐오는 문화적·사회적·집단적으로 작동한다는 의미에서 정동이 된다. '주체'와 '공동체'의 경계를 흐트러뜨리겠다고 위협함으로써 거부의 대상이 되는 비체卑/非體, abject적인 것들에 대한 반응인 셈이다. 크리스테바에 따르면 한 문화권 내에서 "비체가 되는 것은 부적절하거나 건강하지 않은 것이라기보다 동일성이나 체계와 질서를 교란시키는 것에 더 가깝다."[30] 그런 의미에서 혐오는 물리적인 위험과도 일치하지 않는다.[31]

이처럼 실질적으로 개인과 공동체에 해를 끼치거나 위험한 존재라기보다는, 인식론적 차원에서 문화적·사회적으로 위험한 것, 불쾌한 것, 제거되어야 할 불순물로 여겨지는 것들이 혐오의 대상이 된다. 그렇다면 이 시대에 혐오가 그렇게까지 영향력을 행사하게 된 이유는 좀더 선명해진다.

문화의 시대를 거치면서 정체성이란 그렇게 중요한 생존 전략이었는데, 2010년대 이르러 명백해진 정치적·경제적 공백으로 인해 이 정체성은 점점 더 불안정해진다. 게다가 기댈 수 있는 공고한 공동체 감각마저 사라진 것이다. 그러므로 혐오란 냉전 시대의 반공주의나 산업화 시대의 발전주의가 선보인 것과 같은 강력하고 절대적인 적대가 제거된 시대에 어떤 집단적 정체성을 견고하게 유지하기 위해 등장한 타자화의 정동이자 매우 적극적인 '주체화의 열정'을 반영하고 있는 정동이다. 왜 바로 이 시대에 혐오여야 하는가는 다양한 역사적 계기들의 상관관계 속에서 아주 우연적이면서도 필연적으로 등장하게 된 셈이다.

그랬을 때 복고적 반동주의를 통해 혐오와 차별을 양산하는 이들에게 여성, 성소수자, 종북, 외국인 노동자, 장애인, 호남 등 사회적 소수자가 혐오의 대상이 되는 것은 자연스럽다. 혐오는 차별을 정당화하는 감정이고, 이때 차별의 주체들은 한국 사회의 주류 혹은 기득권과 스스로를 동일시하고 있기 때문이다. 파편화되고 데이터화 되었으면서도 강력한 향수로서 거대 서사가 여전히 의식의 심층에 존재할 때 '아름다웠던 시절'에 대한 향수가 미래라는 형상으로 등장한다. 그리고 혐오란 나 자신으로 받아들일 수 없는 어떤 부분에 대한 거부반응이며 그런 '상상적인' 기득권 남성 주체 외부에 존재하는 이들은 자연스럽게 혐오의 대상이 된다.

그런데 흥미로운 것은 이런 점이다. 일베의 여성이나 이방인 혐오에 대한 분석들은 혐오의 정동이 무임승차에 대한 분노를 중심으로 구성되어 있음을 밝히고 있다. 그러나 사실 혐오에는 나도 '저렇게 될 수 있다'라는 불안감 역시 작동한다. 예컨대 마사 너스바움이 지적하고 있는 것처럼 "(혐오를 통해 우리는) 실제로 견뎌내기 어려운 삶의 문제를 보다 잘 회피할 수 있게 된다. 인간은 자신의 죽음과 몸의 퇴화에 불안을 느끼기 마련이다. 혐오는 자신의 몸이 퇴화하고 있으며 유한하다는 것을 자각할 때 생기는 불안감과 관련이 있기 때문에 (삶의 과정에서) 늦든 이르든 생겨날 수밖에 없는 감정이며, 살아가기 위해 필요하기도 하다."[32]

자본주의의와 자유민주주의의 무능이 드러나고 생명은 막다른 골목으로 내밀렸으며 출구가 전혀 보이지 않을 때, 이 폐소공포증에서 벗어나기 위해 우리는 나에게 기본적으로 장착되어 있는 저열함이나 불가능성을 나로부터 떼어내 비체화시켜 혐오한다. 그렇게 나와 분리함으로써 지금 나의 이 상황을 견딜 수 있는 안전막을 치는 것이다. 그런 의미에서 여성이나 이방인에 대한 혐오란 그들의 사회적 삶이 개선되었기 때문에, 혹은 그들이 무임승차로 무엇인가를 얻었기 때문에 등장한 것이라기보다는 오히려 그들이 지금까지 얼마나 열악한 상황에 놓여 있었는가에 대한 반증이기도 하다. 그들의 존재 자체가 주체에게 '나 역시 저 자리로 전락할 수 있다'는 불안감을 불러일으키는 것이다. 그런 의미에서 혐오란 실체 없는 환상과 이미지에 근거하고 있다.

조리돌림,
수치심과 혐오의 반동적 문화 실천

이제 마지막으로 '낡았지만 새로운 형태'로 등장한 혐오의 또 하나의 기반으로 변화하는 미디어 환경이라는 하드웨어적 토대가 존재한다는 사실을 언급해야 할 것 같다. 이 토대는 '소비 자본주의의 극단에서 발생하는 주목 경쟁attention struggle'이라는 경제적이고 문화적인 차원과 연결된다. 박권일은 일베에 대한 분석을 통해 흥미로운 관점을 제시한다. 일베란 "이해관계, 권력의지, 이념성 같은 개념으로 포착하기 어려운 독특한 양태를 보이는 공간"이라는 점을 관찰하면서 그는 그 공간의 구체적 작동 원리에 대해 질문한다. 그리고 다음과 같이 대답을 이어간다.

그것은 바로 주목 경제가 아닐까 한다. (……) 간단히 말해 타인의 주목을 추구하는 활동이 최우선 순위를 점하게 되는 경향성 또는 사회 환경을 가리킨다. 주목 경제 개념은 노벨경제학상을 수상한 인지심리학자 허버트 사이먼의 '정보 풍요' 착상, 즉 정보량이 많아질수록 관심이라는 자원이 부족해진다는 착안에서 처음 시작되었다. "정보를 소비한다는 것은 너무나 분명하게도 수용자의 관심을 소비하는 것이다. 정보가 넘쳐날수록 관심은 부족해진다." 주목 경제는 주목 경쟁을 통해 성립한다. 정보는 넘쳐나는데 담백하게 점잖게 말하면 누구도 주목하지 않는다. 관심을 받기 위해 발언 수위나 행동이 점점 과장되거나 자극적인 형태가 된다. 심지어 주목을 받기 위해 일부러 비난받을 행동을 하는 경우도 심심찮게 벌어진다. 소위 '노이즈 마케팅'이다. (……) 주목 경제에서 희소 자원은 타인의 관심이다. 그리고 오늘날처럼 '정보 초과잉 사회'에서 타인의 관심은 주체의 효능감을 강하게 자극하고 또 충족시킨다. 일베가 진보를 공격하는 것은 그것이 옳기 때문이 아니라, 인터넷 공간에서 그쪽이 더 많은 관심을 획득할 수 있기 때문이다.[33]

정치적 입장과 태도조차 스타일이 되어버린 시대에, 진보를 자신의 스타일로 달고 있는 '진보적 스놉'의 다른 쪽에 '반동적 스놉'이 등장하게 된 것이다. 다만 박권일은 이런 주목 경쟁과 인정 투쟁을 서로 다른 것으로 분리하지만, 사실 이들은 서로 결합되어 있다고 보는 것이 정확하다.

이와 같은 주목 경쟁이 배타적인 정체성 담론에 의해 반동적으로 전유된 인정 투쟁과 만나 등장하게 된 폭력적인 문화적 실천이 바로 스놉의 인터넷 문화라고 할 수 있는 '조리돌림shaming'[34]이다. 이 조리돌림에 대해 생각할 때 우리는 혐오와 연결되어 있는 또 하나의 중요한 정동인 모멸과 수치심에 대해 고민하게 된다. 조리돌림은 21세기의 혐오증자들이 선보이는 대중적이고 집단적인 '명예형'이라고 할 수 있는 '만성적인 망신 주기'와 다르지 않은 형식을 띠고 있는데, 수치심이란 '혐오-만성적인 망신 주기-수치심'의 삼각형을 이루면서 혐오의 '괴력'을 강화시키고 있기 때문이다. 그렇다면 혐오와 수치심은 어떻게 연결되어 있을까?

혐오를 통해 개인 혹은 공동체의 경계를 공고히 하고 해체와 분열, 탈각 혹은 몰락으로부터 스스로를 지켜내고자 하는 충동을 가진 이들은 점액성, 악취, 점착성, 부패, 불결함 등 혐오의 물질적인 속성들을 그 정체성으로부터 배제되어야 할 대상들에게 결부시켜왔다. 특권층은 이를 통해 자신의 우월함을 명백하게 하고 '타자'들로부터 인간적 지위를 박탈하려고 했던 것이다. "유대인, 여성, 동성애자, 불가촉천민, 하층계급 사람들은 모두 육신의 오물로 더럽혀진 존재로 상상되었다."[35] 한국에서 여성들이 '된장녀' '분당선 대변녀' '개똥녀' '김치녀' '보슬아치' 등의 오물이나 특정 냄새, 성기에 대한 은유 등으로 치환되는 것이나, 개신교 우파에서 끊임없이 남성 동성애자들을 '찜방'이나 '난교', '식食'으로 표현되는 특정 취향, AIDS 등의 점액질에 뒤섞인 오염된 이미지에 연결하는 것 등은 명백히 이런 혐오의 수사학과 연결되어 있다. 이는 소수자들을 인간의 영역에서 탈각시켜 인간과 동물 사이의 모호한 자리에 위치시킴으로써 수치심이라는 또다른 정동을 촉발한다.

　혐오 발화와 행위들이 더욱 강력한 효과를 발휘하는 자리는 이렇게 수치심과 만나게 될 때다. 혐오의 대상이 되는 이들은 수치심을 통해 혐오의 수사를 내면화하고 스스로 무기력해지기 때문이다. 수치심이란 권력자나 전통적 공동체가 도덕이라는 잣대를 바탕으로 구성원을 길들임에 있어서 그 효과가 오랜 시간에 걸쳐 증명되어온, 가장 파괴적인 방법론 중 하나다. 여기에서 개신교 우파가 혐오 발화를 장기전으로 끌고 가는 원인을 찾을 수 있다. 만성적인 '망신 주기'는 점차 개인을 수치심에 굴복하게 할 뿐만 아니라 스스로를 결점 있고 더러운 것으로 인식하게 한다. 원죄와 수치의 수사가 지니고 있는 자기 파괴적 효과에 익숙한 개신교 우파는 스스로 '포비아'라는 '만성적인 질병'이 되고자 한다.[36] 이때 우리는 수치심이 신자유주의 시대의 중요한 정동이 되는 한 가지 이유를 발견할 수 있다. 수치심이란 개인을 그 어느 때보다도 무기력하고 허무주의적으로 만들며, 그렇게 스스로 쓰레기로 머물도록 하기 때문이다.

다시 주목 경쟁의 문제로 돌아와보자. 혐오 발화의 효과는 수치심과 만날 때 더욱 강화되고, 그것은 발화자들의 영향력이나 상징자본을 극대화시키는 데 매우 효과적인 방법이다. 예컨대 개신교 우파의 혐오 발화가 일종의 조리돌림인 것처럼, 일베에서의 여성 혐오, 호남 혐오, 이방인 혐오가 (재)생산되는 방식 역시 소수자들에 대한 조리돌림이다. 또 한편으로 트위터와 같은 SNS에서 벌어지는 조리돌림 역시 내용만 다를 뿐 형식은 마찬가지다. 알티[RT]와 조롱, '힙'해 보이는 코멘트 등을 통해 '내 편'과 '네 편'을 가르고, 그런 자극적인 내용을 바탕으로 자신에게 쏠리는 주목 자본을 축적한다. 이런 디지털 시대의 조리돌림은 과거 공동체에서 '공개적 망신 주기public shaming'가 그랬던 것처럼 배타적인 공동체성을 구축하고 그 공동체의 내부 규범을 강화시킨다.

인터넷은 우리 시대의 광장이며, '곁'과 공동체를 잃은 우리가 광대한 네트를 경유해 사람들과 접속하고 새로운 공동체를 꾸려 결속감을 확인하고 주목과 인정을 축적하고자 하는 것은 일견 자연스러운 일이다. 그랬을 때 SNS의 지배적인 정치성이 진보적이거나 혹은 반동적 복고주의에 적대하는 자유주의적 성격을 띤다고 해서 우리가 그 혐오의 형식에 동조할 수 있을까? 그것은 과연 어떤 긍정적인 인식론적 전환을 가져올 것인가?

그래서 '우리' 스스로에 대한 성찰 역시 필요하다. 이 조리돌림 문화에 대해 진지하게 고민하고, 우리 역시 그 형식을 따르고 있지 않은지 돌아봐야 한다. 어떤 신념을 가지고 있는가와 무관하게, 그 신념을 강화하고 지키려는 움직임이 반동적 복고주의를 지향하는 폭력적인 문화적 실천과 그 형식 및 정동의 구조를 공유하고 있다면, 우리의 신념은 지향해야 할 바로서의 변화를 추동할 수 없다.

'우리' 안의 혐오를 대면한다는 것

신자유주의 시대는 인정 투쟁의 끝없는 실패를 노정하고 있다. 사라지지도 않고 메워지지도 않는 공백 속에서 인정을 향한 욕망은 한없이 열려 있으며, '곁'을 조직해내지 못하기에 그 욕망이 어떤 식으로든 충족되지 못하기 때문이다. 그렇다면 우리가 진정 두려워해야 할 시점은 인정 투쟁이 실패를 거듭하는 와중에 스놉들이 드디어 '동물화'되기 시작할 때일지도 모른다.

여기에서 말하는 '동물화'는 알렉산드로 코제브가 1950년대 미국에서 목격했던 '동물'과 한 가지 점에서 명백하게 다르다. 그것은 자본주의와 자유민주주의가 선사한 풍족함으로부터 기인한 자유 덕분에 자기 자신만의 욕구에 충실하게 된 동물의 상태가 아니라, 자신의 인정 투쟁이 절대로 성공할 수 없다는, 그리하여 자신의 우월 욕망을 절대로 충족시킬 수 없다는 깊은 좌절이 불러오는 동물화이기 때문이다. 코제브가 관찰한 스놉의 등장은 동물화되지 않으려는 주체의 노력에서 비롯된 것이었다면, 우리 시대에는 오히려 스놉의 실패한 인정 투쟁이 동물화를 불러온다. 그것은 간^때주체적 욕망의 해소가 아니라 간주체적 욕망의 충족 불가능성으로부터 비롯되는 것이다.

지금 벌어지고 있는 이런 종류의 인정 투쟁은 '인간의 도덕적 충동'에서 기인한다기보다는 왜곡된 '자기 보존의 투쟁'에 불과하다. 그럴 수밖에 없는 것은 지금 우리 시대가 당면하고 있는, 신자유주의가 '자연화시켜버린' 상태란 그야말로 생존주의에 경도된 '만인 대 만인의 투쟁' 상태이기 때문이다. 애초에 그것이 '자연'이었던 것은 아니다. 신자유주의가 시장 자유주의의 극단에서 그것을 자연화시켜버린 것일 뿐이다. 그리고 이는 신자유주의적 축적을 지속시킨다. 그런 의미에서 나는 혐오가 신자유주의적 시초 축적의 효과임을 계속해서 강조했다. 그것은 신자유주의적 착취를 지속시키는 원인의 자리에 올라섰다.

왜곡된 인정 투쟁에 실패하고 동물화된 자들이 무기력에 빠져 외부 상황과의 대결을 멈추고 완전한 허무주의에 침잠할 때, 생존에 대한 욕구만 남았을 뿐 주체가 되려는 열정적인 욕망을 잃었을 때, 그들은 과연 어떤 선택을 하게 될까? 그것이 과연 우리가 상상할 수 있는 것일지, 그것을 넘어서는 것일지 우리는 알 수 없다. 혹은 '세월 어묵'³⁷처럼 상상할 수도 없었던 혐오 표현 가운데서 우리는 이미 동물과 대면하고 있는지도 모른다. 혐오를 구성하는 조건들을 예민하게 분석하고, 이에 근본적으로 대처할 방법을 고민해야만 하는 이유다.

그러나 혐오는 비단 '그들'만의 것은 아니다. '우리' 안의 혐오는 어떻게 생각해야 할까? 우리는 우리 안의 혐오를 부당한 정치행위에 저항하고 정당한 정치 행위를 조직하는 데 활용할 수 있을까? 예컨대 진보적인 법 이론가인 댄 카한은 형법에서 혐오를 더 중요하게 다뤄야 한다고 주장하면서, 혐오는 "단호하고 강경한 판단을 드러내"며 실제로 "잔인함을 인지하고 이를 비난하는데 있어 본질적"이라고 설명했다.[38] 즉, 부당한 것, 정의롭지 않은 것과 싸우는 하나의 방법으로 혐오를 활용할 수 있다는 것이다.

그러나 계속 살펴보았던 것처럼, 그리고 너스바움이 주장하고 있는 것처럼, "혐오는 원칙상 문제점을 지니고 있다. (……) 역사 속에서 혐오가 특정 집단과 사람들을 배척하기 위한 사회적 노력의 강력한 무기로 이용되어왔다는 사실을 알게 되면 혐오를 더욱 의심의 눈초리로 바라"볼 수밖에 없다.[39] 혐오에는 '가능성'이 존재하지만, 그런 식의 가능성은 언제나 의도하지 않았던 효과를 수반하기 마련이다. 정체성 담론이 포함과 배제의 논리를 작동시키는 폭력적인 정동의 도래 및 문화적 실천의 등장과 연결되었던 전례를 보면, 이 사안에 좀더 예민하게 접근할 필요가 있다.

그야말로 혐오는 "특정 행위에만 국한되지 않는다." 또한 "오염에 대한 사고가 중심을 이루기 때문에 기본적으로 상대방이 사라져버리길 원한다."[40] 그들이 소멸해버리기를 바라는 것은 쉬운 일이다. 그러나 그들이 소멸한다고 해도 혐오의 정동은 여전히 남아 있을 것이며, 어떤 상황에서나 강력한 향수에 기댄 반동적 복고주의는 되살아올 수 있다. 그렇다면 우리가 근본적으로 적대해야 할 것은 기실 구체적인 개인이라기보다는 지배적인 정동과 그 정동을 추동하는 구조적인 조건들일 터다.

그런 의미에서 우리는 또 하나의 과제와 대면하게 된다. 혐오를 추동하는 강력한 인식론적 지평이었던 정체성 담론을 어떻게 넘어설 것인가? 혐오란 자신의 존재와 그 존재를 가능하게 하는 정체성을 견고하게 강화하며, 그것을 관계망 안에서 간주체적으로 확인하려는 열정적인 정동이다. 그렇다면 혐오를 넘어서기 위해선 타자를 배제하는 것으로서의 정체성 담론을 넘어서야 한다. 이를 '정체성의 정치학'의 한계라고 말할 수 있는지는 좀더 정치한 논의를 필요로 하는 일이다. 그러나 정체성을 중심으로 구성된 권리 담론의 한계를 극복해야 하는 것만은 명백해 보인다. 페미니즘의 급진화가 정체성의 정치학을 넘어서야 하는 이유는 혐오에 대한 이러한 분석에서 그 단초를 찾아볼 수 있다.

페미니즘 리부트

한국영화를 통해 본 포스트페미니즘과 그 이후

2015년, 페미니즘이 리부트되었다. 물론 다소 과감한 진단이다. 영화에서 '리부트reboot'란 기존 시리즈의 연속성을 버리고 몇몇 기본적인 설정들을 유지하면서 작품 세계를 완전히 새롭게 구성하는 것을 말한다. 기존의 브랜드 가치와 팬덤에 기대면서도 새로운 이야기를 펼쳐 보일 수 있는 안전성과 유연성을 두루 갖춘 전략인 셈이다. 토비 맥과이어 주연의 〈스파이더맨〉이 3편으로 완결된 후에 앤드루 가필드 주연의 〈어메이징 스파이더맨〉이 다시 제작된 것이 리부트의 전형적인 예라고 할 수 있다. 2015년 촉발된 '#나는페미니스트입니다' 선언에서부터 디시인사이드 메르스 갤러리(메갤)의 미러링 스피치mirroring speech 운동[1]을 거쳐 '강남역 10번 출구'[2]를 지나 '전국디바협회'[3]의 등장에 이르기까지, 온라인을 중심으로 (그러나 온·오프라인을 자유롭게 넘나들면서) 펼쳐지고 있는 새로운 흐름의 운동 역시 '페미니즘 리부트'라 할 만하다.

'페미니즘 리부트'는 두 가지 실용적인 이유에서 고안해낸 표현이다. 우선 기존의 페미니즘 문화운동과 2015년에 일어난 운동 사이에 존재하는 단절과 접속의 지점을 포착하기 위해서다. 2015년의 흐름은 1990년대 중반부터 2000년대 중반까지 활발히 활동했던 영페미니스트들의 사이버 페미니즘[4]이나 여성주의 문화운동의 계보로만은 엮을 수 없는 배경으로부터 등장했으며, 지금까지 지속되어온 운동들과는 다른 새로운 세계를 구축하고 있다. 최근의 운동은 오히려 "나는 페미니스트는 아니지만"의 인식론적 바탕을 공유했던, 1990년대 이후 등장한 소비주체로서의 여성들과 좀더 가까운 자리에 위치한다. 그런 의미에서 지금 활발하게 움직이고 있는 이 의식적인 흐름은 '페미니즘'보다 '포스트페미니즘'과의 관계 안에서 비로소 포착된다.

이런 이해를 바탕으로 그다음 이유가 등장한다. '리부트'는 명백히 문화상품과 소비주체라는 자본주의적 수사에 기대고 있는 표현으로, 이를 통해 소비사회의 대중문화와 매스미디어를 지반으로 하는 포스트페미니즘의 자장 안에서 등장한 '페미니즘 리부트'의 정치적·경제적 조건들을 예민하게 인식하고 그것의 문화적인 성격, 그리고 대중문화와 맺고 있는 관계를 적극적으로 드러내는 것이 가능해진다.

이 글은 펄펄 끓어오른 페미니즘의 활화산을 표구화된 이미지로 파악함으로써 그 폭발적인 힘을 평가하고 박제하려는 의도를 가진 것은 아니다. 정확히 말하자면, 평가와 박제에는 아무런 관심이 없다. 능력 밖의 일이기 때문이다. 이 글의 목적은, 다만, 해시태그와 메갈 등 소위 온라인 페미니즘의 등장은 1987년의 제도적 민주화와 시장적 자유화를 중요한 결절로 차근차근 마련되어온 조건들로부터 가능했다는, 개연성 있는 해석을 제안하는 데 한정되어 있다. 따라서 가장 '핫'한 소재를 다룬다기보다는, 지루할 정도로 낡은 이야기의 반복 속에서 급박한 필요를 가지고 터져 나온 어떤 움직임의 계보를 그려보려는 시도다. '페미니즘 리부트'는 신자유주의라는 낡아가고 있는 시대의 증거이기도 하면서, 바로 그런 이유에서 그 시대에 파열을 내는 가능성이기도 하다.

이제 포스트페미니즘의 지형도를 그리고 그 안에서 '페미니즘 리부트'의 등장 배경을 확인하기 위해서 1987년 이후 한국 사회의 정치적·경제적·문화적 상황 변화를 대중문화, 그중에서도 특히 '한국영화'를 경유해서 살펴볼 것이다. 한국영화라는 문화적인 장은 한국 사회의 정치적·경제적 상황을 뚜렷하게 반영하고 있을 뿐만 아니라 그것의 젠더화된 성격 역시 살펴볼 수 있는 공간이다. 대표적인 문화상품의 하나로서 영화는 1990년대 이후 소비주체로 등장한 여성이 문화/상품과 맺고 있는 관계를 추적할 수 있는 특정한 경로를 제공한다. 이는 한편으로 앞선 글인

「혐오의 시대」에서 다루었던 87년 체제에 대한 분석에 젠더의 관점을 덧붙이는 것이기도 하다. 기실 87년 체제는 젠더 중립적이지 않았으며, 이 문제를 제대로 들여다볼 때 비로소 2015년 페미니즘 리부트를 비롯하여 2017년 박근혜-최순실 정국으로 펼쳐진 광장에서 '페미존'이라는 특수한 공간이 어떻게 열리게 되었는지를 이해할 수 있을 것이다.

새로이 등장한 커리어우먼들은 왜 사라졌을까

한국영화의 한 경향으로부터 이야기를 시작해보자. 그 경향이란 남성 캐릭터의 전횡과 여성 캐릭터의 실종, 즉 남성의 과잉 재현과 여성의 과소 재현에 따른 상징적 소멸이다.[5] 이에 대한 문제 제기는 2000년대 초·중반 아카데미를 중심으로 잠시 등장했다가 이내 사라졌고,[6] 그간 별 주목을 받지 못하거나 구닥다리로 치부되어왔다. 그러나 최근 들어 다시 대중적으로 회자되고 있는 중이다.

평론가 듀나 역시 2014년 한 칼럼에서 한국영화 기획·제작자들이 "여성 중심 영화와 여성 배우에 대한 확신이 지나치게 부족하다"고 지적하면서 좀더 적극적으로 여성 캐릭터가 등장하는 영화들을 기획해줄 것을 요구한다.[7] 이때 듀나가 언급한 '벡델 테스트'가 SNS를 중심으로 회자되었는데, 벡델 테스트란 미국 만화가 앨리슨 벡델Alison Bechdel이 만화 『위험한 레즈비언들Dykes to Watch Out For』에서 소개한 '영화를 고르는 기준'이다. 내용은 이렇다. "첫째, 영화에 이름을 가진 여성 캐릭터가 둘 이상 등장하는가. 둘째, 그 둘이 영화 속에서 서로 대화를 나누는가. 셋째, 그 대화의 주제가 남자 이외의 것인가." 얼핏 들었을 땐 별로 까다롭지 않은 기준인 듯하지만, 1990년대 말부터 최근까지 국내에서 개봉해서 흥행했거나 평단의 주목을 끌었던 작품들을 떠올려보면 그렇게 만만한 기준이 아니라는 사실을 알게 된다.

그런데 이 칼럼에서 듀나는 "하정우가 남성이라서 성공한 것은 아니지 않은가?"라고 질문한 뒤 "하정우라는 배우/스타의 매력을 이루는 것에서 가장 중요한 것은 그가 하정우라는 것이지, 남성이라는 캔버스는 아니다"라고 답한다. 듀나의 문제 제기는 매우 시의적절하지만, 그의 진단에는 동의하기 힘들다. 왜냐하면 그가 상징적으로 소환하고 있는 '남자 배우 하정우'는 명백하게 남성이기 때문에 한국영화라는 장에서 성공했기 때문이다. 다시 말하자면, 90년대 말 이후 한국에서 영화가 상업적으로 성공하기 위해서는 서사를 추동하는 동기부여자의 성별이 남성이어야 한다는 조건은 (거의 필수를 넘어서) 필연이다. 이게 무슨 이야기일까?

주목할 것은 90년대 한국영화는 2000년대에 비해 다양한 '한국-여성-캐릭터'를 선보이고 있었고, 심혜진이나 최진실처럼 그를 빼고는 90년대 한국영화를 이야기할 수 없을 정도로 영향력 있는 주연급 여배우들의 활약이 있었다는 점이다. 또한 그런 여성 등장인물의 다변화가 흥행을 견인하는 중요한 요소이기도 했다. 하지만 2000년대에 들어서면서 상황이 극적으로 변해버린다. 이 시기에 한국영화의 두드러진 특징인 여성의 상징적 소멸은, 그야말로 '실종 사건'이었다. 그리고 이 실종 사건은 1997년 IMF를 기점으로 본격적으로 신자유주의화된 한국 사회가 어떻게 젠더화되어 있었는지의 문제와 깊게 연관되어 있었다. 신자유주의라는 새로운 판본의 자본주의는 젠더 중립적이지 않았다.

뷰티풀 1990년대, 한국영화의 신르네상스기, 그리고 신세대 여성

1990년대는 군부독재하에서 문화가 척박했던 1970~80년대의 침체기를 극복하고 한국영화의 '신르네상스기'가 열렸던 시대다. 민주화된 공간, 새롭게 열린 자유시장에서 드디어 가능해진 문화와 소비의 시대. 영화산업에 있어서도 이 시기는 일종의 '벨에포크belle époque'였다. 당시의 영화는 서사와 미학, 그리고 담론의 측면에서 풍성해졌을 뿐만 아니라 대중과의 접촉면도 확장시켜갈 수 있었다. 이러한 분위기 덕분에 영화적 풍광 역시 달라졌다. 여성 재현에 변화가 생기기 시작한 것이다. 당시의 한국영화가 구매력을 갖추기 시작한 여성 관객을 대상으로 기획된 일련의 로맨틱 코미디에 변화된 여성 캐릭터를 등장시킨 점은 특히 주목할 만하다.

최초의 기획 영화로 기록되면서 한국영화의 신르네상스기를 열었던 〈결혼이야기〉(1992)에는 당시에 트렌드로 자리 잡기 시작한 맞벌이 부부가 등장한다. 심혜진이 연기한 여성 주인공은 이 영화에서 '방송 작가'라는 새로운 직업을 부여받았고 자신의 일과 사랑, 욕망에 대해 말할 수 있는 목소리를 가지게 된다. 영화의 성공 이후 이를 벤치마킹한 수많은 로맨틱 코미디들이 등장했는데, 이들 영화는 여성이 공적 영역에서 생산 활동을 하는 것을 자연스러운 것으로 묘사했다. 비디오 판권 딜러(〈미스터 맘마〉), 영화사 사장(〈마누라 죽이기〉), 작사가(〈닥터봉〉), 자동차 디자이너(〈고스트 맘마〉) 등 대부분의 여성들은 전문직에 종사했다.

이 시기 일련의 흥행 로맨틱 코미디에서 볼 수 있었던 여성 인물의 변화는 당시의 사회 분위기를 반영한 것이었다. 1970~80년대의 경제 발전과 사회 인식의 성장을 바탕으로 여성의 자아 계발과 사회 진출이 권장되었고, 비록 '슈퍼우먼 콤플렉스'와 같이 신자유주의적 생존주의에 사로잡힌 여성 종속성을 예비하는 새로운 여성 억압 기제들이 등장하긴 했지만 페미니즘의 전통적 의제였던 공적 영역에서의 여권 신장 요구는 성과를 거두고 있는 듯 보였다.

1987년 남녀고용평등법의 제정은 이런 변화의 상징이면서 동시에 이런 변화를 견인하는 제도적 계기였다. 그러나 이 법이 여성의 생산 활동을 보장하고 그 입지를 넓히려던 여성계의 요구와 신자유주의적으로 재편되고 있는 전 지구적 자본주의의 자장 안에 적극적으로 편입해 들어가던 자본과 국가의 필요가 만나 그 결실을 볼 수 있었던 것처럼, 여성의 생산 활동에 대한 인식의 변화는 '공적 가부장제'[8]로의 진전의 측면이 컸다. 여성 노동력에 대한 자본과 국가의 통제가 강해지고 노골적인 배제보다는 자발적인 예속을 유도해내는 가부장체제의 새로운 국면이 펼쳐지기 시작했던 것이다.

이 시기에 흥행했던 로맨틱 코미디들은 사회 변화의 반영인 동시에 그 변화를 이끌어내는 이데올로기적 장치이기도 했으며, 성격이 조정된 가부장체제 안에서 유효한 노동력이자 소비자로 여성 주체를 구성하는 역할을 했다. 여성은 적극성과 진취성을 가졌을 뿐 아니라 독립적이고 당당한 주체로 묘사되었고, 이런 여성 재현은 "나는 나"라는 시대적 언명과 공명하고 있었다. 그리고 "나는 나"는 다품종 소량 생산의 시대였던 소비자본주의 시대와 함께 진동하는 새로운 욕망의 주조와 연결되어 있었다.

영화보다 이런 역할을 더 적극적으로 했던 것은 여성을 '새로운 소비자'로 구성하는 데 관심을 기울였던 광고다. 지금까지 가족을 대신해 소비하는 주체로 인식되었던 여성들은 광고를 통해 이제 여성 개인, 그러니까 바로 '나'로서 소비하도록 초대된다. 광고 속 여성들은 "나 자신"을 "활발하게 표현"하기 시작하고, 영화에서와 마찬가지로 그녀들의 에너지는 '매혹'으로 묘사되었다.[9] 이런 대중문화는 '신세대 여성' '신세대 주부' '미시족' '커리어우먼' 등과 같은 "새로운 여성 주체상을 주조"했다.[10] 위에서 언급했던 것처럼 가부장제는 공적 가부장제로 성격이 바뀌고 있었고, 이에 발맞춰 매스미디어 역시 여성 재현을 변화시켜가고 있었던 것이다.

1990년대는 여성을 자유주의적 주체로 구성해냈고, 여성들은 이에 부응하면서 자본의 영역에서 삶의 주체성을 누릴 수 있는 가능성을 열어나가기 시작했다. 그럼에도 불구하고 공적 가부장제는 결정적인 순간에 여성을 사적 영역으로 구속할 수 있는 무소불위의 핑곗거리를 하나 가지고 있었으니, 그것은 다름 아닌 모성이라는 이름의 이데올로기였다. 공적 가부장제는 공적 영역에서 여성의 활동을 요청했지만, 동시에 그렇게 자유를 얻게 된 여성들을 단속할 수 있는 의식적·무의식적 차원의 알리바이가 필요했다. 일차적으로 여성은 언제나 유연하고 가변적인 노동력으로 유지되어야 했기 때문이며, 이차적으로는 유동하는 사회의 불안을 완화시킬 수 있는 견고한 전통에 대한 믿음과 의존은 여성이라는 매개를 통해서만 재생산될 수 있었기 때문이다. 그러니까 기실 문화의 시대가 열어놓은 자유의 공간은 언제든 다시 반동의 시대로 돌아갈 수 있는 가능성을 안고 있는 셈이었다.

그 덕분이랄까, 그 때문이랄까. 〈미스터 맘마〉나 〈고스트 맘마〉, 〈닥터 봉〉 등에서 유능한 커리어우먼으로 인정받았던 여성 주인공들은 결국 하나같이 '모성'이라는 이름으로 남성 주인공의 자녀와 연결되면서 가부장제적 핵가족 안으로 포섭되어 들어갔다. 이 영화들은 여성 재현의 관점에서는 여성 입지의 변화를 보여주는 것 같지만, 남성 재현의 관점에서 보자면 남성이 기존의 아내를 새로운 아내로 '교체'하는 '아내-교체-서사'를 선보이는 것이기도 했다. 〈미스터 맘마〉는 아직 자기계발을 완수하지 못한 전업주부인 아내가 자아실현을 위해 유학을 떠나면서 홀로 남겨진 남자(최민수)가 이미 전문직에서의 업무 수행 능력과 모성을 두루 갖춘 새로운 아내(최진실)를 얻는 내용이고, 〈고스트 맘마〉의 경우에는 남자(김승우)가 현모양처(최진실)와 사별한 뒤 자동차 디자이너이면서도 전통적인 여성성을 갖춘 새로운 아내(박상아)를 맞이하는 내용이다. 영화들은 새로운 (그러나 여전히 남자들이 그 주인인) 1990년대가 요청하는 '여성' 혹은 '여성 파트너'의 성격이 무엇인지를 노골적으로 스크린 밖으로 흘려보냈다.

그리하여 여성들은 전통적으로 요구되었던 정체성과 새롭게 부여받은 정체성 사이에서 긴장하고 갈등하고 교섭하면서 지속적인 줄타기를 해야만 했다. 이때 '모성'이란 여성이 궁극적으로 성취해야 할 것은 결국 사적 영역에서의 남성의 인정임을 암시하는 하나의 기표이기도 했다. 그런 의미에서 1990년대 로맨틱 코미디의 '모성'이라는 이름은 2000년대 〈내 이름은 김삼순〉이나 〈달콤한 나의 도시〉 등 칙릿 드라마에서의 '로맨스'와 연결되어 있다. 지금 여기의 로맨스가 여성들의 욕망임과 동시에 이성애 섹슈얼리티와 커플주의라는 이데올로기에 포박되어 있는 것만큼이나, 그 시대의 모성 역시 이데올로기적 산물임과 동시에 여성들 자신의 욕망이기도 했던 것이다. 문화의 시대와 소비의 시대, 무엇보다 자유의 시대에는 욕망이야말로 이데올로기다.

그러던 와중에 2000년대가 되자, 스크린에서의 여성 인물은 감쪽같이 사라져버린다. 그렇게 사라진 여성들은 단 하나의 장르에 몰려들어갔다. 다름 아닌 공포영화였다. 이 시기의 공포영화는 하나같이 여성 괴물을 전시하고 있는데, 이제 여성들은 귀신이나 괴물이 되지 않고서는 어떤 방식으로든 자신을 표현하기 힘들어진다. 이들은 예외 없이 모성이라는 올가미에 붙들려 이승을 배회하고 있었다.[11]

IMF 이후 여성의 재현, 모성으로 회귀하거나 혹은 사라지거나

무슨 일이 벌어진 것일까? 이 실종 사건의 중요한 계기는 IMF였던 것으로 보인다. 1997년 한국에 경제 위기가 닥쳐왔다. 한국은 구제금융이 제안한 노동력 유연화 조건을 받아들임으로써 신자유주의적 경제체제로 적극적으로 진입한다. 대대적인 구조조정이 시작되었다. 1990년대 2%를 유지하던 낮은 실업률이 1998년에는 6.8%로 급증하고, 1999년 2월에는 8.6%까지 올라간다.[12] 가족 부양 능력을 위축시키는 대량 실업이 벌어지면서 남성 가장의 권위 상실'감'에 따른 '남성 위기'가 사회문제가 되기 시작했다. 남성의 가출로 인한 노숙자의 증가, 가족 동반 자살 등은 남성의 지나친 책임감 혹은 남성에 대한 지나친 기대가 빚어낸 사회적 비극으로 해석되었다.

이런 상황에서 사회 전반적으로 '남편 기 살리기'가 대대적으로 강조된다. 각종 드라마와 광고, 신문, 잡지, 출판물에 이르기까지 '남편·애인 기 살리기'에 열중하면서 여성들은 '어머니'의 이름으로 재호명되어 '강한 어머니'에 대한 향수를 자극하게 된다.[13] 한동안 커리어우먼의 성공담이 놓여 있던 베스트셀러 진열대는 '행복한 가정'을 유지하는 지혜로운 어머니가 쓴 에세이들의 차지가 되었다.[14]

그러나 IMF가 남성들에게만 고통의 시기였던 것은 아니다. 공적 가부장제의 사회로 진출했던 여성들은 남성들보다도 먼저 배제되었다. IMF 이후 여성의 사회 활동은 급격히 감소한다. 특히 결혼한 여성은 정리해고 1순위에 올랐고 공적 영역에서 사적 영역으로 '쫓겨났다.' 하지만 실제로 여성들이 '가사와 육아'로 통칭되는 재생산 노동에만 전념할 수 있었다면 오히려 다행이었을 것이다. 여성들이 내몰린 것은 일용직이나 계약직, 비정규직 등 더 열악하고 불안정해진 고용과 노동 조건이었다. 물론 남성 파트너의 실직으로 인해 의지와 무관하게 직업 활동을 시작해야 하는 경우도 태반이었다. 이 역시 열악한 상태에서 노동력을 착취당한 것은 마찬가지였으며, 그렇다고 해서 가사노동이 줄어든 것도 아니었다.

그럼에도 불구하고 가부장체제는 경제활동을 남성 본위로 이해했다. 한편에서는 '전통의 고안'을 통해 과거 강한 어머니의 정형定型이 재현과 담론을 통해 현재로 불러들여졌고, 다른 한편에서는 여성의 자아실현 욕구를 비난하면서 재생산 의무를 강조하는 담론이 득세했다. 심지어 출산율 저하와 호주제 폐지 등에 의해 위협을 느낀 보수 진영에서는 건강가정기본법을 제정하기에 이른다. 그야말로 신보수주의의 도래였다. 이제 '신현모양처 이데올로기'는 사회 불안의 극복을 위한 하나의 도피처가 되었다. 그러면서 한국영화에서 여성들은 '이름할 수 없는 여자들'로 퇴행하거나, 공포물을 통해 모성으로 다시 포섭되었던 것이다.

그렇다면 이런 경제 위기와 여성의 상징적 소멸은 어떤 관계가 있었을까. 경제 상황의 변화에 따라 영화에서의 젠더 재현 양상이 달라지는 것은 낯선 풍광이 아니다. 1940년대 할리우드 영화는 이와 흡사한 여성 재현의 변화 궤적을 보인 적이 있다.

1941년 일본이 진주만을 폭격한 뒤 미국은 전시체제로 전환된다. 남성들이 전쟁터로 떠난 본토에서 군수공장에만 4백만 명이 넘는 여성이 취업했으며, '남성적인 일'로 간주되었던 노동직에 취업한 여성은 155만여 명에 달했다. 할리우드는 '탱크 여공 로지Rosie the Riveter'란 표어를 등장시키면서 하류층 근로 여성을 1940년대 '무비 퀸'으로 호명했다. "여성의 용기와 사회참여는 이상적인 것"으로 그려졌다.

그러나 전쟁이 끝나자 남성들이 집으로 돌아왔다. 1944년에 80% 이상의 여성이 직장 생활을 이어가기를 원했지만, 남성 노동자의 복귀와 함께 여성 노동자는 대대적으로 해고된다. 그리고 "지금까지 여성적인 힘을 강조했던 영화는 그것을 파괴하기 시작했다." 할리우드 영화의 여성 주인공들은 말하지 못하거나 듣지 못하게 되었고, 편집증이나 정신병에 시달려야 했다. 이런 재현의 끝에 1950년대 할리우드는 '좋은 남자와 결혼하는 것이 지상 과제'인 여성을 '시대의 아이콘'으로 내세우게 된다. 마릴린 먼로의 등장이었다.[15] 이런 변화는 여성의 생산 에너지를 거세하기 위한 담론이 전 사회적으로 작동했기 때문이기도 하면서, 동시에 그렇게 거세당한 여성들의 자의식을 반영하는 것이기도 했다.

2000년대 한국영화의 여성 재현 역시 이와 크게 다르지 않았다. 활달하고 적극적이었던, 그러나 사랑하는 이에게는 결국 순종적이었던 1990년대의 여성 캐릭터들은 2000년대 들어서면서 광인이나 귀신, 향수의 공간, 남성들 간의 교환가치 등으로 전환되었던 것이다. 흥미롭게도 이런 여성의 거세와 맞물려서 스크린에는 우는 남자, 아픈 남자, 종국에는 죽음을 맞이하는 남자들의 이야기가 펼쳐지기 시작했고, 이는 곧 강인한 남성성에 대한 향수를 그리는 영화들로 이어진다.

1990년대와 2000년대 중 어느 시대의 여성 재현이 더 우월한가를 따지는 것은 별로 중요하지 않다. 그보다는 국가와 자본의 필요로 인해 대중의 욕망이 어떻게 움직였으며 이에 상응해서 대중문화의 상상력이 어떻게 조응했는지를 포착하는 일이 더 유의미하다. 여성의 상징적 소멸은 한국 사회가 전통적이면서 안전하고 효율적인 이데올로기를 작동시켜 '위기의 시대'를 손쉽게 통과하려 했음을 보여주는 증거다.

이 시기에 여성 노동력의 유연화를 막지 못하면서 결과적으로 한국 사회는 남녀 공히 유연한 노동의 공간으로 내몰리는 유동성의 시대, '쓰레기화'의 시대를 맞이하게 된다. 금융과 서비스 산업을 중심으로 한 신자유주의 시대에는 노동의 재생산이 국가의 부를 생산하는 데 도리어 짐이 된다. 국가는 노동력을 재생산하는 것이 아니라 생산의 장으로부터 탈락시켜 '쓰레기'로 만들고, 파편화된 개개인이 스스로 쓰레기임을 받아들이도록 그 과정을 합리화하는 데 집중한다. 유연성이 가장 효과적인 통치의 합리성이 될 때, 노동력은 필요하면 쉽게 취하고 필요 없으면 쉽게 폐기할 수 있는 '쓰레기'가 된다.[16] 거대한 쓰레기장. 그것이 신자유주의화된 한국 사회의 초상이었다.

시대의 불안은 곧 남성의 불안으로 간주되었다. 한국의 대중문화는 '쓰레기가 된 남성'들의 불안을 이해하고 위로하는 일에 몰두해왔다. 이를 통해 상징적으로 그들에게 다시 설자리를 마련해주고자 했던 것이다. 그 과정이 언제나 성공적이었던 것은 아니다. 남성의 불안에 주목할수록 불안은 오히려 자연화되고 강화되었으며 그 영향력도 확장되었다.

또한 이런 불안의 위로는 세계의 모순에 대한 근본적인 해결에 무관심했다. 지존파 사건, 성수대교·삼풍백화점 붕괴, 대구 지하철 참사 등 IMF를 전후해서 펼쳐졌던 다양한 재난·참사들과 IMF라는 사건 자체가 풀어놓은 '한국 근대화의 실패'에 대한 책임은 누구 혹은 무엇에게도 제대로 요구되지 않았다. 이런 회피는 젠더화된 자본주의와 국가주의라는 지배적 체제를 문제 삼지 못하는 인식론적 한계와 연결되어 있었으며, 재난을 개인화함으로써 체제를 공고히 하는 신자유주의적 통치성과도 관련된 것이었다.

현실적인 차원에서는 아무것도 해결되지 않았지만 상징적이고 문화적인 차원에서 혼란을 수습하려 했다는 점에서, 어쩌면 1990년대 이후 한국 사회는 그야말로 '문화의 시대'였다. 그렇게 위기는 문화를 경유해 개인화되었고, 개인의 얼굴은 남성으로 상상되었기 때문에 젠더화되었다.

당시의 한 맥주 광고는 이러한 현실을 매우 상징적으로 재현해냈다. '지갑편'이라는 제목의 이 광고에서 여자 친구는 난데없이 친구들을 데리고 나타나 친구들과 술을 부어라 마셔라 한다. 술값을 내야 한다고 생각한 남자는 자신의 빈 지갑 때문에 마음이 무겁다. 이런 마음을 알아챈 여자는 탁상 아래로 자신의 반짝이는 장지갑을 건넨다. 남자는 "너무 예쁜 그녀, 무조건 결혼입니다"라고 읊조린다.

이 황당한 광고에서 여자는 '골드미스'로, 남자는 이 시대의 어깨가 처진 가장으로 묘사된다. 이 광고를 보면서, 그러나, 아무도 질문하지 않은 것이 있다. 여전히 경제 주체로서 사회가 그토록 보호하고자 했던 남자의 지갑도 텅 비어 있을 때, 도대체 여자에겐 돈이 어디서 난 것일까? 앞서 살펴본 것처럼, 남자들보다도 먼저 해고당했고 더 먼저 비정규직화된 것은 다름 아닌 여자였다.

그러나 경제 위기는 여전히 남성만의 위기로 그려졌다.

결과적으로 위기와 재난은 남녀 성대결의 문제로 치환되었다. 그것이 신자유주의 시대에 가부장제가 수행했던 가장 중요한 역할 중 하나였을 것이다. IMF 이후의 가부장제는 남성의 지배를 견고하게 유지하는 방식이라기보다는 모든 것을 성별화시킴으로써 거대한 구조 자체를 가리는 방식으로 자본과 국가에 착종되었다. 그리고 한국영화라는 재현의 장에서 이런 흐름은 지속되었다. 2015년 천만 영화의 초상은 2000년대 중반 히트작의 면모로부터 한 발자국도 더 나아가지 못했고, 이 모든 것의 주인공이었던 남자는 늙고 지친 아버지의 모습으로 광기에 차 패악질을 치거나(〈명량〉), 회환 속에서 눈물을 흘린다(〈국제시장〉).

그렇다면 1990년대를 지나면서 새로운 주체로 호명되었던 여성들, 페미니즘의 수혜 속에서 스스로에 대한 다른 인식을 가지게 된 여성들은 어째서 이런 대중문화의 게으른 상상력에 '대단한 흥행 성적'으로 부응해주었던 것일까? 여성들의 욕망은 대중문화와 어떻게 만나고 있었을까?

달라진 인식과 경제적 위상, 그리고 변화한 주체성을 가진 채 '위기의 시대'를 만난 여성들은 적극적으로 새로운 자리를 찾아나섰던 것 같다. 사회가 공식적인 생산의 영역에서 탈락시켜 더욱 유연한 조건 속에서 비가시화된 노동으로 여성들을 착취하기 시작했을 때, 그런 각자도생, 무한경쟁의 상황에서 여성들은 자기만의 생존 전략을 짜기 시작한다. 그 새로운 생존 전략의 자리

가 바로 포스트페미니즘의 자리라는 것이 이제부터 하고자 하는
이야기다.

포스트페미니즘 판타지를 장착한
신자유주의 여성성의 등장

포스트페미니즘이란 무엇인가? 이는 여전히 경합 중인
개념이지만 일반적으로 두 가지 층위에서 설명할 수 있다. 첫째,
페미니즘의 목표가 이미 성취되었다는 '오해' 혹은 '의도된 속단'
을 바탕으로 미디어를 통해 드러나는 퇴행적이고 보수적인 흐름
을 일컫는 비평 용어다. 둘째는 포스트모더니즘, 포스트식민주
의, 포스트구조주의 등의 자장과 궤를 같이하면서, 본질적이라고
상정되어 있는 정체성과 주체의 경계를 해체하려는 정치적이고
이론적인 입장이다. 이는 기존 페미니즘에 인식론적 전환을 요청
했던 '포스트모던 페미니즘'을 포괄하는 개념이다.[17]
이 글에서 '페미니즘 리부트'의 지평으로 주목한 포스트페미니
즘은 전자에 가까운데, 이는 소비와 결부된 여성의 주체적인 선
택을 강조하며, 자기경영 신화 속에서 공사 영역 모두에서의 성
공을 추구하는 신자유주의적 여성성과도 뗄 수 없는 관계에 놓여
있다. 북미의 일부 학자들은 레이건 시대의 보수화 물결 속에서
대중문화가 보여준 반페미니즘적 흐름을 포스트페미니즘으로

이름하기도 했으며,[18] 페미니즘 운동의 수혜를 받았음에도 "나는 페미니스트는 아니지만 (남성들과 똑같은 급여를 원해 등등)"을 입에 달고 있는 현대 여성들의 젠더 의식을 꼬집는 데 사용하기도 했다.

1990년대 서구 비평 담론이 사용하기 시작한 포스트페미니즘이라는 용어가 한국에 본격적으로 소개되어 영향력을 발휘하기 시작한 것은 2000년대 중반이었다. 〈앨리 맥빌〉(1997~2002)이나 〈섹스 앤 더 시티〉(1998~2004), 『악마는 프라다를 입는다』(2003)와 같은 대표적인 포스트페미니즘 텍스트가 한국에 들어오면서 한국에서도 『달콤한 나의 도시』(2006), 『스타일』(2008) 등의 칙릿 소설과 〈내 이름은 김삼순〉(2005), (동명의 소설을 드라마화한) 〈달콤한 나의 도시〉(2008) 등의 드라마가 등장하기 시작했다. 그리고 이를 설명하려는 비평적 시도 역시 동반되었다.

서구에서 등장한 포스트페미니즘이라는 개념이 한국 상황을 설명하는 데 적절한가, 한국에서 페미니즘 이후를 말하는 것은 성급하거나 불가능한 것은 아닌가는 여전히 논쟁적인 사안이다. 그럼에도 불구하고 2006년을 전후해서 문화적으로 포착해낼 수 있는 어떤 "새로운 정체성을 지닌 젊은 여성들의 담론", 그리고 그런 여성들의 문화적 실천들이 "뚜렷하게 진행되고 있는 것"은 부인할 수 없는 사실이었다.[19]

이제 우리는 두 편의 '기묘한 흥행작' 혹은 '조금 특이한 성공 사례'인 〈왕의 남자〉(2005)와 〈써니〉(2011)를 둘러싼 맥락과 그 시기에 개봉해서 여성들의 관심을 끌던 영화 몇 편을 살펴보면서 당대의 여성들이 어떻게 포스트페미니즘적 지형 혹은 포스트페미니즘의 판타지에 사로잡혀 있었는지 살펴볼 것이다. 여기서 주목해야 할 지점은 소비자 정체성의 강화와, 그와 연동되어 있던 신자유주의적 여성성의 문제다. 〈왕의 남자〉를 통해서는 전자에, 〈써니〉를 통해서는 후자의 문제에 집중해보자.

〈왕의 남자〉, 그리고 소비자로 소환된 여성들

페미니즘이 리부트된 2015년 초를 기준으로, 천만 관객 동원을 넘긴 국내 영화는 모두 11편이다.[20] 이 영화들의 흥행에는 스크린 독점과 양극화라는 물적 토대가 중요한 역할을 했다. 천만 영화들은 평균 717.5개(평균 스크린 점유율 22.4%)의 스크린에서 개봉했고, 평균 첫날 상영 횟수 및 상영 점유율은 3367.8회와 28.4%였다.

그런데 〈왕의 남자〉의 경우에는 이런 천만 영화들과 그 배급 규모에서 확연한 차이를 보인다. 207개의 스크린(평균 스크린 점유율 14.3%)에 첫날 상영 횟수 1217회와 상영 점유율 16.9%는 천만 영화의 양적 평균을 훨씬 밑돈다. 〈명량〉이 첫날 상영 점유율 42.3%라는 엄청난 독점을 통해 12일 만에 천만 관객을 동원했던 것과 달리 〈왕의 남자〉는 천만 영화가 되기까지 66일이나 걸렸다.[21] 〈왕의 남자〉의 흥행에는 산업적 조건의 격자를 확실하게 빠져나가는 어떤 특별한 이유가 있었던 셈이다. 그뿐만 아니라 영화는 다른 천만 영화들이 공유하고 있는 어떤 이데올로기적 지반 역시 피해가고 있었다. 예컨대 당시에 가장 인기 있는 소재였던 분단이라는 역사적 주제를 다루지도 않았고, 강한 남성성을 전시하거나 향수의 공간을 제공하지도 않았으며, IMF 이후 쏟아졌던 부성 멜로드라마를 펼쳐보이지도 않는다.[22] 흥미로운 일이 아닐 수 없다.

이 문제에 대해 생각할 때마다 떠오르는 에피소드가 있다. 〈왕의 남자〉 신드롬이 화제가 되고 있던 2006년 어느 저녁의 일이다. TV를 켰는데 공중파 뉴스에서 〈왕의 남자〉를 상영하는 극장을 찾았다. 아직 영화가 개봉한 지 한 달이 되지 않은 시점이었다. "영화를 몇 번이나 보았느냐?"라는 기자의 질문에, '직장인'이라고 소개한 여성 관객은 환한 얼굴로 이렇게 답했다. "스물여덟 번이오." '회전문 관객'의 공중파 등장이었다. 한 작품을 여러 차례 재관람하는 이 회전문 관객의 존재야말로 207개의 소규모 스크린, 천만 달성까지 걸린 66일이라는 짧지 않은 시간의 답일 것이다.

당시 한 기사에 인용된 서동진의 코멘트는 이 회전문 관객의 성격을 정확히 짚어내고 있다. 그는 〈왕의 남자〉의 시놉시스가 "전형적인 야오이[23] 코드"라고 언급한다.[24] 2006년에 1억이라는 초저예산을 들여서 흥행에 성공했던 〈후회하지 않아〉의 개봉 전략을 살펴보면 이런 분석은 무리가 아닐 것이다. 〈후회하지 않아〉의 제작자였던 김조광수는 작품 기획 전략 중 하나가 "야오이 팬덤의 활용"이었다고 설명한다. "기획 단계에서부터 야오이 또는 동인녀同人女라고 불리는 퀴어 문화의 팬층을 적극적으로 활용한다는 계획을 세웠다"는 것이다. 그러면서 "이러한 팬들의 역할이 〈후회하지 않아〉 성공에 1등 공신임은 더 말할 필요도 없을 정도"라고 덧붙였다.[25]

이처럼 〈왕의 남자〉 및 동시대에 주목을 끌었던 영화들의 흥행 이면에는 여성들의 하위문화였던 야오이 문화의 대중문화로의 확장이 놓여 있었고,[26] 야오이 문화가 '돈'이 되는 시대가 열리면서 이는 대중 담론 안에서 적극적으로 발견되고 주목받기 시작한다. 그러면서 소수의 동인녀[27]를 중심으로 향유되었던 야오이 문화는 "한국 젊은 여성들의 소비문화에서 취향을 결정하는 데 중요한 역할"을 하게 된다. 그렇게 야오이 문화를 향유하는 대중적인 여성 관객층을 일컫는 새로운 용어가 바로 '부녀자腐女子'다. 이는 주류 미디어와 긴밀한 관계를 맺으면서 완전히 소비자화한 여성 하위문화의 성격을 함께 보여주는 것이었다.[28]

다른 여성 소비주체보다도 특히 부녀자에 주목하고 이를 포스트페미니즘의 맥락에서 살펴보는 이유는, 그것이 젠더화된 관객성을 보여주는 대표적인 사례이자 동시에 보수적이고 억압적인 사회에 대항하는 전복적인 문화적 실천으로 해석되어왔기 때문이다. 이는 IMF를 거치면서 남성 캐릭터만을 살려놓은 한국영화가 여성 관객을 끌어들이는 또 하나의 주목할 만한 전략이기도 했다. 남성에 비해 젠더와 섹슈얼리티를 넘나드는 동일시에 능한 여성 관객들은 재현의 장에서 거세되었을 때에도 유연하게 주인공에 대한 동일시를 수행하고, 자신의 다양하고 은밀한 서사 소비 욕망을 충족시킴으로써 지속적으로 한국영화에 대한 충성도를 유지했다. 한국영화는 쓰레기가 된 남성들을 위로하면서 남성 관객을 유혹하고, 여성 관객에게는 삶을 옥죄는 일상의 규범과 권위로부터 벗어날 수 있는 상상력을 자극하는 틈 있는 서사를 제공함으로써 그들을 다크 큐브로 불러들였다.

이런 전략의 가능성을 확인한 한국영화는 노골적으로, 때로는 서사와 무관한 '관습적 형식'으로 야오이 코드를 심기 시작한다. 〈좋은 놈, 나쁜 놈, 이상한 놈〉(2008)을 비롯, 〈고지전〉(2011), 〈신세계〉(2012), 〈은밀하게 위대하게〉(2013), 〈화이〉(2013) 등은 이런 전략을 노골적으로 활용했을 뿐만 아니라 팬덤의 남남男男 커플링과 2차 창작이라는 문화적 실천의 대표적인 작품들이었다. 하나하나 거론하기 어려울 정도로 이런 영화는 양산되었다.

그런데 이렇게 '부녀자 문화'에 소구되는 영화들의 이데올로기적 효과는 무엇이었을까? 남남 커플링 놀이가 영화의 흥행에 영향을 미쳤던 한 편의 영화 〈고지전〉은 이를 살펴볼 수 있는 흥미로운 예다.

1953년 겨울, 휴전 협상이 난항을 겪고 있는 가운데 접전지인 동부전선 애록고지에서 벌어지는 사건을 따라가는 〈고지전〉은 방첩대 중위 강은표(신하균)가 살인사건을 조사하기 위해 애록고지로 떠나면서 시작된다. 동부전선을 맡고 있던 악어부대 중대장이 아군의 총알에 맞아 사망했는데, 이 사건이 아군과 인민군 사이의 내통과 관련되어 있다는 증거가 발견되었던 것이다. 끝나지 않는 전쟁 속에서 남한 정부의 무능과 폭력에 불만을 품고 있던 강은표는 전쟁에 대한 회의를 품은 채 애록고지로 향하고, 그곳에서 죽은 줄로만 알았던 친구 김수혁(고수)을 만나게 된다. 악어부대의 실질적인 리더 수혁과 어떤 이유에선지 정신적인 구심점이 되어 있는 청년 신일영(이제훈)을 보면서 강은표는 무언가 의심스러운 공기를 감지한다. 그리고 곧이어 악어부대의 비밀이 밝혀진다. 그것은 바로 악어부대원들이 북한군과 애록고지를 뺏고 빼앗기는 와중에 은밀한 우정을 나누고 있었다는 사실이다.

장기판 위의 말처럼 아무렇지도 않게 국민을 죽음으로 내모는 망가진 세계에서, 그 세계의 처참을 돌파하기 위해 영화가 상상적으로 복원시킨 것은 '민족'이다. 그리고 그 '민족'은 남성들만의 배타적인 공동체로 상상된다. 남과 북의 남성 군사들은 애록고지의 지하 벙커를 통해 대가 없는 선물을 주고받으면서 남성연대의 호수적互酬的 교환을 실천한다. 여기서 여성은 남성들 간의 유대를 강화시키는 하나의 이미지이자 선물로서 교환된다.

북한의 여성 군인 태경은 자신의 가족사진을 벙커의 선물 상자 안에 넣는데, 남한의 남성 군인들은 '태경' 본인을 자연스럽게 '남성 태경'의 여동생으로 이해한다. 수혁은 애인을 삼겠다는 듯 '태경(의 동생이라고 생각하는 여성)'의 사진을 가슴에 품는다. 이런 오해가 자연스러운 것은 벙커에서 이루어진 교환관계의 성격 자체가 그러했기 때문이다. 선물의 증여는 증여자의 자격을 갖춘 남성들 사이에서 이뤄져야 하며, 선물이어야 하는 여성이 증여자로서 '그들만의 유통 체계'에 들어서는 순간 남성 연대는 위기에 처하게 된다. 태경이 서사의 주요 갈등 요소로 등장하는 것은 바로 이 탓이다. 그런 의미에서 영화의 여성 재현은 여성 혐오적이다.

그러나 영화의 여성 혐오는 이렇게 하나의 층위로 구성되어 있지 않다. 흥미롭게도 영화는 남성 동성 사회성에 남성 동성애 코드를 묘하게 섞어 넣어 더욱 적극적으로 여성 혐오를 드러낸다. 은표의 수혁에 대한 애정은 동성 간의 진한 우정으로 읽힐 수도 있다. 그러나 영화는 은표와 일영이 처음 대면하는 장면에서 은표가 일영의 누드를 바라보는 시선을 스크린에 각인시킴으로써, 의도적으로 은표의 섹슈얼리티에 대한 의문을 남긴다. 이러한 은표의 모호한 섹슈얼리티는 남성 주인공들의 섹슈얼리티로 확장되어 여성 관객의 상상력을 자극했다. 이후 수혁이 '나의 여자'로 점찍었던 '태경의 여동생'이 실은 태경 자신이었음이 밝혀지고, 수혁은 태경에 의해 사살된다.

결국 총탄이 날아다니는 최후의 전장에서 은표와 태경이 대면하게 되었을 때 은표는 태경의 복부에 칼을 꽂아 넣는다. 사각 canted angle 미디엄 숏 및 클로즈업으로 표현된 이 장면은 칼=남근의 오래된 은유를 환기하며 오묘하게 성적인 함의를 드러내는데, 그 때문에 이것이 수혁을 가운데 둔 연적에 대한 처단인지 친구를 살해한 자에 대한 복수인지 분명하게 알 수가 없다. 매우 사실적인 전쟁 묘사가 이어지는 가운데 이 장면만 유독 비현실적이고 몽환적으로 그려진다. 그런 비균질적인 영화 언어를 통해 이 장면은 매끈한 스크린에서 영화의 동성애적 욕망 혹은 여성 혐오적 욕망을 스크린 밖으로 흘려 보내는 찢어진 틈새가 된다.

애록고지는 초국적 자본과 무능한 정부에 의해 '그토록 망가진 세계'인 지금/여기에 대한 알레고리이며, 그런 자본과 국가의 착종에 대응할 수 있는 것은 자본주의적이고 국가주의적인 교환관계를 넘어서는 벙커에서의 교환을 바탕으로 한 남성 연대다. 그리고 여성 관객들이 이 남성 연대에서 동성애 코드를 읽어낼 수 있도록 여성 캐릭터는 폭력적으로 배제되어야 했다.

흥미로운 것은 어째서 영화가 남성 연대에 대한 위협으로 여겨지면서 언제나 배제되어왔던 남성 동성애성을 스크린에 이토록 적극적으로 기입하고 있느냐는 것이다. 영화는 남성 동성애에 대한 긍정을 그 숨은 주제로 품고 있었던 것일까? 그렇다 하더라도 이는 새로운 의미를 만들어내지 못하는데, 기실 동성애에 대해 아무런 메시지도 전송할 수 없기 때문이다. 오히려 이렇게 미묘한 남성 동성애에 대한 묘사는 여성 관객들을 매혹하기 위한 하나의 흥행 코드로 의도되었다고 보는 것이 더 적절하다. 그렇게 〈고지전〉의 남성 동성애와 여성 혐오는 여성 관객을 극장으로 유도하기 위한 장치가 된다.

그렇다면 영화는 텍스트 안팎 이중으로 반동적이다. 텍스트 내부에서는 전쟁을 경유해 표현되는 전 지구적 자본주의와 국가주의에 저항하는 대안 공간인 상상적 공동체로부터 여성을 배제하고, 텍스트 외부에서는 그렇게 여성을 배제하는 전략을 통해서 여성을 소비자로(만) 호명한다. 이것이 재현의 장에서 여성을 거세하면서도 동시에 여성 소비자를 주요 타깃으로 삼는 한국영화의 반동성인 셈이다.

페미니즘 비평이 안고 갈 수밖에 없는 난제는 바로 여기에 있다. 이처럼 여성을 소외시키는 재현에서 여성 자신이 쾌락과 즐거움을 찾으며, 그 쾌락과 즐거움에는 충분한 이유가 있는 것이다. 부녀자 문화에서 '문화적이고 따라서 정치적인 가능성'을 찾는 담론들은 영화 속 꽃미남을 적극적으로 소비하는 모습에서 여성의 향상된 지위를 진단하기도 하고, 가부장제와 이성애 규범을 따르는 진부한 관계가 현실에서 가져오는 사회적·심리적 제약을 거부하는 젊은 여성들의 의지를 반영한다고 해석하기도 한다.[29] 또 한편으로 팬픽 등에서의 남남 커플링 놀이는 소녀들의 억압된 성욕 분출구이자 유연한 젠더 수행을 보여주는 것으로 분석된다. 이런 해석은 여전히 유효하며, 부녀자 문화에서 발견할 수 있는 전복적인 역동에 대해서는 해석의 여지를 열어놓아야 한다.

그러나 2000년대 중·후반 대중문화의 장에서 가시화되기 시작한 부녀자 문화에서 주목해야 할 것은 여성들에게 해방의 공간이 문화상품을 비롯한 다양한 소비의 영역에서뿐이었다는 점이다. 여성은 누구보다 먼저 '유연한 노동력'으로 자리매김되었고 이들의 노동은 초국적 자본의 흐름에 따라 가장 적극적으로 국경을 가로질러 흘렀을 뿐만 아니라 그런 유연성이 '여성적 가치'로 소통되는 시대가 도래했다. 그럼에도 불구하고 여성은 그렇게 유연하기 때문에 오히려 언제나 '소비자'의 이름으로 호명되어 그 자리에 위치하게 된다. 노동력의 유연화로 남성들이 '쓰레기/잉여'화되었다면 여성들은 '빠순이'와 '된장녀' 그리고 '김여사'와 같은 소비의 계급으로 불렸다. 이런 소비자 정체성의 강화는 파편화된 삶의 조건을 지속시키는 데 기여해왔다.

소비자 문화 그리고 팬덤과 같이 특화된 문화에서의 '여성 공동체성'을 살피는 문화연구의 역사는 깊지만, 그것이 시장을 확장하는 것 이외에 어떤 역할을 했는지, 그것이 실제로 여성의 삶 자체에 어떤 근본적인 변화를 견인했는지에 대해서는 적극적으로 질문할 필요가 있다. 이를 질문의 장에 올려놓을 수밖에 없는 또 하나의 이유는, 여성의 소비가 신자유주의적 여성성과 깊이 연관되어 있었기 때문이다.

'메이크오버 필름'과 신자유주의적 여성성

남성 주인공들이 스크린을 휘젓고 다니면서 흥행 순위를 휩쓸었지만, 그렇다고 해서 여성 주인공 영화가 전혀 제작되지 않은 것은 아니다. 그러나 이런 영화의 흥행 성적은 그다지 좋지 않았다. 특히 2010년대가 시작되던 즈음에 한국에서 영화가 상업적으로 성공하기 위해서는 남성이 서사의 주요 동기부여자이거나 혹은 여성이 주요 동기부여자로 등장하더라도 이미 언급했던 것처럼 모성성 혹은 모성 이데올로기의 문제로부터 자유로울 수 없었다.

그런데 2011년 한국영화 박스오피스에는 10여 년 만에 이례적인 상황이 벌어진다. 〈고양이를 부탁해〉(2001), 〈아프리카〉(2001), 〈걸스카우트〉(2008), 〈걸프렌즈〉(2009) 등의 처참한 흥행 성적이 남긴 교훈을 비웃듯이 여성들 간의 우정을 다룬 영화 〈써니〉(2011)가 7백만을 기록하면서 박스오피스 상위에 그 이름을 올린 것이다. 어머니로만 규정되지도 않고, 벗지도 않았으며, 이성애 로맨스에 포박되어 있지도 않은 여성들의 이야기가 '대박'을 쳤다. 이상하다고 할 만큼 예외적인 상황.

하지만 〈써니〉가 선보이고 있는 여성 주체의 성격을 살펴보면 이는 '특별할 것이 없는' 성공이었다. 영화는 1990년대와 2000년대를 지나면서 공적 가부장제의 유연한 노동력이자 자본주의의 강력한 소비자로 호명되었던 여성들이 2010년대에 이르러 어떤 주체로 거듭났는지, 혹은 어떤 주체로 구성될 것을 요청받았는지 잘 보여준다. 영화의 흥행은 이런 새로운 여성성이 우리 시대 관객들에게 '잘 먹혔음' 외에 아무것도 의미하는 것이 없었다.

〈써니〉는 비슷한 시기에 개봉해서 관객들의 사랑을 받았던 두 편의 '메이크오버 필름makeover film' 〈미녀는 괴로워〉(2006) 그리고 〈댄싱 퀸〉(2012)과 그 궤를 함께하는 작품이다.[30] 메이크오버 필름이란 '바람직하지 않은 외모'의 여성이 특정한 계기를 바탕으로 변신을 시도하고, 이를 통해 일과 사랑을 모두 성취하는 내용을 담은 작품이다. 여기에서는 여성 주인공의 외모 변신 과정과 쇼핑 몽타주가 함께 등장하는 메이크오버 시퀀스를 관습적으로 선보이는데, 이렇게 주체의 극적인 전환을 소비와 필연적으로 연결시킨다. 이런 영화의 여주인공들은 "페미니즘이 폐기해버렸다"고 상상하는 여성스러움과 남성과의 이성애적 관계를 회복하고 자기계발을 추구한다는 점에서 포스트페미니즘적이다.[31]

한국형 메이크오버 필름인 〈미녀는 괴로워〉는 강한나(김아중)가 목소리라는 상품성 있는 재능을 가리는 '신체적인 한계'를 개선하고 스스로를 계발하는 이야기를 담고 있다. 스토리온의 오디션 성형 프로그램 〈렛미인Let美人〉(2011~2015)을 방불케 하는 대대적인 성형수술과 지독한 다이어트 후 새롭게 거듭난 한나가 쇼핑을 나가는 메이크오버 시퀀스는 전형적인 재현 관습을 따른다. 그렇게 스스로를 계발하여 '강한 나'가 된 자기계발 주체이자 자기경영 주체인 한나는 결국 가족이라는 굴레를 벗어나 일과 사랑, 두 마리 토끼를 다 잡는다.

영화는 한 여성이 자신의 꿈을 추구하고 자아를 성취하는 이야기를 통해 자유주의 페미니즘의 전통적인 의제를 따르는 것 같지만, 그런 성취를 위해 구비해야 할 여성 섹슈얼리티를 스펙터클화하면서 페미니즘을 '철 지난 이야기'로 만들어버린다. 여성의 진정한 자아실현과 성공은 페미니즘을 통해서가 아니라, 페미니즘의 '도덕적 강박'을 넘어섰을 때 비로소 가능해진다. 그러면서 영화는 이 시대에 여성이 추구해야 할 새로운 가치들을 한나를 둘러싼 상품 이미지 속에 전시한다(물론 자기계발에 성공한 한 나 자체가 이미 상품-이미지이자 이미지-상품이다).

젊은 여성들의 자기계발 서사가 중년 여성들에게 확장되어 펼쳐진 영화 〈댄싱 퀸〉은 정민(황정민)과 정화(엄정화) 양성 모두가 '단장makeover'하는 영화로 여성-단장-소비-성공으로 이어지는 일반적인 공식을 흥미롭게 비튼다. 전형적인 메이크오버 시퀀스에서 정민은 촌스러운 인권변호사에서 시장 경선 후보로, 정화는 왕년의 매력을 다 잃은 주부이자 에어로빅 강사에서 눈에 띄는 〈슈퍼스타K〉 지원자로 변신한다. 남자는 국민 경선에, 여자는 오디션 프로그램에 참여하는 것은 숨 쉬는 것조차 경쟁이 된 시대의 삶의 조건을 농담으로 삼는다. 동시에 그런 무한경쟁에서 살아남기 위해 개인이 어떻게 자신을 경영해야 하는지 '코칭'해준다.

이 시퀀스에서 흥미로운 것은, 이런저런 옷을 갈아입어보는 쇼핑 몽타주에 출연하는 것이 정화가 아니라 정민이라는 점이다. 영화는 기존 메이크오버 필름의 젠더 편향성을 비틂으로써 '소비하는 여성'과 '성공하는 여성' 사이의 고리를 분리한다. 심지어 이 시퀀스에서 정화는 아직 '단장' 전이며, 정화의 단장은 외모를 가꾸는 것보다는 '댄싱 퀸즈'에 발탁된 이후에 실력을 다지는 과정에서 완성된다. 그뿐만 아니라 영화는 남성의 성취와 여성의 성취를 전면 대치시키면서, 결과적으로 여성의 자아실현에 방점을 찍는 것처럼 보인다. 자신의 욕망을 따르는 여성 파트너의 진취성이 남성 파트너의 '앞길'을 막을 수밖에 없는 이 진부한 사회에서, 21세기에도 여전히 '일상과 꿈'을 찾는 것이 여성의 정치일 수밖에 없음이 강조된다.

그럼에도 불구하고 〈댄싱 퀸〉 역시 여성은 성공하기 위해 몸을 가꾸고 자신의 섹슈얼리티를 자원화할 수밖에 없다고 말한다. 물론 섹슈얼리티를 팔아야 하는 것은 남성도 마찬가지다. 그뿐만 아니라 남성은 경선에서 살아남기 위해 자신의 사생활을 미디어에 전면적으로 공개하고, 그 사생활 자체를 자신의 자원으로 삼는다. 여성의 성공은 그녀의 섹슈얼리티를 통해 가능해지고, 남성의 성공은 오히려 '여성 파트너의 꿈'이라는 사생활의 자원화를 통해 가능해지는 것이다.

야엘 셔먼은 메이크오버 필름이자 신자유주의적 여성성을 전시하는 대표적인 영화인 〈미스 에이전트〉(2000)를 분석하면서 신자유주의적 여성성에 대해 설명한다. 복지국가 모델을 추구해야 한다는 공격에 대해 "국가의 도움을 받는 것은 개인을 의존적이고 병들게 하는 것"이며 "시민 소비자는 스스로를 도와야 한다"고 설득하는 신자유주의 세계관은 개인으로 하여금 스스로를 돌보고 스스로 책임지며 스스로 기업화하도록 고무한다. 이런 조건에서 등장한 신자유주의적 여성성은 "'예쁨'과 '똑똑함'을 서로 대치시키기보다 그들을 같은 편에 놓는다. 전통적인 중산층 여성성이 사적인 영역에서의 결혼을 통해 '성공'을 가능하게 했다면, 신자유주의적 여성성은 여성성을 사적 영역에서뿐만 아니라 공적 영역에서의 자산으로 활용한다. 즉 그것은 페미니즘, 신자유주의, 그리고 전통적인 여성성의 요소들을 차지한 새로운 형태의 여성성이다."[32] 사적인 것이 정치적인 것임을 전면적으로 보여주는, 자기계발 주체인 정화는, 이 신자유주의적 여성성에 정확히 부합한다. 그녀는 인간적일 뿐만 아니라 정치적으로 진보적인 시장-남편의 똑똑하고 섹시한 아내이자 야무지고 당찬 딸의 예쁘고 자랑스러운 엄마로서 그 역할에도 충실한 것이다.

앞의 두 작품만큼 전형적이지는 않지만 〈써니〉 역시 다소 변형된 형태로 메이크오버 필름의 서사 구조를 따라간다. 주인공 나미(유호정)는 우연한 기회에 학창 시절 동창이었던 춘화(진희경)을 만나면서 완벽하기 때문에 '유령'이 되어버린 주부에서 자신의 욕망에 충실하고 목소리를 낼 수 있는 한 명의 '역사를 가진 인간'으로 거듭난다. 이 영화에서 '소녀들의 추억과 꿈'은 지금의 나를 계발하고 특정한 시기에 주어지는 미션을 완수하는 데 필수적인 자원이 된다. "나미를 비롯한 '써니' 멤버들은 의식 저편에 묻어두었던 학창 시절의 꿈을 퍼올려 그것을 재료 삼아 현재의 나를 변화시키고 개선하고 나의 능력을 실험"[33]하면서 계속해서 CEO인 춘화가 던져주는 미션을 수행해간다. 이 미션 수행은 팀체제가 일반화된 신자유주의 시대에 한국 대중문화를 사로잡고 있는 예능 프로그램의 재현 관습이기도 하다.

1990년대 이후 대한민국의 사회적 성격을 결정 지었던 중요한 계기가 정치적 민주화와 시장적 자유화였다면, 영화는 민주화의 가치를 폐기하고 시장적 자유화에 집중함으로써 '살기 좋아진 지금'을 자유시장의 덕분으로 돌린다. 신자유주의적 시장에서야말로 여성은 해방될 수 있으며, 이러한 관점에서 춘화가 미션 수행의 보상으로 엄청난 유산을 남기는 것이 극도의 해피엔딩으로 그려진다. 〈써니〉의 '증여'는 〈고지전〉의 증여와 그 성격이 확연히 다르다. '보상'의 의미가 계속해서 강조되기 때문이다. 영화는 우리 시대 여성들이 누리고 있는 자유가 기실은 정치적 민주화 이후에 따라왔던 질적 민주화(다양한 신사회운동의 노력과 성과들)의 결실임을 간단히 무시해버린다.[34]

주목할 만한 것은 〈써니〉와 마찬가지로 〈댄싱 퀸〉에도 노동자 투쟁처럼 민주화를 위한 투쟁이나 위험에 빠진 사람을 위해 몸을 던지는 등의 윤리적인 행위에 대한 조소 혹은 폄하가 녹아들어 있다는 점이다. 사회가 가치 있게 여기는 어떤 행위들은 모두 우연성에 기대고 있는데, 그 우연한 기회들이 정민에게는 성공에 활용할 수 있는 '이야기'가 된다. 이야기야말로 이 시대가 가장 강렬하게 원하는 '셀링 포인트'임을 생각하면, 두 영화 모두에서 '민주주의'는 시장의 지배에 하릴없이 복속되어 있다.

〈써니〉와 〈댄싱 퀸〉은 "여성 주인공들이 가부장제가 할당해놓은 여성의 위치를 거부하고 여성 간의 우정과 연대라는 페미니즘의 이상향을 구현"[35]하기도 하며, 공적 영역에서의 자아실현을 그려내기도 한다는 점에서 모성을 중심으로 구성되었던 기존의 여성 주인공 흥행 영화와는 다른 위치를 점하고 있다. "'나 주식회사'의 최고경영자로서의 여성 정체성"을 전시하면서 적극적으로 신자유주의 시대와 조응하고 있으며, 미션 완수를 위한 경쟁을 내면화하고 있다. 이 영화들은 페미니즘이 꿈꿨던 여성들 간의 연대와 신자유주의가 내세우는 초경쟁적 개인주의 사이의 갈등을 미묘하게 해결하고 넘어간다. 페미니즘은 포스트페미니즘의 흐름 안에 이런 식으로 기입되지만 곧 부인되며, 궁극적으로는 위험과 갈등 요소가 제거된 안전한 이야기로 흘러버린다.[36]

포스트페미니즘은 이 시대를 견뎌낼 판타지를 여성들에게 제공했다. "한 손에는 통장을"이 의미 있는 구호일 수밖에 없는 상황에서 자본은 여성들에게 해방의 공간을 열어주었지만, 또다시 자본은 여성들을 적극적으로 포섭함으로써 새로운 삶의 모순들을 생산해냈다. 자본주의 초창기에 이미 '유연한 노동력'이었던 여성은 신자유주의 시대에 유동하는 노동의 성격을 규정하면서 동시에 그런 노동시장의 공백들을 메우는 구성원으로 적극적으로 포섭되었다. 포스트페미니즘은 여성들이 그 공백에 진입하려면 무엇을 자원으로 삼아야 하는지, 그렇게 각자도생의 삶의 조건에 적응해 나갔을 때 어떤 보상을 받을 수 있는지 전시한다. 페미니즘의 풍부한 논의는 사회가 원하는 가치들 안에서 단순화되고, 전복적이거나 위험한 상상력은 손쉽게 거세된다. 그러면서 포스트페미니즘의 상상력은 〈섹스 앤 더 시티〉의 주인공들처럼 유리 천장을 뚫은 소수의 여성들을 재현의 장으로 불러들임으로써 여성들에게는 '희망'을, 사회적으로는 '역차별'의 감각을 만들어낸다.

그러나 이제 우리 시대의 여성들은 체험을 통해 알고 있다. 우리는 '섹스로 잠들지 못하는 뉴욕'이 아니라 나의 쓸모를 끊임없이 증명해내지 않으면 제거되고야 마는 '차이나타운'에서 살아간다는 것을. 그리고 '차이나타운'에서 우리는 '캐리'가 될 수 없음을.

이 시대 여성들이 마주한 유리 천장, 그리고 그들의 한계

메이크오버 필름들이 선보이는 포스트페미니즘 판타지와 신자유주의적 여성성은 '페미니즘 리부트'와 직접적으로 연결되어 있다고 논해지는 '여성시대'와 같은 일련의 여초 커뮤니티의 성격과 맞닿아 있다. 포스트페미니즘의 조건과 여초 커뮤니티는 상관적으로 영향을 미치면서 형성되었기 때문에, 이는 자연스러운 일일 터다.

1990년대에 처음 열린 초기 사이버 공간에서 여성들은 일차적으로 인터넷이라는 '남성용 테크놀로지'에 대한 접근의 한계를 경험해야 했고 이차적으로는 남성들의 언어폭력과 성희롱, 성폭력 같은 장벽에 부딪혀야 했다. 사이버 공간은 여성들에게 있어 연대와 해방의 공간이기 이전에 사회의 성별 위계가 재현되는 공간이었던 셈이다. "젠더 정치의 차원에서 사이버 공간은 현실 사회의 공간보다 오히려 더 격렬한 전쟁터"였는데, "현실 사회에 비해 참여 인원이 더 적었고 법제도적 정비도 미진했기" 때문이다.

이에 사이버 공간을 둘러싼 접근성 및 정보 불평등을 해소하고 성폭력 문제를 해결하기 위해 여성계가 제도적 차원에서 움직이기 시작하고, 문화운동의 영역에서는 영페미니스트들을 중심으로 온라인 페미니즘이 조직되어 '언니네'와 같은 페미니스트 사이트가 만들어진다. 그러나 이런 활동이 "보편적인 지지"를 받은 것은 아니었으며, 여성들은 페미니즘에 대한 죄책감 없이 "다이어트와 연애와 좋은 남자를 찾아 안전하게 결혼하는 법에 대해 이야기할 수 있는" 공간을 원했다. 남성들의 사이버 (성)폭력과 페미니즘의 정치적 올바름으로부터 자유롭되 안전한 공간. 여성들은 마이클럽, 아이지아, 주부닷컴, 아줌마닷컴 등의 상업주의적 여성 사이트에서 그런 공간을 찾아냈다.[37]

이후 자율적이며 현명한 소비주체로 스스로를 정체화하기 시작한 여성들은 지나치게 상업적이었던 여성 사이트에서 벗어나 좀더 독립적이었던 '삼국카페'나 '여성시대' 같은 커뮤니티로 모여들었다. 이러한 커뮤니티 유저들이 "20대 성인 여성으로서의 당당함과 주체성을 내세우는 부분은 포스트페미니즘이 강조하는 평등의 성취와 신자유주의에서 중요시하는 개인의 노력이 만나는 지점"을 잘 보여주었다. "이들은 자기계발과 현명한 소비를 강조하면서 자신이 주체로서 얼마나 잘 살아가고 있는지를 증명"한다. 또 한편으로 이들은 종종 페미니즘의 언어를 "채택해 자신의 경험과 위치를 성찰하고 이를 통해 여성 혐오 문화나 성차별적 사회에 대항할 수 있는 힘"을 기르고자 했다. 이는 포스트페미니즘 시대의 '새로운 여성들'에게 페미니즘이 어떤 영향을 미치고 있었는지 가늠할 수 있게 해준다. "대다수의 회원들은 자신을 페미니스트라고 정체화하지 않지만 페미니즘과 자신의 주장이 어떤 면에서는 공명할 수 있음을" 알고 있었다.[38]

그러나 이런 '공명의 깨달음'에는 포스트페미니즘적인 한계가 내재되어 있었다. 그들은 페미니즘의 수혜를 통해 여성으로서 겪는 차별과 억압의 단면들을 포착하고 저항하려 했지만, 신자유주의적 가부장체제를 내면화한 특정한 실천을 통해 자신이 어떤 보상을 받고 있으며 그것이 체제 유지에 어떻게 복무하는지에 대해서는 깊이 있게 성찰하지 못했다.[39]

사회 모순을 생산하는 근본적인 구조에 저항하지 않는 인식의 한계는 여초 커뮤니티에서 감지되는 소수자 혐오와도 연결되어 있었다. 한국의 인종화된 혐오에 대한 연구에서 류진희는 "다문화 가정과 결혼이주 여성에 대한 불편함이 자주 토로되고, 이는 특히 필리핀계 귀화인이자 새누리당 국회의원인 이자스민을 향한 혐오에서 드러나고 있다"고 지적한다. "남성들이 '김대중-노무현' 정권에서 가장 본격적으로 가시화되었던 여성 정책에 반감을 가졌던 것과 마찬가지로, 이들은 '이명박-박근혜' 정권에서 주로 집중되었던 다문화 정책에 거부감을 가지고 있"었다는 것이다. 메갈에서 "남성의 부정을 공격하기 위해 라이따이한이나

코피노 문제를 전면화"하고 있는 '여성들의 혐오'를 고민하지 않을 수 없는 이유다.[40]

'여성 혐오에 대한 혐오(여혐혐)'는 명백하게 '여성 혐오(여혐)'에 대한 반사 행위다. 그러나 신자유주의 시대에 '쓰레기'가 된 자들이 자신의 불안을 극복하기 위한 적극적인 '주체화의 정동'으로 혐오를 다시 소환할 때, '된장'이 된 자들 역시 또다른 소수자에 대한 혐오에 의지한다면 미러링의 정당성은 훼손될 수밖에 없다.

메갤의 미러링 스피치에 대해 여혐혐이다 남혐(남성 혐오)이다 의견이 분분하지만, 여전히 성별 권력관계가 명확한 한국 사회에서 '남성 혐오'는 가능하지 않다.[41] 사회현상으로서 '혐오'란 그 혐오의 대상이 되는 집단에 대한 대대적인 낙인찍기와 차별의 양산으로 이어질 때 그 정치 값을 갖게 된다. 그러나 온라인에서 펼쳐지고 있는 미러링 실천이란 남성에 대한 제도적 차별이나 물리적 폭력을 양산하지 않는다. 따라서 그런 논의는 '물타기'에 가깝다. 그보다 우리가 주목하고 고민해야 할 지점은 '여혐혐'의 '혐오'가 남성이 아닌 또다른 소수자를 향하는 것이다.

'페미니즘 리부트'는 지금까지 추적해온 한국 사회의 정치적· 경제적 변화와, 그 변화의 굴곡마다 반동적 회귀의 묘를 선보였던 한국 사회에 정당성을 부여해준 문화의 자장 안에서 등장했다. 이 과정에서 '페미니즘 리부트'의 주체들은 '촛불 소녀'에서 '배운 여자'로 성장했고, '차이나타운'에서는 '캐리'가 될 수 없다는 사실을 체험을 통해 깨달았다. 가정과 학교에서 구체적인 성차별을 겪지 않았던 여성들은 취업 시장에 뛰어드는 순간부터 난감함을 느끼게 된다. 신자유주의와 적극적으로 만난 포스트페미니즘이 자기계발과 각자도생으로 깨고 넘어갈 수 있다고 말해왔던 유리 천장이 기실은 매우 낮게, 우리의 삶 자체에 밀착해 있음에 온몸으로 부딪히게 되는 것이다. 유리 천장은 그렇게 개인의 차원에서 쉽게 깨질 수 있는 것은 아니다. 신자유주의 시대에 생존의 문제는 젠더를 넘어서는 것으로 간단히 분석되곤 하지만, 우리가 지금까지 살펴본 것처럼 그것은 명백하게 젠더화되어 있다.

그런 의미에서 '헬조선' 담론 이후에 가장 영향력 있는 비명이 페미니즘의 언어로 깨쳐나왔다는 것은 주목할 만하다. 헬조선과 수저론, 그리고 리셋의 상상력은 더 이상 먹고살 수 없게 된 청년 세대의 목소리가 반영된 것으로 분석되었지만, 그 안에서도 빈곤한 청년의 얼굴은 남성으로만 상상되었다. 20~30대 여성들이 들고 나온 페미니즘은 여성 청년의 목소리가 누락되었던 헬조선 담론에 여성 젠더를 기입하는 운동이었다. 그러므로 '페미니즘 리부트'는 우리 시대의 정치적·경제적·문화적 실패로부터 등장한 것이었으며, 정확하게는 포스트페미니즘이라는 신자유주의적 판타지의 실패로부터 기인한 것이었다. '페미니즘 리부트'의 중요한 의제가 '동일노동 동일임금'에 집중되어 있고, 공적 영역의 재편에 방점이 찍혀 있었던 것은 매우 자연스럽게 이런 조건을 반영하는 것이다.

한계를 뚫고 나오는
페미니즘의 새로운 상상력을 찾아서

　이 글은 우리 시대의 젠더화된 모순을 추적하면서 그 안에서 배태된 또 하나의 페미니즘의 원초적 장면을 그려보려는 시도였다. 페미니즘은 언제나 '우리'가 놓여 있는 그 조건으로부터 등장했다. 현실과 분리된 채 공허하게 등장한 페미니즘이란 없으며, 바로 그런 이유에서 당대의 페미니즘에 시대의 한계가 내재되어 있는 것은 필연적인 일이다. 그럼에도 불구하고 명백한 것은, 그 안에서도 페미니즘은 언제나 그 한계를 갱신하는 상상력이자 실천의 에너지였다는 점이다. 우리는 깨고 부수고 꿈틀거리기를 멈춘 적이 없다.

　'페미니즘 리부트'는 각자도생의 시대에 '편'을 조직하려는 적극적인 움직임으로서 등장했던 것은 아닌지 조심스럽게 질문하게 된다. 염려되는 것은 '편'의 동학에는 그 '편'에서 누구를 배제할 것인지를 가늠하는 강력한 타자화의 움직임과 함께 절대적인 '적대'의 세계관이 내재되어 있다는 점이다. 엄기호는 "편으로 이루어진 세계는 '지지 혹은 적대'의 세계이기 때문에 자기가 지지하는 쪽은 무조건 옳고 반대편은 무엇을 하더라도 틀리게 된다"고 말한다. "그래서 편의 언어는 단순"하고, "편들어야 하는 자는 일방적으로 말한다"는 것이다. '편'의 세계가 파괴하는 것은 '곁'이다. 곁의 자리는 타인의 주목 attention 을 두고 무한히 경쟁

해야 하는 SNS라는 밀림에서는 도저히 형성되기 힘든 공간이기도 하다.[42]

'페미니즘 리부트'는 이런 '편'의 형식을 먼저 차용하고 있지는 않았을까? 그것이 '페미니즘 리부트'를 가능하게 했던 현실적 조건의 한계가 아닐까? 기실 '페미니즘 리부트'의 한계는 '동일노동 동일임금' 등 소위 자유주의 페미니즘의 의제를 '재반복'하고 있다는 것이 아니다.[43] 재차 강조하지만 세계의 현실적인 조건이 여전히 우리를 그 구호 속에 포박하고 있기 때문이다. 오히려 우리가 우려해야 할 것은 바로 그 조건들 외부를 상상하지 못함으로써, 우리가 신자유주의적인 소외와 파편화의 과정에 동참하게 된다는 것이다. 이런 한계로부터 어디로 나아갈 수 있을지, 스스로를 갱신하는 페미니즘의 새로운 상상력, 이제부터는 그 이야기를 해야 할 것 같다. 그것이 2015년 인구에 회자되기 시작한 "이제, 다시, 페미니즘"의 진정한 의미다.

젠더전戰과 '퓨리오숙'들의 탄생
2010년대 중반, 파퓰러 페미니즘에 대한 소고

그러나 신사 여러분, 훗날 여러분께서 우리에 대해 어떻게 생각하시든, 여러분은 다음과 같이 얘기할 것이라는 말씀을 감히 드리고 싶습니다. 즉, 우리의 적이 무슨 말을 할지라도 우리는 언제나 명예롭게 싸웠다고, 그리고 적들이 우리에게 명예롭지 않게 행동하더라도 우리는 적을 물리치기 위해 불공정한 수단을 사용한 적이 없다고 말입니다.

_에멀린 팽크허스트[1]

2015년 페미니즘이 리부트된 이후 대중문화는 젠더전이 펼쳐지고 있는 전쟁터다. 이는 수사적 표현이 아니다. 실제로 여성의 목소리를 들리게 하려는 이들과 성체계의 앙시앵레짐을 유지하려는 이들 사이에 사활을 건 전쟁이 벌어지고 있다.

가장 눈에 띄는 전투는 '장동민전戰'이다. '장동민전'을 치르면서 많은 이들이 대중문화를 지배하고 있는 자본과 연예 권력의 강력한 남성 연대를 목격했다. 여성들이 메갈리아와 SNS를 통해서 조직적으로 움직였던 것과 같이 그들 역시 '상품'이자 '동료'인 남성 연예인을 지키기 위해 조직적으로 여성의 목소리를 지워 나가려 했다. 장동민의 소속사는 연예산업에서의 영향력을 행사해 그를 브라운관에 상주시켰고,[2] 장동민-유세윤-유상무로 구성된 개그팀 '옹달샘'은 남자들 간의 눈물 나는 우정과 그 가치를 강조했으며, 장동민은 가수 나비와의 (이성애) 연애를 공개하면서 '현명한 여자를 만나 비로소 **남자**가 되어간다'는 소년-성장-서사를 짜기도 했다(이 모든 것을 한자리에 모은 예능이 2016년 4월 6일 방영된 〈황금어장 라디오 스타〉 473회 '옹달샘에 빠진 나비'였다). 그리고 그는 2017년 '한남 예능'의 끝판왕인 〈남원상사〉에 출연했다.[3]

어떤 대중들은 '여혐 발언'이 생계를 박탈할 정도로 심각한 문제인지를 질문하면서 '화력'을 지원했다. 이때 '꼴페미' '페미나치' 등의 표현이 '탄알'로 보충되었다. 이는 김태훈 등 남성 연예인 불매운동이 펼쳐질 때마다 제기된 질문인데, 여기에서 여성의 존엄과 그에 따른 생존권은 남성의 재산권과 동일한 선상에서 논의된다. 이 자체가 한국 사회의 기울어진 젠더 위계를 보여주는 선명한 사례다. 이러한 일련의 흐름을 종합적인 시야로 보자면, 장동민전이 계속되는 와중에 다시 터진 '충청도의 힘' 사건[4]은 근본적인 반성 없는 '개저씨 엔터테인먼트' 문화의 예견된 행보였던 셈이다.

장동민은 아마도 대한민국 페미니즘 역사에서 종종 언급되는 이름 중 하나로 남을 것이다. 그리고 당장 이 싸움의 승패가 어떻게 기록되느냐와 무관하게 그의 이름은 오명으로 남을 공산이 크다. 때때로 그 전략과 전술에 아쉬움이 있을지언정 일군의 여성들은 '옳은 싸움'을 하고 있으며, 따라서 아주 오랜 시간 후에라도 '이 전쟁'⁵은 여성들의 승리로 기록될 터이기 때문이다.

대중적으로 뜨거운 관심을 얻고 있는 페미니즘 책인 『나쁜 페미니스트』에서 록산 게이는 "나쁜 남자를 너무나 사랑해서 그가 때려도 괜찮다고 말하는 젊은 여성들에게" 이렇게 말한다.

우리 문화가 너무나 오랫동안 여성을 함부로 다루어온 나머지 유명 연예인의 관심을 얻기만 한다면 학대를 당해도 괜찮다고 생각하게 된 이 현실에 눈물이 난다. **우리 사회가 당신을 망쳐놓은 것이다.** 전적으로 그렇다.

우리가 당신을 망쳐놓았다. 크리스 브라운이 여자 친구를 죽기 전까지 때리고도 고작 집행유예를 받고 2012년 그래미 무대에 한 번도 아닌 두 번이나 올라서 그렇게 된 것이다. 그가 그 시상식에서 올해의 베스트 R&B 앨범 상을 받게 해서 그렇게 된 것이다. 그에게 재기할 권리가 없다고 말하는 것이 아니다. 그는 자신의 나쁜 남자 페르소나를 자랑스럽게 게시했고 대중들을 비웃었다. 그는 언제든 문제를 일으킬 수 있는 팝 음악계 악동이다. 그에게는 그것이 변명이 아니라 설명이다.⁶

게이가 반성하고 있는 것처럼, 이제 우리는 스스로를, 그리고 서로가 서로를 망쳐놓는 것을 멈추기로 마음먹었다. 그리하여 산발적인 국지전들이 다 포착하기도 힘들 정도로 넓은 스펙트럼 안에서 방대하게 펼쳐지기 시작했다. 게일 루빈의 표현을 빌리자면

이는 '혈전 血戰'이라 할 만하다.[7] 한국 사회를 지배하고 있는 성체계gender system가 전환을 맞이할지 아니면 낡은 체제가 유연하게 그 외관을 바꿔가며 지속될지, 바로 그 기로에 서 있는 것처럼 보이기 때문이다. 그러므로 우리는 '잘' 싸워야 한다.

이 글은 맹렬하게 펼쳐지고 있는 이 전쟁을 페미니즘 운동의 역사 안에 위치시키고 그 의미를 탐색해보려는 작업이다. 앞선 글인 「페미니즘 리부트」에서 놓쳤던 페미니즘 내부의 역동적인 연속성을 이 글에서 좀더 깊이 있게 다루려는 것이다.

이 과정에서 2000년대를 풍미했던 "나는 페미니스트는 아니지만 OOO을 원한다"는 문장은 재해석된다. 「페미니즘 리부트」에서는 "나는 페미니스트는 아니지만"에 방점을 찍었다면, 이 글에서는 그 뒤에 이어지는 "OOO을 원한다"에 집중한다. 그리하여 나는 이 싸움이 근본도 뿌리도 없이 어느 날 갑자기 하늘에서 떨어진 것이 아니라는 인식으로부터 페미니스트들이 싸움의 에너지를 얻기를 바란다. 그것은 또 한편으로 사회변혁 운동은 실패했고 우리가 사는 이 세계는 그저 '지옥'일 뿐이라는 지독한 허무주의로부터 벗어날 수 있는 인식론적 전환의 계기를 만드는 것이기도 할 터이다. 그렇게 앞선 운동과 뒤따르는 운동을 잇는 접속 지점을 발견하고 그 지속에 대한 인식을 바탕 삼아 페미니즘과 대중문화 사이의 긴장 관계를 사유하는 새로운 언어를 모색해보고자 한다.

대중문화를 찢고 나온
파퓰러 페미니스트들

대중문화가 페미니즘과 관련해 문화 전쟁의 장이 된 것은 새로운 일이 아니다. 이 전쟁에 대한 기억은 아무리 짧게 잡더라도 1990년대까지 거슬러 올라간다. 1980년대부터 시작된 시장적 자유화 및 1987년의 제도적 민주화 이후, 사회변혁 운동은 생활 세계로 들어와 문화를 자신의 중요한 의제로 다루기 시작했다. 1980년대의 대중적 여성운동 또한 1990년대에 들어서면서 그 정치적·경제적 지형의 변화에 발맞춰 대중문화의 장으로 운동 영역을 확장시킨다. 그러면서 대중 그리고 대중문화는 여성운동이 말 걸고 소통하며 활용해야 하는 공간이 되었다. 이와 함께 대중문화에서도 페미니즘을 껴안은 작품들이 등장한다. 페미니즘을 표방하는 소설, 영화, 연극 등이 대중의 주목을 끌고 큰 반향을 불러일으켰던 것이다.

문학에서는 양귀자의 『나는 소망한다 내게 금지된 것을』(1992)과 공지영의 『무소의 뿔처럼 혼자서 가라』(1993) 등이 페미니즘의 이름으로 등장해서 베스트셀러에 그 이름을 올렸고, 두 편 모두 그 인기에 힘입어 영화화되었다. 더불어 〈델마와 루이스〉(1991), 〈후라이드 그린 토마토〉(1991), 〈피아노〉(1993), 〈조이 럭 클럽〉(1993) 등의 대중 영화와 〈아들과 딸〉(MBC, 1992~1993) 등의 드라마가 한국 사회에서 "페미니즘 논의를 상승시키는 계기"[8]

가 되었다. 페미니스트 문화운동 단체인 '여성문화예술기획'에서
는 연극 〈무소의 뿔처럼 혼자서 가라〉를 제작하는 한편, 다양한
페미니스트 전시와 퍼포먼스, 무대 등을 선보였다. 1997년, 이 에
너지의 흐름은 서울국제여성영화제의 시작으로 이어졌다. 본격
페미니즘 영화로 논의되었던 〈처녀들의 저녁식사〉가 개봉한 것
은 1998년이었다. 당시 페미니즘과 대중문화의 관계는 "대체로
현재는 상승 국면이고 따라서 긍정적인 측면이 많다"[9]는 평가를
받았다.

1999년 페미니스트 문화저널 《이프IF》가 개최한 '안티 미스코
리아 페스티발'은 그 시기 대중문화와 페미니즘이 맺었던 관계를
보여주는 대표적이고 상징적인 행사로 주목해볼 만하다. 《이프》
는 "기존의 상업적 대중문화에 도전하면서도 상업화를 통해 대
중문화 속에 파고드는 페미니즘의 대중화"를 내세웠다. 또한 "한
국의 페미니즘이 여성의 욕망이라는 코드를 무시하고 경멸해왔"
다고 비판하면서 "여성들의 주체적인 욕망을 핵심 코드로 삼는
새로운 페미니즘 운동"을 표방했다.

이런 문제의식 아래에서 '안티 미스코리아 페스티발'은 가부장
제의 고루한 여성 대상화에 한 방을 날리는 일종의 '놀이'로 기획
된다.[10] 당시 이 행사는 "미디어의 '폭발'적인 반응을 얻으면서[11]
그동안 여성 단체들이 미인 대회에 항의해온 운동의 쟁점을 가시
화하는 데 기폭제 역할"을 하는 성과를 거두었다. 예컨대 1988년
부터 미스코리아 선발대회를 생중계해온 MBC는 "여성계와 노

조의 반발을 수렴하여" 중계 계약이 끝나는 2001년까지만 미스 코리아 선발대회를 방송에 내보내겠다고 발표했다. 이 행사는 페미니즘의 의제를 이어가되 대중문화를 운동의 장으로 활용하면서 대중성/통속성the popular을 추구했다는 점에서 '파퓰러 페미니즘popular feminism'의 한 면모를 보여주는 것이었다.[12]

파퓰러 페미니즘은 서구에서 대중문화와 페미니즘의 관계를 어떻게 사유할 것인가라는 질문과 함께 등장한 명명이다. 예컨대 파퓰러 페미니즘의 의의를 탐구한 책의 편저자 조앤 할로우스와 레이철 모즐리는 자신들이 1960년대 신사회운동의 유산을 이어받아 페미니즘을 처음 만났다기보다는 오히려 1970년대와 1980년대 대중문화의 대중성/통속성을 통해서 페미니스트로 성장했다고 설명한다.

그런 대중문화에는 페미니즘적인 것과 안티페미니즘적인 것이 혼재되어 있었다. 여성의 자율성과 독립성을 이야기했지만, 그 자율과 독립은 소비문화에 침잠되어 있는 것이었고 때로는 여성의 성적 대상화와 상품화를 환영하는 것이기도 했기 때문이다. 그러나 그것이 반드시 반동적인 것은 아니었다. 왜냐하면 여성들은 언제나 대중문화가 제시하는 '여성성'과 경합하고 협상하면서 자신의 정체성을 탐구해왔으니 말이다. 이처럼 "이후 페미니스트 정체성과 정치학의 바탕을 형성한 것은 대중문화에서의 페미니즘이었다."[13]

파퓰러 페미니스트들은 대중문화에 대해 날카로운 대립각을 세우면서 이를 가부장제 이데올로기의 재생산을 위한 일종의 이데올로기적 장치로 파악한 페미니즘 제2의 물결이 동시대 페미니즘의 특수한 성격을 섬세하게 포착해내지 못했다고 주장한다.[14] 그런 관점으로는 경합과 협상의 복잡한 역동을 설명할 수 없기 때문이다. 1980년대에 등장한 '새로운 물결'의 페미니즘은 바로 이런 문제의식을 바탕으로 대두된 것이었다.[15]

파퓰러 페미니즘은 대중성/통속성 안에서 페미니즘의 가능성을 탐구하고자 했다. 관점을 살짝 비틂으로써 대중성/통속성 안에서 활동하는 여성들은 더 이상 '페미니즘의 타자'로 머물지 않아도 되었다. 그러나 페미니즘과 대중문화의 긴장 관계가 해소된 것은 아니었다.

한국에서 파퓰러 페미니즘이 등장했음을 상징적으로 알렸던 '안티 미스코리아 페스티발'로 다시 돌아가보자. 행사는 성공적이었지만 안타깝게도 '미스코리아' 대회는 사라지지 않았다. 다만 도태되었을 뿐이다. 미스코리아에 대한 열광은 새로운 시대의 도래와 함께 새로운 미의 기준으로 '프로페셔널리즘'을 추가했던 슈퍼모델 선발대회로 넘어갔다. 1992년 시작된 슈퍼모델 선발대회는 흥미롭게도 신생 민영 방송사인 SBS에서 주최하고 중계했다. 그리고 이런 '미인 대회'는 자기계발과 무한경쟁 시대인 2016년에 이르러 거대 미디어 회사 CJ E&M 계열 케이블 채널인 MNet의 〈프로듀스 101〉로 거듭난다.

이는 1990년대에 대중문화의 허벅지를 찢고 등장한 파퓰러 페

미니즘의 절반의 성공 혹은 절반의 실패를 보여준다. 안티 미스
코리아 운동 자체가 가부장제와 자본주의가 만나는 지점에 똬리
를 틀고 있는 상업성의 문제를 제대로 비판하지 못했기 때문에
여성 신체의 상업화뿐만 아니라 문화의 시대 혹은 신자유주의 시
대에 여성들이 노동자로서 받아들여야 했던 열악한 조건의 악화
를 막지 못했던 것인지도 모른다.

이런 문제의식은 2000년대 초반에도 존재했다. 그래서 안티
미스코리아 운동에 대한 평가 역시 분분했다. 비판적인 입장에서
는 이 행사가 가부장제적 자본주의라는 구조 자체에 질문을 던지
지 못하고 페미니즘을 경유한 사회의 질적 전화보다는 페미니즘
의제의 양적 확장에만 집중함으로써 결국 시장의 논리에 포섭되
었다는 우려를 표했다. '대중성/통속성'이 우리를 가부장제라는
앙시앵레짐으로부터 해방시키려면 우리가 그 '대중성/통속성'을
해방시켜야 했지만, 파퓰러 페미니즘의 고민은 거기에 이르지 못
했던 것이다.[16]

1990년대 파퓰러 페미니즘은 2010년대 바로 여기에서 진행되
고 있는 젠더전과 많은 부분 닮아 있다. 그러나 페미니즘의 관점
으로 볼 때 여기에는 중요한 차이 역시 존재한다. 이전의 흐름은
페미니스트가 대중문화의 장을 껴안아 활용하려는 형식이었다
면, 이제 그 중심은 오히려 대중문화로 옮겨왔다. **페미니스트가 대
중문화를 만들어내는 것이 아니라 대중문화가 페미니스트를 만들어내
고 있는 상황.** 1990년대 소비자본주의와 문화의 시대를 거쳐 도달

한 지금 여기에서 대중문화와 페미니즘은 이러한 관계를 맺고 있는 것이다. 어쩌면 2010년대 SNS 페미니즘, 메갈리안 페미니즘 등으로 대표되는 이들이야말로 할로우스와 모즐리가 그 존재를 부각시키려 했던 파퓰러 페미니스트라 할 만하다.

트위터를 통해 연결·공유·확산된 페미니즘의 '기억'들

2016년, 파퓰러 페미니즘의 중요한 거점 중 하나는 역시 트위터다.

한 트위터리안의 말처럼, 트위터에는 하루가 멀다 하고 여혐에 대한 제보를 비롯한 다양한 페미니즘 의제들이 올라온다. 트위터는 매체의 특성상 '주목 경쟁'[17]을 극대화시키고, 트위터의 타임라인은 이를 동력 삼은 다양한 논평들로 빠른 시간 안에 가득 채워진다. 하나의 문제가 제기되면 이에 대한 '말'은 눈 깜짝할 사이에 종횡무진 확장된다. 의미 있는 논평에서부터 그저 주목받기 위해 별 의미 없는 한마디를 보태는 트윗까지. 피곤할 정도로 많은 말이 유통되는 트위터의 특성 덕분에 논의는 놀랄 만큼 풍부해진다. 확장의 1차적 의미는 이것이다.

물론 논쟁은 트위터의 세계에만 머물지 않는다. 다른 SNS와 인터넷 사이트, 웹진, 방송 그리고 오프라인 지면으로 이야기는 계속해서 재매개된다. 외부의 논의 역시 빠르게 트위터로 녹아든다. 그러므로 '종횡무진' 확장된다는 말은 의미의 탐색과 더불어서 매체의 탐색 역시 포괄한다. 운동 에너지가 소진될 때까지, 온/오프라인에서의 이러한 움직임은 계속된다.[18]

그런데 '페미니즘 리부트'를 전후해서 온라인에 던져지는 페미니즘 관련 이슈들이 기하급수적으로 늘어나기 시작했다. 이는 젠더 의식이 저열한 대중문화 콘텐츠가 늘어나고 있다는 의미일 수도 있다. 그러나 그보다 중요한 것은 이를 알아보고 문제의식을 느끼기 시작한 사람들이 많아지고 있다는 점이며, 그와 동시에 페미니즘 의제가 타임라인에 떴을 때 '주목을 끄는 자원'이 되기 시작했다는 의미이기도 하다. "이전에는 아무렇지도 않았던 남자 가수들의 이별 노래가 데이트 폭력/안전 이별의 문제를 인식하고 나니 다른 의미로 느껴진다"는 내용의 트윗이 회자되고, 이와 유사한 고백들은 계속해서 이어진다.

"코르셋 벗(기)기." 메갈은 페미니스트 의식화를 이렇게 말했다. 그 코르셋 벗(기)기가 계속되면서 여혐에 민감하게 반응하며 주저하지 않고 짱돌을 집어들거나 전쟁을 선포하는 전사들이 늘어났던 것이다. 온라인 대중매체를 기반으로 진행되는 일상적인 문제 제기와 토론 그리고 실천이 조직되는 과정 자체가 코르셋 벗(기)기, 즉 페미니스트 의식화 과정이었다. 주목할 만한 것은 이런 SNS에서의 코르셋 벗(기)기가 오프라인에서의 페미니즘 강좌 및 대학 수업 개설의 열풍으로 이어졌다는 점이다. 페미니스트 의식화 작업은 온·오프라인에서 서로가 서로를 보완하며 진행되었고, 여전히 지속되고 있다.

이 의식화 과정을 예민하게 인식하다 보면, 2015년 2월을 다시 돌아보게 된다. 김태훈의 「IS보다 무뇌아적 페미니즘이 더 위험해요」 칼럼이나 "나는 페미니스트가 싫어요"라면서 IS로 떠난 김 군 사건 등은 분명 '페미니즘 리부트' 혹은 2010년대 젠더전의 중요한 계기였다. 하지만 그것이 과거와 단절된 계기는 아니었다. 말하자면 '페미니즘 리부트'는 어떤 의식화의 계기들 가운데서 '드디어' 등장하게 된 현상인 것이다.

그래서 우리는 이에 대한 기록을 좀더 이전으로 당겨 잡아 시작할 수 있다. 예컨대 그 기록의 고무줄은 2012년의 '〈나꼼수〉-비키니 코피' 사건을 둘러싼 삼국카페의 봉기와 트위터에서의 열띤 논쟁으로 끌어다 걸 수도 있고,[19] 그 논쟁은 또다시 2008년의 '촛불 소녀'와 '배운 여자'로까지 소급된다. 이들은 모두 '삼국카페'라는 공통의 지반을 가지고 있었기 때문이다. 이와는 조금 다른 결로 접근해보면 트위터를 기반으로 조직되었던 2011년의 잡년행진과 잡년행동도 주목해볼 수 있다.[20] 이런 움직임들은 계속해서 광대한 네트를 따라 흐르고 있었고, 트위터에서 활동하는 여성들에게 의식적·무의식적으로 영향을 미치고 있었다.

물론 이런 '굵직굵직한' 사건들뿐만 아니라 일상적으로 타임라인을 타고 흐르는 '뒤틀어 보기' 트윗들 역시 주목되어야 한다. JYJ 팬덤 등 한국 엔터테인먼트 산업에 대해 비판적인 문제의식을 공유하고 있던 팬덤의 활동, 부녀자 문화와 백합물(여성 동성애를 소재로 만든 콘텐츠) 향유층의 도발적인 콘텐츠들, 그리고 'OO 옆 대나무숲'과 같은 트위터의 독특한 향유 문화 등이 그것들이다. 실례로 '시월드 옆 대나무숲'이나 명절 때마다 돌아왔던 '해시태그 시월드' 놀이 역시 트위터의 특정한 분위기를 형성하는 데 기여하는 바가 컸을 것이다.

이런 대중 페미니즘 운동의 바탕에는 엘리트 페미니즘 혹은 실천적 운동으로서의 페미니즘과 긴장 관계를 유지하면서 영향을 주고받아온 (포스트페미니즘과 중첩되어 있는) 파퓰러 페미니즘이 존재한다. 그런데 이 새로운 페미니즘의 목소리에, 1990년대부터 이어진 다양한 페미니즘 운동의 세례를 받고 스스로를 페미니스트로 정체화했던 이들이 힘을 보태고 있었다. 이들은 SNS 유저로서 직접 텍스트를 생산하거나 혹은 SNS에 영향력을 행사하는 전문가 코멘트 등을 통해 이러한 흐름에 동참하고 있었던 것이다.[21] 페미니즘 운동 계보의 관점에서 보자면 2010년대에 등장한 파퓰러 페미니즘이 영페미니즘과 같은 1990~2000년대 페미니스트 문화운동과 단절된 채 등장했다고 이야기할 수도 있겠지만, 인식론적 영향 관계를 추적해보면 그런 구분은 그다지 명확하지 않다.

트위터는 신자유주의적인 주체성을 양산하는 가장 문제적인 매체다. 그러나 동시에 지금까지 사적이고 사소하다고 여겼던 문제들을 공동의 문제로 인식하게 하는 공간이기도 하다. 바로 그

런 의미에서 '사회적인 것 the social' 그리고 '정치적인 것 the political'
의 새로운 조직이 가능한 가장 급진적인 공간이기도 하다. 트위
터에서는 "주제에 있어 정치적 사안과 문화적 관심, 사적인 것과
공적인 것, 신성한 것과 세속적인 것 등 과거에 구별·대립되던
가치와 영역들이 서로 섞이고 상호작용하는 정도가 무척 빈번"
하다.[22] 이런 과정을 거치면서 이전까지 정치적인 문제로 논의되
지 못했던 것들이 이제는 정치적인 문제로 부상한다. 리트윗은
아무런 힘이 없다는 의심은 때때로 사실이지만, 모든 사안에서
반드시 그런 것은 아니다.

트위터는 공론장의 형식을 띠지만 그 역할을 '제대로' 수행하
지 못하는 공간으로 평가된다. 무엇보다 의제가 소비되고 산화되
는 속도가 너무 빠르기 때문이다. 하지만 산화된 것은 완전히 사
라지는 게 아니라 반드시 흔적을 남긴다. 타임라인을 흐르는 트
윗을 생각과 말의 '지속 duration'이라는 관점으로 봐야 하는 이유
다. 그 지속에 의해 하나하나의 트윗은 트위터를 포함하는 '광대
한 네트'라는 전체 기억의 일부분으로 자리 잡는다. 각각의 트윗
은 트위터의 타임라인과 트위터리안의 기억에 잠재적인 것으로
부유하고 있고, 그것은 특정한 계기들에 의해 지속적으로 트위터
의 표면, 그 타임라인으로 되돌아온다. 트위터를 통한 페미니즘
학습과 의식화의 경험은 이런 지속 안에서 축적되어간다.

여기에서 신자유주의적 생산양식을 대변하는 매체로서의 트
위터는 일종의 가능성으로 재등장한다. 일상 세계의 한계를 그대

로 껴안은 것으로서, 트위터는 자신의 매체성을 활용하여 스스로를 역사에 기입한다.

　이는 기실, 역사 속에서 페미니즘이 지속적으로 절체절명의 순간에 되돌아오는 것과 크게 다르지 않다. 페미니즘은 한국 사회의 '역사 진행'에 어떤 식으로든 기입되었고, 이건 돌이킬 수 없는 일이다. 페미니즘은 지나온 시간들에서 아무리 치워도 사라지지 않을 '기억'이 되었다.

　그 기억, 그 흔적으로부터 페미니스트가 등장한다. 페미니즘은 포스트페미니즘의 "나는 페미니스트는 아니지만"의 인식 뒤에 따라붙는 "○○○을 원한다" "○○○이면 좋겠다" "○○○이라고 생각한다" 같은 말들과 그 말들이 안고 있는 바람과 욕망, 희망이나 좌절, 절박함, 새로운 생각의 단초 등의 형태로 남아 있었다. 그리고 그 '미래'가 지속적으로 좌절당하고 여성의 생존 자체가 위기로 내몰리면서 세계의 표면으로 되돌아왔다.[23] 잊혔으나 사라지지는 않았던 것의 귀환인 셈이다.

　그렇게 돌아온 그는 언제나 동일한 페미니스트는 아닐 터. 그는 언제든 반페미니스트로 돌아설 수도 있고, 절박하지 않을 때는 금방 페미니즘을 잊어버릴 수도 있다. 그가 스스로를 페미니스트로 지속적으로 정체화하는지 안 하는지조차 당장에는 별로 중요하지 않다. 왜냐하면 그의 세계에 그가 인식하지 못하는 순간에도 페미니즘의 기억이 잠재적인 삶의 조건으로 남아 있기 때문이다.

혹은 그는 계속 페미니스트로 남아 있을 수 있다. 세계의 법에 대항하는 자로, 그는 언제까지나 '페미니즘'이라는 진리에 충실한 주체로 머물 수도 있다. 그는 일상적으로 '페미니즘 혁명'을 위해 거창한 행위들을 실천하며 살지는 않는다 하더라도, 어쩌면 끊임없이 세계의 법, 그 기울어진 젠더의 판에 질문을 던지고 그 판을 흔드는 방식으로 행동하고자 꿈틀거릴 수도 있다. 그것은 아주 작은 실천이라서 별로 눈에 띄지 않을지도 모른다. 그 역시 중요하지 않다. 변화는 아주 작은 것에서부터 시작되니 말이다. 그리고 때가 되면, 그것들은 다시 도약의 기회를 가져온다.

그렇게 페미니즘은 "개똥 같은 취급을 받고 싶어하지 않는"[24] 여자들의 기억이다. 메갈리아와 워마드의 갈등 및 SNS를 강타했던 영화 〈캐롤〉(2015)을 둘러싼 비평 논쟁[25]이 정확하게 제안하고 있는 것처럼 '여자들'은 사유와 운동 조직의 지반으로서의 성별gender이지 '생물학적으로 주어졌다고 상상되는' 것으로서의 성차sex는 아니다.[26] 그것이 내가 이 전쟁을 '성차 전쟁sex war'가 아니라 '젠더 전쟁gender war'이라고 말하는 이유이기도 하다. 젠더전이 지향하는 것은 이분법적 젠더 체계 및 이성애 규범이 지탱하고 있는 젠더 위계 자체의 해소이며, 그래야만 한다.

한남 엔터테인먼트 가운데서 출현한
'가모장'과 '문명남'

그렇다면 이런 잠재적 가능성으로 네트를 부유하고 있던 기억들이 2015년 이후 표면 위로 퉁겨져 올라와 열광적인 파퓰러 페미니즘 운동으로 현실화된 계기는 무엇일까? 다시 한 번 강조하자면, 그것은 한국 여성들의 생존 문제다. 한국 여성의 노동 조건은 점점 열악해지고 있으며, 실질적인 경제권이 보장되고 있다고 보기 힘들다. 정의당 중식이밴드 사건과 '아재 정치'라는 수사가 보여주는 것처럼 정치적 시민권 역시 쉽게 부정당한다. 그와 동시에 극심해진 여성 혐오 문화는 한국 사회의 강간 문화를 강화시키고 있다. 경제, 정치, 문화는 분리되지 않은 채로 여성의 삶의 조건을 형성하면서 생존을 위협한다.

젠더전은 이런 한국 여성의 현실을 반영하고 있다. 그리고 이는 2016년 상반기, 여성 대중문화 소비자들 혹은 파퓰러 페미니스트들을 사로잡고 있는 두 개의 대중문화 아이콘에서 정확하게 확인된다. 하나는 '가모장家母長'이고, 다른 하나는 '문명남'이다.

당대 한국 파퓰러 페미니즘의 중요한 축 중 하나는 미국 대중문화다. 〈메리다와 마법의 숲〉(2012), 〈겨울왕국〉(2013), 〈말레피센트〉(2014), 〈헝거게임〉 시리즈(2013~2015), 〈주토피아〉(2016), 그리고 〈모아나〉(2016) 등에서 드러나는 '새로운 여성 재현'의 만개, 엠마 왓슨의 히포쉬HeForShe 연설과 뒤를 이은 행보들, 퍼트리

샤 아켓의 아카데미 시상식 수상 소감, 리스 위더스푼의 영화 제작사 설립, 할리우드 스타들의 "페미니스트는 이래야 한다This Is What a Feminist Looks Like" 캠페인 동참, 페미니스트 의식을 드러내는 미국 스탠딩 코미디와 토크쇼 클립들, 그리고 〈매드맥스: 분노의 도로〉(2015)가 선보인 강력한 페미니스트 정치학의 재현에 이르기까지. 미국 대중문화가 선보이는 '할리우드/디즈니 페미니즘' 및 '셀렙 페미니즘celebrity feminism'은 일종의 페미니즘 교육장이자 한국 대중문화의 장에서 전투를 수행하느라 지친 파퓰러 페미니스트들에게 숨 쉴 수 있는 공간이 되어주었다. 물론 한국에도 '사이다' 같은 존재들이 있다. 예컨대 영화 평론가 듀나와 웹진《아이즈IZE》가 일종의 '셀렙 페미니스트'로 중요한 역할을 하고 있다. 그리고 2015년, 그 흐름 속에서 드디어 '퓨리오숙' 김숙이 등장한다.

아재들만 남은 '아재 예능'을 포함해 한국 남자들을 위로하는 데 몰두하는 한남 엔터테인먼트의 홍수 속에서 설 자리를 찾지 못했던 송은이, 김숙은 〈송은이&김숙 비밀보장〉이라는 팟캐스트를 시작한다. 이를 통해 대중적으로 재주목받기 시작하자 김숙은 〈님과 함께2: 최고의 사랑〉[27]에 윤정수와 함께 쇼윈도 부부로 캐스팅된다. 여기에서 전설의 가부장 미러링, 즉 '가모장' 캐릭터가 탄생한다. 김숙이 '갓숙', '퓨리오숙'과 같은 별명을 얻은 것은 '가모장 센캐(센 캐릭터)'를 바탕으로 한 것이었다.

'퓨리오숙'이란 별명은 지금 벌어지고 있는 젠더전의 페미니스트 전사를 부르는 명명으로 재전유할 수 있을 것 같다. 퓨리오사는 보편적 가부장제에서 탄생할 수밖에 없었던 여성 전사의 이름이다. 〈매드맥스: 분노의 도로〉 주인공인 퓨리오사(샤를리즈 테론)는 핵전쟁 이후 황폐해진 세계에서 출산 기계이자 독재자 가부장의 소유물로 전락한 여성들을 구출하면서 반란을 꿈꾼다. 그는 여성들과 함께 새로운 땅을 찾아 나서지만 결국은 도망쳐온 곳으로 되돌아가 독재자 가부장을 처단하고 여성 영웅이 된다. 그의 손에는 종말 이후의 세계를 구원할 한 줌의 씨앗이 들려 있다. 이는 군사주의와 결탁한 가부장제적 자본주의가 망친 세상을 자연과의 공존 및 자급자족의 삶으로 구원하려는 에코 페미니즘의 상상력과 맞닿아 있다. 여기에 '갓숙'이라는 한국적 가부장제하에서 탄생할 수밖에 없었던 가모장 캐릭터가 합쳐진 것이 '퓨리오숙'인 것이다.

갓숙이자 퓨리오숙인 그는 말한다. "여자들 웃음소리가 담장 밖을 넘어가야, 그게 사는 맛이지."[28] 그가 미러링하는 것은 한국의 가부장제다. 그렇다면 '퓨리오숙'이야말로 보편적 가부장제와 한국의 특수성이 결합된 이 특수한 가부장제에서 등장할 수밖에 없는 여성 전사들에 대한 징후적 별칭인 셈이다.[29]

이와 함께 부상하고 있는 흥미로운 대중문화 아이콘은 '문명남'인 에릭남이다. 한동안 트위터에는 "1가정 1에릭남" "1예능 1에릭남" 등의 말이 떠돌았는데, 이런 에릭남의 인기는 〈SNL 코리아〉 시즌7 8회 '에릭남 편' 방송 후 더욱 폭발했다. 특히 '3분 남친' 코너에서 에릭남이 '크리링'으로 분장한 것이 화제가 되었다. 이 코너는 '3분 카레'를 패러디한 감칠맛, 화끈한 맛, 달콤한 맛, 터프한 맛 등의 '3분 남친'을 전자레인지에 넣고 요리하면 각각 의 매력을 지닌 에릭남이 등장한다는 콘셉트의 콩트였다.

'3분 남친'이라는 설정 자체가 '카레'의 패러디이므로 인도의 '간디'로 분장하면 어떻겠느냐는 제작진의 제안에 에릭남은 간 디는 희화화의 대상이 아니라며 거절했다. 이어 제작진이 '간디 와 같은 대머리에 카레 음식점을 하는 홍석천'을 패러디 대상으 로 제안하자, 이번에는 홍석천이 성소수자이므로 우스꽝스럽게 연기할 수 없다고 거절했다. 이 과정에서 만화 〈드래곤볼〉에 등 장하는 대머리 캐릭터인 크리링이 패러디 대상으로 선택된다. 이 사실이 알려지면서 트위터는 또 한 번 들썩였는데, 특히 흥미로 운 반응은 이런 것이었다.

> 이미 보신 분들 많겠지만 에릭남 여자들한테 사근사근해서 인기 많다고 생각하는 사람들 다 사라져주시죠. 다 필요없다. **문명인이라 사랑한다.** 평생 크리링의 모습으로 산다 해도 좋아 할 것.[30]

가모장과 문명남에 대한 열광은 일면 '이성애 섹슈얼리티에 기 반한 대중문화의 열풍'인 것처럼 보인다. 하지만 '남녀 관계'에서 비롯된 것이라는 이유로 이성애 섹슈얼리티의 문제로만 해석하는 것은 충분하지 않다. 여기에는 이성애 섹슈얼리티를 초과하는 것이 있다. 남성과 공존해야 하는 여성들의 '생존 문제'다. 2015년 한 언론에서 조사한 것처럼 '여혐혐'을 추동하는 가장 큰 힘은 공포/두려움이었다. 그리고 그 공포는 범죄 공포, 결혼 공포 그리고 시선 공포의 세 축으로 이루어져 있었다.[31]

이를 일부 여성들의 과도한 반응이라고 치부할 수만은 없다. 예컨대 《맥심》전戰'을 떠올려보자. 《맥심》 코리아는 2015년 9월 호 표지에 한 남성이 여성을 납치, 살해해서 트렁크에 넣어놓은 이미지를 사용했다. 여기에 "진짜 나쁜 남자는 바로 이런 거다. 좋아 죽겠지?"라는 표지 문구를 달고 "나쁜 남자의 바이블을 표방하는 《맥심》에서, 누구도 따라할 수 없는 독특한 스타일의 '진짜 악', '진짜 나쁜 화보'를 그리고 싶었다"고 기획 의도를 덧붙였다. 네티즌과 여성 단체를 포함한 여성들이 성범죄를 물신화하고 있다고 문제를 제기하자, "살인, 사체 유기의 흉악 범죄를 느와르 영화적으로 연출한 것은 맞으나 성범죄적 요소는 어디에도 없다"면서 "성범죄를 성적 판타지로 미화한 바 없다"고 밝혔다. 이에 덧붙여 《맥심》 에디터는 "미화할 거였으면 소지섭을 썼겠지"라고 비아냥거렸다.[32]

그러나 결국 《맥심》 코리아는 사과를 하고 잡지를 전량 폐기하면서 해당 호의 판매 수익금을 여성 단체에 기부하겠다고 밝힌다. 파퓰러 페미니스트들이 미국 본사에 문제를 제기하고 미국 본사가 이를 진지하게 받아들였기 때문이다. 이런 사건들에서

'서구'는 한국 여성이 경험하지 못하는 일종의 '가상의 성체계'로 등장한다. '문명남' 캐릭터에 대한 열광 역시 에릭남이 재미교포 출신이라는 점으로 미뤄보면 이 '가상의 성체계'와 결부되어 있다. 반면에 '가모장'의 미러링이 보여주는 것처럼 한국은 전근대적인 성체계의 앙시앵레짐을 벗어나지 못했다는 점에서 '헬조선'이 된다.

물론 '가상의 성체계'가 서구 문명에 대한 일종의 근대적 판타지에 기반하고 있음을 예민하게 인식할 필요가 있다. 리베카 솔닛의 『남자들은 자꾸 나를 가르치려 든다』는 9초에 한 명씩 여성들이 폭행을 경험하고 하루에 세 명씩 파트너 혹은 전 파트너에게 살해당하는 미국의 강간 문화를 적나라하게 폭로하고 있다.[33] 그렇다면 '헬조선' 담론에서 드러나는 '자기 혐오'는 '서구'라는 '가상의 성체계'를 지향함으로써가 아니라, 앞으로 나아가야 할 새로운 세계를 상상함으로써 극복되어야 할 것이다.

폭력을 양산하는 재현을 그만두라는 것, 그것을 지적했을 때 성찰하고 적절히 사과하라는 것, 부당한 차별을 거두라는 것, 결국에는 위협이 될 혐오를 거두라는 것, 폭력을 휘두르지 말라는 것, 아니 그 무엇보다 '죽이지 말라는 것'이 그렇게 과도한 요구인가? 우리 시대 젠더전이 던지는 질문들은 이처럼 기본적인 것이다.

'퓨리오숙' 이후, 대중성과 통속성의 재구성

다행인 걸까, 불행인 걸까. 정신없이 펼쳐지고 있는 당대의 상황에 대해 글을 쓰면서도 '철 지난 글을 발표하게 되는 것은 아닐까'라는 염려는 전혀 없다. 대중문화에서의 여성 혐오는 더욱 가열차게 펼쳐질 것이고, 그에 대적하는 여성들의 저항 역시 쉽게 사그라들 것 같지 않기 때문이다. 젠더전이 불붙으면서 언론은 "이성 혐오"라는 말을 만들어냈고, 여성 혐오와 남성 혐오가 맞붙는 것으로서 '성 전쟁sex war'을 묘사하기 시작했다. 한편에서는 여아 제노사이드 세대의 "남녀 성비 불균형과 남성 불안"에 대해 말하고,[34] 다른 한편에서는 "미혼남, 예비 신부의 '유학 경험' 알게 되면 결혼 포기해… 이유는?"이라는 제목의 그야말로 '헬조선'스러운 기사를 게재했다(이 기사가 던지는 질문에 대한 답이 무엇일까? 여러분은 짐작의 시간도 필요 없이 직감적으로 아실 터다).[35] 현실이 이렇다 보니 여성 혐오 문화를 들여다보고 분석하고 이야기할 시간은, 안타깝게도, 꽤 충분해 보인다.

그렇다면 이제 중간 점검을 해보아도 좋겠다. 과연 잘 싸우고 있는지, 그리고 퓨리오숙 이후는 어떻게 상상할 수 있을지의 문제에 대해서 말이다. 이를 위해 이 글의 처음에 언급했던 에멀린 팽크허스트의 삶을 돌이켜보자.

팽크허스트는 참정권을 획득하기 위해 돌을 던지고 불을 지르고 법에 항명하면서 '전투파suffragette'를 이끌었다. 그는 말한다. "우리의 적이 무슨 말을 할지라도 우리는 언제나 명예롭게 싸웠다"고 말이다. 지금 벌어지고 있는 싸움 역시 '명예로운 싸움'이라고 나는 믿는다. 다만 팽크허스트가 갔던 길에 대해서는 몇몇 질문들을 던져보고 싶다.

그와 전투파는 제1차 세계대전의 발발과 함께 1913년 참정권 운동을 잠정 중단했고, 결국 여성들은 이 전쟁이 끝난 뒤 맹렬한 투쟁으로 전쟁에 공헌한 바가 인정되면서 부분적인 참정권을 얻게 된다. "전쟁에 공헌한 바." 우리는 이 말로부터 자유로울 수 없다. 이 말이 보여주는 것처럼 당시의 참정권 운동은 가부장체제적 제국주의와 군사주의에 갇힌 국민국가 영국의 외부를 상상하지 못했다. 또 한편으로 전투파 운동에는 여성 노동자가 함께했지만, 결국 이 운동은 부르주아 백인 여성을 위한 것으로 기록되었다. 운동에 단계와 위계가 설정되었고, 거기에는 재산권과 시민권이 연결되어 있던 당대 세계관의 한계가 반영되어 있었다. 그리하여 여성 내부의 차이가 주목되기까지는 또다시 40여 년의 시간이 필요했다. 돌이켜봤을 때, 공과가 명확했던 셈이다.

그렇다. 지금 이 벌어지고 있는 전투는 명예로운 싸움이다. 이를 통해 대중 및 대중성/통속성의 의미는 재구성될 것이다. 성체계의 앙시앵레짐, 즉 가부장제와 자본주의가 착종된 것으로서의 가부장체제는 정치의 영역에서 시민의 얼굴을 남성으로만 상상했듯이 문화의 영역에서 대중의 얼굴 역시 남성으로 그려왔다.

여기에서 이율배반이 도사리고 있다. 정당정치에서 여성이 '시민'은 아니되 '표밭'으로는 취급되는 것처럼, 대중은 배타적으로 남성이되 대중성/통속성은 여성적인 것으로 상상되어온 것이다. 그러므로 대중은 우리 시대의 가능성으로 등장하지만, 대중성/통속성은 그 가능성을 깎아먹는 폄하의 대상이 된다. 뉴스와 안방 통속극, 대하 사극과 가족 드라마, 록과 발라드, 혹은 〈천주정〉(2013)과 〈그랜드 부다페스트 호텔〉(2014) 사이[36]에서처럼 대중문화 가운데서도 위계가 설정되는 것은 이 탓이다.

페미니스트 문화연구와 파퓰러 페미니즘이 투쟁해온 것은 남성으로 젠더화된 대중의 개념에 여성을 기입하는 것이었다. 이는 동시에 '여성화된 것'이라는 '낙인'과 함께 가치 절하되었던 대중성/통속성 안에서 정치적 가능성을 발견하는 작업이기도 했다. 이렇게 대중성/통속성은 '보편 정치'의 의미를 새롭게 구성한다. 이때 정치란 거대한 어떤 것이 아니라 우리의 생활 세계를 결정짓는 매우 구체적인 일상의 정치로 조정된다.

하지만 팽크허스트의 기록이 우리에게 보여주는 것처럼, 그리고 앞서 이미 언급했던 것처럼, 대중성/통속성은 우리를 움직이게 하지만 자동적으로 우리를 해방시켜주지는 못한다. 우리가 이를 해방시키지 못한다면 말이다. 그런 의미에서 대중성/통속성은 성적 앙시앵레짐의 외부를 상상할 수 있는 것으로 재발견되어야 한다. 외부를 상상하지 못한 채 체제에 대한 안티테제로만 존재한다면 계속해서 절반의 실패를 담보하게 될 것이기 때문이다. 이를 위해 깊이 있게 논의되어야 하는 것은, 바로, 완전히 가부장체제적으로 구성되는 '욕망'의 한계를 어떻게 극복할 것인가이다.

파퓰러 페미니즘이 대중문화를 페미니즘의 새로운 장으로 발견했던 것은 페미니즘 제2의 물결이 여성의 욕망을 설명하지 못했을 뿐만 아니라 그 욕망을 평가 절하했기 때문이었다. 대중문화는 여성의 욕망에 복무하면서 그 욕망을 주조하는 것으로서 주목되었다. 그러나 한편으로 욕망은 소비문화의 강화에 기여하면서 오히려 욕망의 주체를 그 욕망으로부터 소외시켰다. 신자유주의 시대의 소비문화는 절대로 채워질 수 없는 공백으로 욕망을 던져놓기 때문이다. 채우면 채울수록 욕망이 만들어내는 '구멍'은 늘어날 뿐이다. 그런 공백 안에서, 개개인은 계속해서 관계를 잃고 내면으로 침잠해 들어가게 된다. 이는 소유와 관련된다는 점에서 소비뿐 아니라 권력 및 섹슈얼리티의 문제와도 긴밀하게 연결된다.

대중성/통속성은 욕망의 언어가 아닌 다른 언어로 설명되고 재구성되어야 한다. 어떻게 가능할까? 예컨대 정동은 어떤가? 앞서 대중문화와 여성 생존의 문제를 다루면서 실제로 파퓰러 페미니스트를 움직이게 하는 것은 공포와 불안이라는 감정임을 이야기했다. 여기에서 다루지 않은 한 가지는 트윗 등을 통해 경험과 생각을 나누면서 여성들이 위안을 받고 쾌락을 느낀다는 점이다. 공포, 불안, 위안, 쾌락 혹은 SNS을 지배하는 정동인 재미 등

등⋯⋯. 우리는 파퓰러 페미니스트를 '함께' 움직이게 하는 다양한 정동을 열거할 수 있을 것이다.

여기서 정동은 개인화시키는 욕망을 넘어 개인과 개인을 연결하고 '우리'를 조직하게 하는 역능으로 기능할 수 있다. 마음에서 마음으로 옮겨가는 것, 그래서 마음에서 움직임으로 이어지는 것, 혼자가 아니라 여럿을 움직이게 하는 것, 그 움직임을 정치적으로 가시화하는 것으로서의 정동이 구성하는 '대중성/통속성'. 대중적인 것the popular을 다른 언어로 말할 수 있게 된다면, 그에 대한 상상력 역시 달라질 것이다. 다음 글 「'느낀다'라는 전쟁」에서 이에 대해 좀더 이야기하겠다.

'느낀다'라는 전쟁

미디어-정동 이론의 구축, 그리고 젠더적 시선 기입하기

온갖 감정들이 펼쳐지면서 격돌하고, 서로가 서로에게 섞여 들어가는 장으로서의 미디어. 우리 시대 정동과 미디어의 관계는 어떻게 사유될 수 있을까?

미디어 이론가이자 문화연구자인 이토 마모루의 『정동의 힘』은 이 주제에 대해 생각할 때 적극적으로 참고할 만한 저서다. 그는 일본 정보이론의 계보를 추적하고 라이프니츠와 타르드, 그리고 들뢰즈에 기대어 이를 재고함으로써, 단순히 개체 간에 발신-수신되는 정보를 초과하여 개체 내에서 생성되는 정보의 중요성을 밝힌다. 이를 통해 인지되거나 지각되는 지표, 상징, 도상 등으로 규정되지 않는 어떤 '잉여'를 이론적으로 포착해내는 것이다. 마모루는 그 잉여에 '믿음'이나 '정열' '의욕' '감정' '정동' 등이 포함된다고 설명한다. 그리고 이들은 앎이나 지식과 마찬가지로 시공간의 차이를 넘어서 전파된다고 본다.[1] 그러므로 정보 과정은 인식이나 지각 수준에서만 논의되어서는 안 되고, 정보 개념은 '잠재적인 것the virtual'의 층위까지 포괄할 수 있어야 한다.

마모루는 '정보의 주머니'라 할 수 있는 미디어를 이해하는 데 있어 인지주의적·주지주의적 태도의 한계를 넘어서 '정동affect/affection'[2]을 중요한 비평적 개념으로 제안한다. 이런 입장은 가브리엘 타르드의 커뮤니케이션 이론에 대한 재해석을 통해 일종의 '미디어-정동 이론'의 구축으로 이어진다.

이 글은 마모루의 작업을 경유하여 미디어-정동 이론이 펼칠 수 있는 비평의 가능성을 탐색하고, 여기에 젠더라는 방법론을 기입함으로써 미디어-정동 이론의 젠더적 재구축을 시도해보고자 한다. 마모루가 제시하는 '미디어와 공진共振하는 신체'는 지금/여기에서 극적으로 등장하고 있는 새로운 현상들을 포착할 수 있는 통찰을 제공한다. 예컨대 '#나는페미니스트입니다' 선언으로부터 촉발되어 메갈리안 미러링과 '강남역 10번 출구'를 지나 검은 시위 및 '#OO_내_성폭력' 운동으로 이어지고 있는 새로운 페미니즘 주체들의 사이보그적 존재론은 정확하게 '미디어와 공진하는 신체'라는 개념으로 설명될 수 있다.

이제부터 마모루의 작업과 접속하고 단절하면서 '미디어-정동-페미니스트 주체'라는 문제를 살펴보자. 이를 통해 집단지성을 재고하고 습관의 변용 가능성을 탐구하며, 남성 젠더로 상상되었던 네이션/공중이 재구성되는 순간을 묘사할 것이다. 그리하여 최종적으로는 새로운 사이버 공유지에 대한 상상력에 도달해보고자 한다.

집단지성을 넘어서
집단기억을 찾아서

그간 '집단지성'은 디지털 미디어의 가능성 중 하나로 주목되어왔다. 그런데 정보의 흐름과 커뮤니케이션에서 등장하는 '명료하게 인식되지 않는 것'에 대한 논의는 이러한 집단지성을 재고하게 한다.

미디어 철학자인 피에르 레비에게 집단지성이란 "어디에나 분포하며, 지속적으로 가치 부여되고, 실시간으로 조정되며, 역량의 실제적 동원에 이르는 지성"을 일컫는 개념이다.[3] 이는 타자에 대한 포용과 협업이 단일 개체의 지적 능력을 넘어서는 집합적 역능의 발휘로 이어질 수 있다는 유토피아적인 전망을 제안한다.

레비에게 집단지성은 미래 세대의 대안적 존재 양식이다. 그는 무엇보다 타자를 설정하고 배제함으로써 구성·유지되는 근대적 정체성의 변용 가능성을 탐색했다. 여기에서 타자는 "내가 모르는 것까지 알고 있는 자", 그리하여 공존을 통해 "내 존재의 힘을 증대시켜줄 자"다.[4] 이처럼 테크놀로지적 토대뿐 아니라 윤리적 태도까지 포함한 것으로서의 집단지성은 웹 2.0과 같은 참여형 인터넷의 새로운 가능성에 대한 철학적 논의를 가능하게 했다. 그 대표적인 예가 위키피디아와 같은 협업형 백과사전이나 리눅스와 같은 오픈 소스 운영체제다.

하지만 한국의 대표 위키위키 사이트인 '나무위키'[5]를 둘러싼 논란이 보여주는 것처럼, 협업과 참여의 가치를 실천하는 것이 정보의 축적 및 앎의 확장을 보장하는 방향으로만 흘러가지는 않는니다. 물론 위키위키 사이트의 한계는 그 시작 때부터 논의되었다. 그러나 그 논란들은 '지성'의 차원에서 펼쳐졌지 '감성'의 차원에서 탐구된 것은 아니다. 나무위키의 문제점은 한국 사회를 사로잡고 있는 '혐오'라는 키워드를 중심으로 부각되었고, 이는 정보의 정확성이나 정밀함에 대한 측면보다는 '정보와 정동'이라는 문제에 주목하게 한다. 여기서 특히 논란이 되었던 것은 '여성'이나 '젠더'와 관련된 항목들에서 드러나는 혐오의 정서였다. 객관적인 것처럼 정보가 나열된 사전식 구성 사이에서 유저들은 혐오와 멸시의 감정을 하나의 정보로 습득한다.

음모론의 시대에 네티즌을 추동하는 동력 중 하나는 '무슨 일이 있어도 속거나 선동당하지 않겠다'라는 불안이다. 거짓에 당하는 것이야말로 치욕적인 일이며, 이는 가장 저렴한 상품을 찾아낼 때까지 검색을 멈추지 않는 소비자의 집요함과도 맞닿아 있다. 이때 가장 중요한 가치 중 하나로 떠오른 것이 바로 '팩트(=사실)'인데, 나무위키는 이 '팩트(=사실=정보)'를 향한 열정과 욕망의 본산이라 할 만하다. 그런데 일베와 같은 사이트에서 유통되는 '팩트'들에서 확인할 수 있는 것은 팩트의 구성 요소로서의 정동, 즉 재미와 혐오다.[6] 이와 마찬가지로 나무위키의 어떤 항목들은 여성 혐오를 팩트로서 유저들에게 제시하고, 유저들은 이것이 '객관적 지식'이라는 환상 아래 여성 혐오로 정동된다. 집단지성의 정동과 변용은 이런 맥락에서 진지한 탐구의 대상일 수밖에 없다.

그런데 '집단지성을 재고한다'는 것은 정보의 다발 속에서 감정의 문제를 발견해내고 그것의 부작용을 주의 깊게 살펴야 한다는 주장에서 멈추는 것이 아니다. 그것은 오히려 사이보그적 존재론을 바탕으로 근대적 인간의 견고한 정체성의 경계를 담론적으로 해체하고, 이를 통해 '집단지성'이나 '디지털 공론장' 같은 주지주의적 개념들이 부차적인 것 혹은 문제적인 것으로 폐기하고 있는 마음의 작동을 포착하는 것이어야 한다.

이때 제안하고 싶은 개념은 '집단감응'이라는 서로 침범하고 오염하며 변용하는 가능성이다. 집단지성은 인간 지성의 확장을 상상하는 것이었다. 그리하여 '**나**는 생각한다'를 '**우리**는 생각한다'라는 진화된 휴머니즘으로 수정한다.[7] 반면에 집단감응은 인간과 '인간적으로 생각하지 않는 존재'들과의 부대낌과 섞임까지 끌어안으면서, 인간의 확장이 아닌 생명종의 연장(혹은 펼쳐져서 연결됨)을 사유하려는 개념이다.

이와 관련해서 주목해볼 만한 예가 '강남역 10번 출구'로 명명되는 한 여성의 죽음에 대한 추모의 물결이다. 이는 일종의 바디우적 사건[8]이라 할 만한데, 이 사건을 조명해봐야 할 이유로 다음의 세 가지를 들 수 있다. 첫째, 그 어떤 사건보다 격렬한 감정의 뒤섞임과 부대낌이 미디어와 신체 속에서 등장했고, 둘째, 미디어의 상호매개성을 보여주는 '포스트잇'이라는 독특한 미디어가 등장했으며, 셋째, 이런 집단감응의 과정이 새로운 페미니스트 주체들의 등장을 견인했기 때문이다.

2016년 5월 17일, 서울의 강남역 부근. 한 남성이 생면부지의 여성을 '여성 일반에 대한 복수'의 의미로 살해했다. 이 소식을 전해 들은 여성들은 가부장제 사회에 만연해 있는 페미사이드 femicide에 공포를 느끼면서 동시에 그런 삶의 조건에 분노했다. 이에 여성들은 "우연히 살아남았다"는 구호를 외치며 거리로 나섰는데, 주목해야 할 것은 이 구호 뒤편에 놓여 있는 여성들의 '집단기억collective memory'이다.

한국에서 살아가면서 '여성이라면' 어떤 식으로든 겪어왔던 성폭력과 성차별 경험의 지속으로부터 생성된 순수기억souvenir pur이 강남역 페미사이드라는 구체적인 계기를 통해 여성 정체성 형성에 직접적으로 개입하는 하나의 역사이자 이야기로 현실화된 것, 그것이 바로 이 집단기억의 실체다.[9] 이때 순수기억이란 "우리의 보존된 과거 자체를 의미한다."[10] 그리고 이는 베르그송이 창안한 '순수기억'이라는 개념을 한 개인의 정신을 초월하는 집단적인 정신에 대한 논의로 전유한 것이다.[11]

광대한 네트에 상시 접속되어 있는 존재로서 21세기의 네티즌은 각자 서로의 순수기억에 간섭함으로써 공통의 순수기억을 생성해간다. 이들은 이 과정을 통해 집단적인 감응체의 일부분으로 녹아들어간다. 그러나 순수기억은 "그 자체로는 무력하고 비활동적이다."[12] 그것이 어떤 종류의 물리적 운동으로 이어지기 위해서는 현실태the actual로의 전환이 필요하다. 이 전환을 끌어낸 결정적인 계기가 강남역 페미사이드였던 것이다. 여성들은 잠재적인 것이었던 과거를 공유하고 언어화하여 이를 서사로 엮어냄으로써 '여성 젠더'의 역사인 '집단기억'을 재구성해냈다. 이때의 집단기억은 파편화된 개인을 비로소 여성이라는 집단 정체성으로 의식화한다. 그리하여 이는 '코르셋을 벗은' 여성들의 구체적인 행동으로 이어진 것이다.[13]

다시 묘사하자면, "강남역 한 노래방 화장실에서 20대 여성이"라는 묘사 혹은 '팩트'는 많은 여성들의 순수기억과 공통감각에 접속되었고, 이에 여성들은 즉각적으로 감응하고 반응했다. 이성의 언어로 설명되지 않는, 기억 속에 잠재되어 있던 공포가 사건의 정보 다발 속에서 생성되고 모방되며 전염되었던 셈이다. 이는 순수한 과거로서의 빅데이터를 집적해놓은 사이버스페이스와 순식간에 접속해 빠르게 확산시킬 수 있는 SNS라는 미디어 덕분에 가능해졌다.

미디어라는 조건과 관련해서, 미디어 간의 상호매개성에도 주목해볼 필요가 있다. 마모루는 미디어 사이의 관계 문제를 '미디어 상호의 공진'이라는 표현으로 설명한 바 있다. 그는 특히 올드미디어와 뉴미디어 사이의 공진을 탐구했는데, 강남역 10번 출구를 이러한 관점에서 보면 사건의 촉발에 언론의 여성 혐오적 보도 행태가 있었다는 사실이 이에 해당할 것이다. 가해자에게는 서사를 부여하고 피해자는 일개 '몸뚱어리'로 취급했던 보도 행태는 여성들의 분노에 기름을 끼얹었다. 이렇게 올드미디어의 여성 혐오는 뉴미디어의 분노와 연동되었던 셈이다.

그런데 강남역 10번 출구는 이외에도 상당히 흥미로운 사례를 남겼다. 그것은 바로 '포스트잇'이다. 조혜영은 강남역 10번 출구의 정동과 미디어 문제를 탐구하는 글에서 포스트잇과 디지털 텍스트 사이의 유사성을 강조한다. 140자 이내의 짧은 메시지의 '포스팅', 배치의 유동성, 실시간 스트리밍, 그리고 서로에게 댓글을 다는 것처럼 진행되는 대화형 글쓰기 등이 그 사례로 제시된다.[14] 이는 트위터의 형식과 크게 다르지 않다. 이어서 그는 덧붙인다. "디지털 주체는 불연속적이고 이산적이며, 상호매개적이고 복잡하며 다면적이다. 그리고 가장 중요하게는 아날로그를 배제하지 않는다."[15]

그렇게 자신을 '여성'으로 재정체화하고, '여성으로서의 나'를 조건 짓는 구조에 대해 인식하기 시작한 여성들은 여성 문제에 적극적으로 관심을 갖기 시작했고 새로운 페미니스트 주체로 거듭나기도 했다. 예컨대 이 사건을 계기로 '강남역 10번 출구'라는 이름의 페미니스트 액티비즘 그룹이 결성되었다. 이들은 한국 언론의 성차별적 보도 행태에 저항하고, 김포공항 청소노동자 투쟁에 연대했으며, "나의 자궁, 나의 것"이라는 구호로 대변되는 한국의 검은 시위에 적극적으로 가담해 활동했다.[16]

정동이라는 틈새를 통해 들여다본 습관의 변용

그런데 기억해야 할 것이 있다. 강남역 페미사이드는 새로운 범죄가 전혀 아니었다는 사실이다. 남성에 의한 여성 살해는 영원처럼 계속되어왔고, 앞으로도 그러할 것이다. SNS 역시 트위터가 세계에 등장한 2000년대 중반을 기점으로 따지자면 이미 10년이 지난 낡은 매체다. 그렇다면 여기서 주목해야 할 것은 그 익숙한 일상의 반복 가운데서 왜 여성들이 갑자기 공포와 분노로 정동되었는가이다. 이 지점을 들여다보면 정동 이론의 정치적 기획 중 하나를 엿볼 수 있다.

멜리사 그레그와 그레고리 시그워스는 『정동 이론』의 서문인 「미명의 목록[창안]」에서 앙리 르페브르의 일화를 소개한다.

르페브르는 짜라의 『일곱 개의 다다 선언문』에 대한 논평에서 감히, "다다는 세상을 박살냈지만 그 조각들은 온전하다"고 썼다. 며칠 후에 짜라는 길에서 르페브르를 세우더니 "그래!

당신, 조각들을 주워보려고! 다시 짜맞출 셈이야?"라고 조롱했다. 이에 르페브르는 **"아니, 나는 그것들을 마저 부수려고 그래"**라고 대답했다.[17]

문화연구가 스튜어트 홀의 해독 모델을 비판적으로 극복하면서 정동으로 관심을 돌린 것은, 의식적 차원에서 전달되는 의미 교환의 분석만으로는 비평의 역할을 다할 수 없다는 각성에 기반한 것이었다. 이때 르페브르는 "제도뿐 아니라 시, 정의, 단념, 증오, 욕망의 순간들", 즉 비언어적인 정서와 욕망의 차원에 주목했다. 그렇다면 그가 마저 부수려 했던 것은 과연 무엇이었을까?

이에 대한 답변의 단초는 같은 책에 수록된 사라 아메드의 「행복한 대상」으로부터 얻을 수 있다. 아메드는 '행복'이라는 감정에 대해 논하면서 "행복이 하나의 목적-중심적인 지향성과 관련되면, 행복은 이미 어떤 특정한 것들과 결합된다. 어떤 것들이 우리에게 행복을 지시해주기 때문에 우리는 그것들에 도달한다"고 설명한다.[18] 즉 어떤 시공간의 행복은 특정한 '목적'과 결부되어 있다는 것이다.

이때 아메드가 주목하는 '목적'은 성별 이원제의 이성애 중심적 가족이다. 가족이라는 가치는 지금까지 관습적으로 행복에 연결되어왔으므로, 우리는 가족의 구성에 다가갈수록 행복을 느낀다. 이 논의는 정동이 이데올로기로부터 완벽하게 자유롭지 않다는 사실을 보여준다. 아메드는 덧붙인다. "정동과 대상 사이의 근접성은 **습관**을 통해 보존된다."[19]

비언어적 차원에 주목하기 시작한 비평이 사유하고 마저 부숴야 하는 것 중 하나는 바로 '습관'이다. 이때 습관이란 훈육과 반복 학습에 의해 길들여진 신체와 정신이자, 상상력이 결여된 익숙한 욕망이다. 그리고 아메드의 제안처럼, 습관을 통해 형성된 정동과 대상 사이의 유대의 형식을 인식하고 분석하는 것으로부터 이 "유대를 느슨하게" 하고 또다른 '촉발하고 촉발됨'을 창안하는 상상력을 벼려갈 수 있을 것이다.

낡은 습관의 해소야말로 정동이라는 비평적 개념을 경유해 다가서야 하는 '비평의 임무' 중 하나일 것이다. 이는 한편으로 베르그송이 묘사했던 형이상학의 임무를 떠오르게 한다. "행동 속에서 들여진 습관들은, 사변의 영역으로 올라가서 거기서 거짓된 문제들을 창조한다. 형이상학은 이 인위적인 모호함들을 일소하는 것으로부터 시작해야 한다."[20]

그러나 낡은 습관의 해소만으로는 충분하지 않다. 한 습관의 폐기는 새로운 습관의 창조와 결부되어야 한다. 습관은 우리가 기대고 있는 하나의 체제system이며, 삶을 조직하고 유지하는 체제는 어느 공동체에나 반드시 필요하기 때문이다. 그러므로 습관의 해체는 무無가 아닌, 새로운 것에 대한 지향이다. 체제의 구성과 유지를 둘러싼 적대의 형성을 정치라고 본다면, 그런 의미에서의 정치는 욕망 및 정동과 관련된 것일 수밖에 없다. '느낀다'라는 것 자체가 정치이자 일종의 전쟁인 것이다.

같은 사건을 두고서 '여성 혐오 살인사건' 혹은 '묻지마 살인사건'이라는 각기 다른 평을 하면서 각자 다른 감정을 느끼는 것은, 이 사회가 구성원을 길들여온 습관의 문제와 관련된다. 그런데 '페미니즘 리부트'가 이 습관의 고리를 끊어내고 새로운 습관을 만드는 장을 구성해내고 있다는 사실은 상당히 흥미롭다. 정동이 이데올로기적 매트릭스로부터 완전히 자유롭지는 않지만, 거기에 균열을 낼 수 있는 가능성으로 논의될 수 있는 사례다.

여기에서 베르그송의 '지속' 개념에 다시 주목해보자. 습관의 변용은, 인터넷이라는 버추얼(가상공간)에 흐르고 있던 순수기억으로서의 '페미니스트 버추얼(잠재성)'에서 비롯되었다. 앞서 「젠더전과 퓨리오숙들의 탄생」에서 자세히 논했던 것처럼, 이는 새로운 페미니스트 주체의 탄생에 큰 영향을 끼친 트위터를 통해 확인할 수 있다. 페미니즘 학습과 의식화의 경험은 잠재적인 것으로 부유하고 있던 과거 논쟁의 기억이 특정한 계기들에 의해 표면으로 올라오는 것, 그런 일련의 지속 안에서 축적된 것이다.

2006년, 진보적인 가능성을 가진 미디어로 한국 사회에 등장했던 트위터는 초창기부터 페미니즘 친화적이었다. 2011년 잡년행진과 잡년행동, 2012년 〈두 개의 문〉(연분홍치마) 페미니스트 상영회[21] 등은 페미니즘이 트위터에서 적극적으로 드러나는 주목할 만한 계기였으며, 이후 경향신문 면접에서의 성차별에 대한 문제 제기 과정 등은 남성 중심적 노동시장에 대한 공분을 불러일으켰다. 2015년 세 건의 데이트 성폭력 고발 역시 완전히 새로운 사건은 아니었다. 이전에도 유사한 사건들의 폭로가 있었던 것이다. 한 트위터 유저의 표현에 의하면, 유명 남성 트위터리안 중 상당수가 "페미니즘 필터"에 걸려 아스라이 사라져 갔다.

'페미니스트 무브'라고 할 만한 움직임은 계속해서 광대한 네트를 따라 흐르면서 트위터를 비롯한 온라인에서 활동하는 여성들에게 의식적·무의식적으로 영향을 미치고 있었다. 무엇보다 여성이기 때문에 경험하는 일상의 공유는 성차별/성폭력이 개인의 문제가 아니라 구조의 문제임을 선명하게 드러냈다. 그리고 그 기억, 그 흔적으로부터 여성 정체성의 변용이 일어난다.

젠더의 기입,
그리고 공중/네이션의 재구성

이토 마모루는 정보라는 개념에 정동을 기입한 뒤 이어서 타르드의 커뮤니케이션 이론을 재평가한다. 이때 주목하는 것이 타르드의 '공중' 개념이다. 타르드의 '공중'은 미디어(신문)로부터 탄생하여 카페나 살롱 등에 모여들어 공동체를 이루었던 근대적 존재들이다. 그에 따르면 '공중'은 순수하게 정신적인 공동체이고, 심리적으로만 결합되었을 뿐 육체적으로는 분리되어 분산된 존재들이다. 이는 육체의 접촉을 통해 심리적으로 전염되는 무리인 군중과는 다르다. "그들 사이에서 믿음이나 감정이 비슷한 수많은 다른 사람들과 순식간에 생각과 정열이 공유된다는 자각이 생길 때, '공중'이 태어난다." 그러므로 미디어를 통해 공간의 한계를 넘어서는 무한한 확장성은 공중을 공중으로 만드는 가장 중요한 요소였다.[22]

공중과 군중에 대한 타르드의 생각은 의미심장하다. 공중이 군중보다 '더 많은 정신의 자유를 갖고 있다'고 여겼던 동시대인들과 달리 타르드는 공중이 군중보다 '더 등질적일 수 있다'고 설명한다. 왜냐하면 "독자들은 '자기의 편견이나 감정에 비위를 잘 맞추는 신문'을 선택하게 되고, 신문사는 '다루기 쉽고 가변적인 독자를 자기 마음대로 골라'내기" 때문이다. 기실 디지털 미디어의 시대에도 이는 계속된다.[23]

공중의 '등질성'에 대한 타르드의 견해는 주목할 만하다. 이는 한편으로 집단적 정체성 형성의 문제로 해석될 수 있다. 타르드의 공중 개념은 마모루 역시 지적하고 있는 것처럼 베네딕트 앤더슨의 '네이션'[24] 개념을 즉각적으로 떠오르게 한다.[25] 둘은 완전하게 일치하지는 않지만, 그렇다고 해서 완전하게 분리되지도 않는 상태로 겹쳐져 있는 개념이다.

앤더슨에 따르면, 확장성을 지닌 미디어로서 신문이 가져온 것은 동떨어진 공간에서 '동시성'을 공유하는 '평등한 개인들의 유대/공동체'라는 내셔널한 상상력이었다. 그런데 앤더슨이나 타르드의 논의, 그리하여 마모루의 논의에서도 젠더 문제는 고려되고 있지 않다. 이를 페미니즘의 관점에서 수정하는 작업, 즉 네이션의 형성에 젠더 문제를 개입시키려는 작업은 꾸준히 진행되어왔는데, 그중에서도 특히 이브 세지윅의 작업은 눈여겨볼 만하다. 그는 여성 혐오에 기반하고 있는 남성 연대의 문제에 주목함으로써, 근대적 네이션의 형성에 젠더 위계 및 정동의 문제가 개입되어 있음을 밝혀냈다.[26] 이런 문제의식을 연장해보면, '페미니즘 리부트'는 디지털 미디어와 공중/네이션의 형성·조정·유지에 젠더와 정동이라는 상수가 어떻게 작동하는지 살펴볼 수 있는 유의미한 계기를 제공한다.

앤더슨의 논의는 네이션의 형성에 집중되어 있지만, 기실 네이션은 미디어를 통해 형성될 뿐만 아니라 그것을 통해 조정되고 유지된다.[27] 네이션은 '당위'가 아니라 만들어진 상상력이기 때문이다. 이때 미디어는 "경합하는 이익집단들이 네이션의 정의를 둘러싸고 논쟁을 벌이는 핵심 영역"[28]으로서, 네이션의 조정과 재규정에 적극적으로 개입하고 네이션이 스스로를 유지하고 자신에게 부여된 역할을 수행하는 주요 공간이다. 그렇다면 21세기 한국에서 네이션을 형성, 유지하는 대중 미디어는 무엇일까? 그중 하나는 스크린, 모니터, 브라운관, 스마트폰과 같은 다양한 윈도우 안에서 펼쳐지는 가상 세계일 것이다. 그리고 이렇게 형성되고 조정되는 네이션은 21세기에도 여전히 배타적으로 남성 중심적인 호모 내셔널리티였다.[29] 이와 유사한 방식으로 공론장에 참여하는 자격이 부여된 공중의 젠더 역시 남성으로 상상되었다.

이제 동시대의 한국 상황을 살펴보자. 2015년 '#나는페미니스트입니다' 운동이 터져 나오고 메갈리안 미러링까지 등장하면서 SNS라는 상호매개적 미디어에 젠더라는 요소가 본격적으로 인식되기 시작한다. 사실 여성은 네이션에 있어 일종의 사라지는 매개였다. 상징적·물리적으로 네이션을 재생산하고 있을 때에도 비가시적인 존재였다는 말이다. 그런데 네티즌이 여성 젠더로서 논쟁의 장에 등장해 말을 하기 시작하면서 젠더 전쟁이 펼쳐졌다. 디지털 미디어에 매우 적극적으로 젠더가 기입된 것이다. 이 과정에서 미디어를 경유해서 형성, 조정, 유지되는 네이션의 "아이덴티티는 변용"되기 시작한다.[30]

예컨대 메갈리안 미러링이 처음 등장했을 때의 반응을 떠올려 보자. 사람들은 "여자들이 이렇게 험한 소리를 할 리가 없다" 혹은 "여자들이 이렇게 재미있는 농담을 할 리가 없다"라면서 혐오와 재미의 형식을 띠고 있는 메갈리안 미러링의 주체를 남자로 상상했다. 그러나 메갈의 젠더는 명백하게 여성이었다. 그러자 이번에는 메갈리아가 공론장을 망치고 있다는 주장이 등장하기 시작했다. 어떻게든 공중으로부터, 그리하여 공동체의 구성원으로부터 여성 젠더를 말소시키려는 노력이 계속된 것이다.

연장선상에서, 메갈의 언어가 일베의 언어를 미러링한 것으로 이는 여성의 언어가 아니라 남성의 언어라고 평가하는 것 역시 정확하지 않다. 그간 여성들은 삼국카페나 여성시대 같은 여초 인터넷 커뮤니티에서는 여성으로써, 디시인사이드처럼 '남초'로 상상되는 커뮤니티에서는 남성 젠더를 가장함으로써 가상 세계의 유희에 동참해왔다. 단순한 흉내 내기였다면 이처럼 완벽한 전유는 불가능했을 것이다. 메갈리아의 등장은, 지금까지 남성 젠더를 강요당했던 여성들이 드디어 여성 네티즌으로 스스로를 정체화하고 여성 젠더로서 다양한 윈도우에 출현했음을 알리는 것이기도 했다. 여기에서 여성은 온갖 포르노적 '짤방' 이미지로 남성 사이에서 교환되는 소유물이 아니라 드디어 목소리를 가진 시민(=네티즌)으로서 존재한다.[31] 그리하여 공중은 젠더라는 관점에서 보았을 때 재구성되기 시작했다.

이렇게 공중/네이션의 젠더가 재구성되는 과정에서 지금까지 '남성으로서 등질적'이었던 공중은 노골적으로 불편함을 드러냈다(여기에서의 공중이란 생물학적 남성으로 지정된 젠더만을 뜻하는 것은 아니었다). 그들은 때때로 '합리적인 토론'이나 '공론장의 회복' 같은 수사를 경유해 감정의 문제를 제거하려고 노력했다. 그러나 마모루가 언급했듯 공중은 애초에 감정적인 단위이며, 그들에게 '토론의 장'은 합리적인 토론을 가장한 채 다양한 정동적 부대낌을 바탕으로 '등질적'으로 상상되었을 뿐이다. 그 '토론'에는 여성에 대한 멸시와 이를 바탕으로 한 배제가 구성 요소로 내재되어 있었다. 그러므로 이들이 회복하고자 하는 공론장은 일종의 환상에 불과하며, 그 공론장의 회복은 목소리를 내기 시작한 여성들에 대한 공격으로 귀결될 뿐이다. 공론장은 '회복'될 것이 아니라 '새롭게 구성되어야 할 것'으로 상상되어야 한다.

사이버 공유지의 구축,
그 실낱같은 희망을 향하여

2016년 도널드 트럼프가 미 대선에서 승리를 거둔 과정은 그 자체로 미디어에 접속되어 있는 신체들이 펼쳐보이는 한 편의 드라마였다. 미디어에 상주하는 '관종$^{ass-clown}$(관심 종자)'[32]으로 평가받는 트럼프는 TV 리얼리티쇼를 재연/재현하는 과정을 통해 대통령으로 당선되었다. 그렇다면 트럼프 이후의 세계에서 어떻게 미디어를 긍정할 수 있을까.

질문을 다시 한 번 던져보자. 미디어와 그로부터 형성되는 (완전히 정동적인 것으로서의) 대중성/통속성은 하나의 가능성일까? 다양한 미디어를 횡단하는 정치 팬덤이 미국 최초의 아프리카계 대통령 선출로 이어졌던 미국에서, 8년 후 소수자 혐오와 신자유주의적 천박함을 선거 전략으로 내세운 트럼프가 승리했다. 이런 현실로 미뤄본다면, 마모루가 야심차게 분석하고 있는 '정동의 힘'은 일견 순진해 보인다. '강남역 10번 출구'에 등장했던 '핑크 코끼리'가 표상하는 것처럼, 부대낌, 정동, 오염은 어떤 의미에서도 당위적으로 '선善'으로만 정향되지 않는다. 마모루가 자신의 책에서 다루지 않았던 모멸과 혐오, 불행의 감각 등은 향후 좀더 폭넓게 탐색되어야 할 것이다.

그럼에도 불구하고 가능성을 말하는 것은 일말의 희망에 기대야 하기 때문일 터. 방향을 틀어, 이제는 집단지성에 대한 논의로 돌아가보자. 집단지성은 가상공간의 가능성을 가장 적극적으로 탐색했던 1990년대 중반에 등장하여 2000년대 중반까지 풍미했던 개념이다. 이는 폐기를 눈앞에 둔 낙관론이었다기보다는 앞으로 사이버스페이스가 나아가야 할 바에 대한 적극적 제안에 가까웠다. 예컨대, 피에르 레비는 "아직 생성 가운데 있는 사이버 공간이라는 미로 속에서 정책과 결정과 실천이 제 길을 찾을 수 있도록 하나의 긍정적인 시각을 만들어내고자"[33] 했다고 밝히고 있다. 디지털 미디어에 대한 온갖 디스토피아적 전망에도 불구하고 천착해야 할 부분은 바로 이것이 아닐까? 그리하여 우리 시대의 혐오를 염두에 두되, 이 글의 결론을 대신해 '희망의 가능성'에 대해서도 질문하고자 한다.

마모루는 타드르의 '공중' 개념을 소개하면서 다음과 같이 묻는다. 공적 영역도 아니고 사적 영역도 아닌, 즉 공사의 명징한 구분에 기대지 않으면서 이 둘의 혼재 속에서 세계를 경험하는 '군중'들을 위한 제3의 공간은 가능할까?[34] '#OO_내_성폭력' 운동은 감응의 공동체에 대한 상상력을 자극하면서, (비록 환상일지라도) 사이버 공유지라는 또 하나의 그림을 그리도록 이끌었다. 극렬한 혐오의 시대를 거치면서 삶의 지반을 잃어버린 여성들끼리 서로가 서로에게 용기가 되어주는, 그렇게 일종의 '자원'을 제공하는 공유지로서 가상 세계의 진지들이 구축되고 있는 것이다. 인지자본주의의 시대에 정서가 일종의 자원이 될 수 있다는 점은 부연할 필요가 없을 것이다.

그렇다면 왜 공유지인가? 역사상 가장 끔찍한 페미사이드로 기록되고 있는 근대 초창기의 마녀사냥과 공유지 박탈의 문제를 들여다보자. 흔히 생각하는 것과 달리, 16~17세기 유럽을 강타했던 마녀사냥은 중세의 암흑을 먹고 자란 광기가 아니었다. 그것은 오히려 자본주의의 태동기, 계몽의 광명 아래에서 지배계급이 프롤레타리아트를 길들이는 방편 중 하나였다. 실비아 페데리치는 『캘리번과 마녀』에서 이 과정을 촘촘하게 추적한다.

15세기는 서유럽 프롤레타리아트 다수가 높은 임금과 낮은 물가라는 호의적인 환경을 발판 삼아 전례 없는 힘을 가졌던 시대였다. 이에 권력자들은 젊고 반항적인 남성 노동자들을 길들이기 위해 '자유로운 성관계'를 허용한다. 예컨대 하층 여성에 대한 강간을 범죄로 다루지 않았고, 그 때문에 프랑스에서는 프롤레타리아트 여성에 대한 집단강간이 일상적인 일이 된다. 이런 거래를 통해 계급 적대는 여성에 대한 적대로 전환되었다.

결과는 참혹했다. 계급 내 연대의 토대는 무너져내렸고, 사회 전반에 강렬한 여성 혐오의 분위기가 조성되었다. 마녀사냥으로의 길은 그렇게 닦였다. 두 세기에 걸쳐 수십만 명의 여성들을 살해했던 페미사이드의 시작. 그것은 여성을 짓밟아도 되는 존재로 만들었을 때에야 비로소 가능한 것이었다. 결국 마녀사냥은 여성을 사적 영역에 가둠과 동시에 여성의 노동을 가치 없는 것으로 만드는 자본주의적 과정으로 이어진다.

이 시기에 인쇄 미디어가 담당했던 역할은 상당히 흥미롭다.

마녀의 악행, 마녀를 사냥하는 법, 유명세를 탔던 재판의 기록 등은 소책자로 제작되어 대중에게 퍼졌다. 그 시절에도 새로운 미디어는 혐오의 확산에 기여했고, 자본은 여성 혐오를 팔아 돈을 벌었다.

그런데 여성들이 마녀사냥으로부터 보호받지 못했을 뿐만 아니라 그 영향력에 더욱 취약하게 노출될 수밖에 없었던 것은, 다른 한편에서 인클로저가 진행되었기 때문이다. 인클로저 이후 공유지가 사라지는데, 이는 남성에게도 치명적이었지만 여성에게는 더 가혹한 결과를 가져왔다. 토지 소유권이나 권력을 갖지 못한 여성들은 "생존, 독립, 사회성 유지"를 위해 공유지의 공적 자원과 사회적 관계에 크게 의존하고 있었기 때문이다. 그렇게 의지했던 안전망이 파괴되자 여성들은 극빈층으로 전락할 수밖에 없었다. 나이 든 여성들은 더더욱 사지로 내몰려서 곧 마녀사냥의 표적이 되었다. 이때 여성들과 함께 '사냥당한 것'은 할머니들에게서 어머니들로, 그리고 딸들에게로 전수되던 여성들의 지식과 지혜, 그러한 '기억'들이었다.

여성 혐오에 기반한 남성들 간의 '평등'이라는 도착적인 상상력, 마녀사냥이라는 여성 젠더에 대한 대대적인 거세 작업, 이를 바탕으로 했던 여성들의 '가정주부화' 과정. 이는 새롭게 등장한 정치경제 체제인 자본주의가 지금까지의 습관이었던 가부장제라는 강력한 지배 체제를 이용하면서 동시에 이에 복무하는 방식이었다. 그렇게 가부장제적 자본주의 혹은 자본주의적 가부장제라 할 수 있는 가부장체제가 등장했다. 이는 곧 자본주의의 시초 축적 과정이기도 했다. 마르크스가 규명했던 자본주의 시초 축적은 젠더 중립적이지 않은 과정이었던 셈이다.

이와 마찬가지로, IMF 이후 경제 위기에 봉착한 대한민국에서 펼쳐졌던 여성 혐오의 지형은 새로운 시초 축적의 한 과정이었다. 즉, 1997년 경제 위기를 전후해서 한국 사회에 펼쳐졌던 것 역시 여성 혐오 문화를 바탕으로 하는 여성 노동력 '후려치기'와 새로운 통치성의 구성이었다. IMF가 닥쳐왔을 때 가장 먼저 해고되어 유연한 일자리로 쫓겨났었던 것은 다른 누구도 아닌 여성들이었다. 이는 신자유주의로의 형질 전환에 필수적인 과정이었던 것이다. 이때 신자유주의란 모든 것을 사유화하여 공유지를 박탈하고, 그렇게 공동체와 그 내부의 사회적 관계를 박살내서 강도 높은 노동 착취를 가능하게 하는 시스템이다. 각자도생, 무한경쟁, 먹고사니즘의 등장은 이런 공유지 박탈의 원인이자 결과인 것이다.

1980~90년대에 새로운 영토로 등장해 사이버 공유지로 상상되었던 인터넷에서 여성과 소수자에 대한 혐오가 점증한 것 역시 바로 이 시기였다. 서로가 연결되어 있으면서도 동떨어진 섬이 되어버리는 단절의 공간. 이는 사이버 인클로저라 할 만하며, 이것이 강력한 타자화의 동학인 혐오로 이어졌다는 사실은 이런 흐름이 감정의 인클로저와 무관하지 않음을 보여준다. 지금 목도할 수 있는 '온라인 지옥'은 바로 이런 인클로저 현상의 연장선상에

있다.

하지만 2016년 하반기에 불어닥친, 일상적으로 겪어야 했던 다양한 성폭력을 고발하는 '#OO_내_성폭력' 운동을 진행하면서 여성들은 서로의 고통에 민감하게 반응하며 공감하고, 각자가 경험했던 폭력을 용기 내어 말할 수 있도록 격려하고 있다. "우리는 나약하지만 싸우고, 고통스럽지만 천천히 걸어갈 거야. 함께 서로의 용기가 되어줄 거야. 우리는 용기가 될 거야"라는 한 트위터리안의 말처럼, 여성들은 경제난과 각종 사회적 재난, 그리고 신자유주의가 휩쓸고 간 오프라인 세계에서 찾지 못했던 일종의 공유지를 트위터를 비롯한 온라인 공간에서 구축하고 있는 것이다.

이처럼 감응의 공동체는 새로운 사이버 공유지를 만들어내고 있다. 여기에서 여성들은 자신에게 가해진 폭력에 저항하고, 그렇게 IMF 이후 펼쳐졌던 마녀사냥의 시계를 되돌리고 있다. 물론 유럽의 여성들이 공유지의 인클로저에 저항하기 위해 울타리를 뽑았던 운동은 결국 실패했다. 우리 시대의 사이버 공유지 구축 역시 그렇게 쉽게 성공하지는 못할 것이다. 우리는 기실 온라인 공간에서 계속되는 좌절과 고통을 함께 목도하고 있다. 그러므로 섣불리 희망을 말할 순 없다. 그러나 이 실낱같은 한 줄기 빛은, 전무의 암흑보다는 낫지 않은가.

어용 시민의 탄생
포스트트루스 시대의 반지성주의

옥스퍼드 사전은 '포스트트루스^{post-truth}'를 2016년 '올해의 단어'로 선정했다. 한국에서는 '탈脫진실'로 번역 소개된 이 단어는 "실제 일어난 일보다 개인적인 신념이나 감정이 여론 형성에 더 큰 영향력을 미치는 현상"을 일컫는다.[1]

포스트트루스는 '포스트팩추얼 폴리틱스^{post-factual politics}', 번역하면 '탈사실 정치'라고도 한다. 그런데 포스트트루스 현상은 '탈사실적'이면서도 자의적으로 구성된 '사실'에 강하게 의존하고 있다. '팩트(사실)'라는 수사修辭가 단순히 과거의 지나가버린 무엇을 가리키는 것이 아니라 새롭게 해석되어 여전히 적지 않은 영향력을 발휘하는 것을 보면, 이를 '후後사실'로 번역해도 좋을 것이다.

도널드 트럼프처럼 포스트트루스 시대의 상징으로 회자되는 정치인이 '대안적 사실alternative facts'을 말한다는 것, 이는 '후사실 정치'의 성격을 정확하게 보여준다.[2] '팩트'는 형식으로서 여전히 중요하다. 하지만 그것은 '절대적 사실 혹은 진실'이라는 내용이 존재한다는 의미가 아니다. 우리 시대의 '팩트'는 그저 열띤 인정 투쟁에서 승리하기 위해 필요한 수사일 뿐이다.

트럼프를 일컬어 '백악관으로 간 일베'라고들 했던 것처럼, 포스트트루스 현상은 한국 사회에서도 낯설지 않다. "팩트와 어긋난 주의·주장을 하는 사람은 누구라도 저격한다"라는 '일베 정신'이나 '팩폭'[3] 혹은 '팩트주의'는 포스트트루스의 자장 안에 놓여 있다. 일베식 팩트란 조롱과 재미 그리고 불안으로부터 배태된 혐오의 감정이 그 형식이자 내용이며, 탈사실에 기반하고 있으면서도 오히려 팩트주의를 표방한다는 점에서 후사실적이다.

물론 우리는 '사실'이란 무엇인가를 질문할 필요가 있을 것이다. 관점과 해석이 모든 것이 되어버린 '내로남불(내가 하면 로맨스, 남이 하면 불륜)의 시대'에 사실이란 존재하는가? 우리는 과연 사실을 확인하고 확신할 수 있을까? 이 글에서 사실의 존재 여부를 논의하려는 것은 아니다. 다만 일베식 팩트란 사건이 놓여 있는 맥락을 탈각시켜 자기 입맛대로 재맥락화하는 방식으로 구성되어 유통된다는 점은 주목해볼 필요가 있다. 이와 같은 의도적인 탈맥락화와 자의적인 재맥락화야말로 포스트트루스의 핵심이고, 이는 반지성주의적이다. 여기서 반지성주의는 "맥락을 탈각시켜 자기 입맛대로 세계를 이해하는 태도"를 가리킨다. 이는 전혀 새로운 현상이 아니지만, 여기에 팩트라는 형식이 입혀진 것은 눈여겨볼 만하다.

이 글에서는 나무위키 정신, 무학無學의 통찰을 말하는 구루guru의 등장, 어용 시민의 탄생 등을 경유하면서 포스트트루스 시대의 반지성주의를 살펴볼 것이다. 모리모토 안리의 미국 사회 반지성주의에 대한 탐구[4]가 보여주듯이, 반지성주의란 단순히 '무지몽매한 대중 파시즘'을 묘사하는 단어가 아니다. 그것은 강력한 평등의 감각을 바탕으로 반권위주의를 실천하는 민주주의적 가능성이기도 하다. 한국 사회에서 2000년대 중반 이후 거세진 반지성주의의 물결 역시 그런 가능성을 안고 있었다. 그러나 2017년에 이르러서는 반권위를 말하기 위해 새로운 권위를 세우고 자신의 입장을 대변하는 전문가만 전문가로 인정하면서 자신과 입장이 다른 이들은 적으로 간주하여 맹렬하게 공격한다는 점에서, 반지성주의는 좀더 면밀한 논의가 필요한 대상이 되었다.

나무위키의 정신,
반권위주의와 반지성주의

일베보다 더 교묘하게 일베식 팩트를 실천하고 있는 것은 나무위키다. 이 데이터베이스는 중립적인 정보의 다발을 표방하면서 사회적으로 광범위하게 수용되고 있다. 나무위키는 감정과 악의적 해석이 어떻게 '정보information'로 구성되어 팩트라는 이름으로 유포되는지 잘 보여준다. 이런 교묘한 구성과 유포를 '나무위키 정신'이라고들 한다. 그 정도로 두드러지는 태도가 되었다는 것이다.

나무위키는 방대한 정보량 때문에 넷상에서 상당히 큰 영향력을 행사하고 있는 정보 제공처다. 한국어 위키 중 일일 편집 빈도수는 1위, 이용률로는 국내 사이트 중 12위로 알려져 있으며, 2017년 6월을 기준으로 약 97만 개의 문서가 등록되어 있는 것으로 추정된다.[5] 스포츠나 게임 등을 포괄하는 하위문화 항목에 있어서는 타의 추종을 불허하며, 구글에서 어떤 항목을 검색했을 때 가장 상위에 나무위키 항목이 뜨는 것을 보면 그 영향력을 짐작할 수 있다.

나무위키가 이러한 위상을 차지하게 된 것은 '나무위키러(나무위키 사용자)'들의 정보 수집과 축적에 대한 광적인 집착 덕분이다. 우리는 겉으로 드러난 것 중에는 기댈 만한 절대적 진실이나 가치란 없다는 믿음이 팽배한 음모론의 시대를 살고 있다. 〈내부자들〉(2015)이나 〈베테랑〉(2015) 같은 영화에 대한 대중적 호응과 박근혜-최순실 게이트를 둘러싼 대중 정서가 보여주는 것처럼, 모든 것의 이면을 의심하는 음모론이야말로 이 세계의 불합리를 이해할 수 있는 가장 신뢰할 만한 이론이 된 것이다. 이런 시대에, 언제든지 속을 수 있다는 불안, 그러므로 무슨 일이 있어서도 '주작'[6]에 조정당하거나 선동당하지 않겠다는 의지는 나무위키러를 비롯한 네티즌을 추동하는 동력이 된다. 거짓에 당하는 것이야말로 나를 위협하는 일이며 수치스러운 일이다. 팩트가 가장 중요한 가치로 떠오르는 것은 이 때문이다.

현대인의 집요한 팩트 탐색의 근저에는 감정의 문제가 놓여 있다. 가장 저렴한 상품을 찾아낼 때까지 검색을 멈추지 않는 '현명한 소비자'는 어떠한가? 그의 집요함은 단순히 효율성만으로 설명되지 않는다. 엄청난 시간과 에너지를 대가로 지불해야 하기 때문이다. 나무위키는 이 팩트(=사실=정보)를 향한 열정과 욕망의 본산이라 할 만하며, 나무위키가 보여주는 치밀한 정보 수집력과 계속해서 내용을 덧붙이고 수정해가는 수집광의 면모는 이런 감정적 층위를 반영한다.

그런데 나무위키와 같은 사이트에서 유통되는 정보=팩트는 두 가지 의미에서 '객관적'이지 않다. 첫째로 정보에 대한 주지주의적 이해와 달리 정보는 이미 감정적 층위를 포함하고 있으며,[7] 둘째로 팩트로 구성된 정보의 아카이빙이란 이미 큐레이팅의 과정을 거친 것이기 때문이다. 장작위키, 땔감위키, 톱밥위키 등 나무위키의 다양한 별명들이 등장하는 이유가 여기에 있다. 이는 나무위키가 백과사전을 표방하고 있지만 오류가 많고, 특히나 어떤 항목에 있어서는 정보의 기술이 아니라 주관적인 해석을 나열하고 있다는 문제의식을 반영하고 있다. 나무위키는 팩트=정보임을 자처하지만, 처음부터 남초 커뮤니티 기반임을 부정하지 않으면서 일베나 오유, 루리웹 등의 다른 남초 커뮤니티들과 '해석의 입장'을 놓고 반목한다. 그럼에도 여전히 '사전'이라는 이름을 걸고 있고, 그 덕분에 외부적인 위상이 여타 커뮤니티와 달라진다.

그래서 취소선이나 각주와 같은 나무위키 특유의 문법은 신랄한 비판의 대상이 된다. 이 언어적 관습으로서의 문법은 나무위키식 유머를 나무위키식 팩트에 섞어 넣는다. 이는 그저 '웃음을 주기 위한 양념'으로 치부되기 때문에 감정이 정보가 되어버리는 현실을 가리는 장치로도 작동한다. 한 예로 나무위키의 '메갈리아' 항목의 일부분을 살펴보자.

> 2015년 8월 6일, 디시인사이드 메르스 갤러리가 독립하면서 만들어진 사이트다. 여성 혐오에 맞선다는 ~~유사~~ 명분을 내세우고 있으며, 이름의 유래도 이와 관련이 있다. 하지만 해당 사이트에서 나오는 글들을 보면 이 명분을 부정하는, 반인륜적인 게시물들을 쉽게 찾아볼 수 있다. 메갈리아에서 활동하면서 한국 남자가 싫어졌다는 글~~요약하면 집 밖에도 안 나가고 컴퓨터만 한다는~~ 글이 인터넷상에서 뜨거운 감자로 대두되고 있으며, 일베 여성 버전이라고도 불린다.[8]

여기서 글자 위에 그어진 줄이 취소선이다. 'A B'를 번역하자면 'A라고 쓰고 B라고 읽는다'쯤 된다. '노골적으로 이렇게 말하지는 않겠지만, 진실은 이거란다'를 표현하는 하나의 양식이기도 하다. 이처럼 나무위키에서 유통되는 팩트들에서 우리가 확인할 수 있는 것은 팩트의 구성 요소로서의 감정, 즉 재미와 혐오다. 나무위키의 어떤 항목들은 여성 혐오를 객관적 자료인 양 팩트로서 유저들에게 제시하고, 이를 읽는 유저들은 '객관적 지식'이라는 환상 아래 여성 혐오로 정동된다.

이런 나무위키 정신을 흥미롭게 보여주는 텍스트가 '논객 박가분'이다. 그는 2013년 일베식 팩트를 일종의 '사상'으로 정리하는 책을 출간해서 주목을 받았다.[9] 그리고 2016년, 새롭게 등장한 메갈리아를 대상으로 그는 일베식 팩트를 정확히 구현해낸다.[10] 매우 온당한 '팩트의 기술記述'처럼 보이는 글쓰기를 통해 그는 자신의 논거에 설득력을 부여한 것이다. 전작에서 일베의 전신을 디시갤에서 찾았던 것과 같은 방식으로, 그는 디시의 남연갤(남자 연예인 갤러리)에서부터 메갈리아의 원초적 풍경을 그려나간다.

메갈리아의 등장에 가장 큰 영향을 미쳤던 것은 무엇보다도 여성 네티즌들이 지금까지 경험해온 여성 혐오 문화였다. 그러나 그는 그러한 혐오의 정동 따위는 없었다는 듯이 맥락이 탈각된 팩트를 기술해나간다. 이는 일베식 팩트가 어떻게 작동하는지 이해하고 있는 이가 자신의 이야기에 대중적 설득력을 부여하기 위해 일베의 '미학'을 그대로 차용하고 있는 흥미로운 사례. 다만 게시판에서 익명으로 글을 쓰는 것이 아니라 논객으로서 다소간의 공신력과 발화 권력을 누리고 있다는 점에서, 그는 나무위키에 가깝다.

그런데 나무위키와 같은 협업형 사전 형식은 반권위주의를 지향하는 집단지성에 대한 믿음을 바탕으로 등장했다. 집단지성은 타자에 대한 포용과 협업이 각 단일 개체의 지적 능력을 넘어서는 집합적 역능의 발휘로 이어질 수 있다는 유토피아적인 전망을 제안한다. 그래서 디지털 미디어의 가능성을 신뢰했던 많은 이들에게 집단지성은 미래 세대의 대안적인 존재 양식이었다. 테크놀로지적 토대뿐 아니라 윤리적 태도까지 포함한 것으로서의 집단지성은 웹 2.0과 같은 참여형 인터넷의 새로운 가능성에 대한 철학적 논의를 가능하게 했다. 그 대표적인 예가 위키피디아 같은 협업형 백과사전이나 리눅스와 같은 오픈소스 운영체제였던 것이다. 나무위키가 전신이었던 리그베다 위키로부터 분리되어 나온 것이 최고 운영자의 사유화 시도에 대한 반발 때문이었다는 것은 반권위주의적 공동체주의의 일면을 보여주는 것이기도 하다.

2000년대 중반 한국, 웹 2.0의 가치와 그에 대한 믿음은 인터넷 세계를 풍미하는 자부심이 된다. 일베의 "우리는 모두 다 병신이다"라는 강력한 평등주의도 이와 무관하지 않다. 자신과 다른, 혹은 자신보다 약한 소수자에 대한 혐오가 점점 더 강해지기 전, 기실 주류 인터넷 커뮤니티에서의 유희는 스스로를 '루저'이자 '잉여'로 깎아내리는 일이었다. 한국 사회의 정치적·경제적 공백 속에서 주체들이 스스로 무기력해지기 시작했을 때, 루저의 미학은 그 힘을 발휘했다. 그러나 그러한 풍자가 아무런 현실의 돌파

구가 되어주지 못했을 때, 혐오가 발동되었던 셈이다.

다시 일베의 강력한 평등주의로 돌아가보자면, 반지성주의는 초창기에는 '진실을 말할 권한'을 승인받은 엘리트에 대한 반발이었다는 점에서 권위에 대한 저항적 성격을 띠고 있었다. 이런 저항은 디지털 미디어를 기반으로 한 정보와 지식의 폭발, 제도적 민주화 이후의 질적 민주주의(라는 담론)의 확장, 그리고 처절한 주목 경쟁이라는 현실 덕분에 가능해진 것이었다. 그러나 이 저항의 끝은 합리적인 비판 의식이 아니라 '나도 너만큼 똑똑해'라는 나르시시즘이었다.[11] 그러므로 시대정신으로서의 나무위키란, 디지털 매체의 등장 및 질적 민주화의 과정에서 등장한 강력한 반권위주의로서의 반지성주의가 어떻게 반동적인 반지성주의로 연결되었느냐의 문제이기도 하다.

한국에서 초창기 SNS를 둘러싼 유토피아적 전망은 '평등'이라는 감각을 일깨우며 대안이자 가능성으로서 인터넷을 말하는 담론 및 대항 미디어의 생산을 불러왔다. '간접적인 직접민주주의'가 가능하리라는 믿음이 트위터를 타고 흘렀다. '간접적인 직접민주주의'란 이율배반이지만, 그럼에도 SNS가 '아래'로부터의 토론과 논쟁을 취합하고 '위'와의 의사소통을 가능하게 하리라는 믿음은 유의미해 보였다. 그래서 트위터 등장 당시 상징자본을 가진 사람들(예컨대 박중훈 같은 초기 트위터 셀럽)과 트윗을 주고 받을 수 있다는 것, 그런 의사소통의 물리적 장벽을 넘을 수 있다는 것이 큰 가능성으로 주목되기도 했다. 하지만 트위터 10년 역사는 '간접적인 직접민주주의'란 존재하지 않는다는 것을 증명하는 시간이었다.

이때 평등과 함께 수반됐던 가치가 '참여'였다. 노무현 정권의 '참여 이데올로기'는 시대정신의 반영이기도 했던 셈이다. 이 시기의 '참여'는 민중적 차원과 국가적 차원 양쪽으로 지원받았다. 물론 이는 노무현 정권에서 최종 승인을 받은 신자유주의화에 따라 개인의 자율성을 강조하는 '노오력의 이데올로기'로 수렴되어버렸다. 문제는 거기에 있었다. 한국인은 권위를 부인할 수 있게 되었지만, 자기 스스로 자립할 수 있는 기반은 박탈당했던 것이다. 개인은 기댈 언덕만 잃었을 뿐 강건하게 홀로 버틸 수는 없었고, 사회적으로 획득할 수 있는 자원은 바닥났다. 이제 인터넷은 유일하게 획득할 수 있는 자원으로서의 인정을 놓고 무한의 투쟁이 벌어지는 무간지옥이 된다.

그 과정에서 정치적 가능성으로서의 반지성주의는 보수화되었다. 하나의 권위는 폐기되었지만 또다른 권위가 고개를 내밀었기 때문이다. 이와 관련하여 문재인 대통령 당선 이후 그간 자신이 쓴 게시물을 삭제해줄 것을 요구하면서 일베를 탈퇴하는 회원들이 넘쳐난 사건은 상당히 흥미롭다.[12] 이는 일베식 팩트가 '역사적 사실'이라는 이름으로 박정희와 전두환에게 명예를 되돌려주려고 했던 것은, 팩트에 대한 열망만도, 혹은 이제는 온라인의 '패권'이 된 진보적 역사 인식과 싸우기 위해서만도 아니었음을 보여준다. 그들의 진보적 역사관이 우리 시대의 진정한 권위였기 때문에 싸운 것이 아니라, 다소간의 권위를 가졌지만 멸시해도 무방했기 때문에 시비를 걸었던 것이다.

그런 의미에서 일베식 팩트가 기대고 있던 반권위주의란 기실 '이명박근혜'로 이어지는 정권의 권위에 기댐으로써 자신의 지위를 안전하게 만들고자 했던 일종의 '안보 감각'에 가까운 것이었다. 그 권위가 무너졌을 때, 일베식 팩트의 향방은 과연 어디일까?

음모론과 포스트오소리티, 그리고 김어준

반지성주의에는 애초에 새로운 권위에의 복종이 내포되어 있는지도 모르겠다. 때로는 그 권위가 구체적인 개인의 얼굴로 세계에 그 모습을 드러낸다. 반지성주의적 선전·선동에 기대어 대중의 사랑을 받는 구루가 존재했음도 부인할 수 없는 '팩트'일 터. 단 한 명의 구루가 존재할 수 없었던 것은 오히려 일베의 진보성을 보여준다.[13] 그들은 맹렬한 주목 경쟁을 통해 일베 내부에서 누군가가 자신의 대리인이나 스피커가 되지 못하도록, 그렇게 누군가가 상징자본과 발화 권력을 독점하지 못하도록 견제함으로써 결국 정치 세력화되지 (못했거나) 않았다. 그것이 일본의 재특회와 일베가 구분되는 지점이라는 것은 계속 지적되어왔다.

되려, 이런 반권위주의를 전복시키는 반지성주의적 구루는 일베가 아닌 '오유 스탠스' 혹은 '옐로 스탠스'에서 등장했다. 그가 바로 김어준이다.

'옐로 스탠스'란 '깨어 있는 시민(깨시민)'의 퇴행적 판본이다.[14] 이 글에서 '깨시민'이라는 말을 더 이상 사용하지 않는 이유는, 그들이 이제 스스로를 '어용 시민'으로 칭하면서 '깨시민'이지 않겠다고 선언했기 때문이다. 이 차이는 노무현의 당선 이후와 문재인의 당선 이후의 행보에서 명백하게 드러난다. 옐로 스탠스 구루 김어준의 베이스캠프인 팟캐스트 〈파파이스〉를 살펴보자.

고정 게스트인 정청래가 145회(2017년 5월 12일 업로드)에 출연해서 한 이야기다. 정청래는 문재인 대통령 당선을 한껏 기뻐하면서 새로운 정권의 계보로 김대중-노무현-문재인을 언급한다. 그리고 지지자 여러분이야말로 새 정권 탄생의 일등 공신이라 치켜세운다. 그러면서 한마디 부탁의 말을 남기는데, 이때 그는 고故 노무현 대통령의 에피소드를 인용한다.

대통령 당선 직후 노 대통령은 지지자인 '노사모'와의 만남에서 "이제 무엇을 할 것이냐"고 질문한다. 그러자 지지자들은 "감시, 감시"라고 외쳤다. 그러자 노 대통령이 "저를 감시할 사람들은 많습니다. 그러지 말고, 저를 지켜주십시오"했다는 것이다. 정청래는 "지지자들이 그를 얼마나 흔들었느냐"고 물으면서 "이번에는 그런 우를 범하지 말자"고 강조한다. 그는 노무현을 떠나

보냈다는 지지자들의 죄책감과 그를 지키지 못했다는 수치심에 어필하면서, 이제 문재인 지지자들이 해야 할 바가 무엇인지 강하게 암시한다. 이는 어용 시민의 탄생과 맞닿아 있는 구루들의 가이드 중 하나였다. 권력에 대한 감시를 멈추고 그것을 지키는 데 몰두하는 시민, 그들은 어떤 의미에서도 더 이상 '깨어 있는 시민'일 수 없다.

사실을 가장한 감정과 신념이 지배하는 정치, 반권위주의가 아니라 하나의 권위를 거부하기 위해 또다른 권위에 기대는 습속, 김어준을 비롯해 대항 미디어로 평가되는 〈나는 꼼수다〉 등의 팟캐스트들은 '포스트오소리티post-authority'의 대표적인 얼굴이다.

한국 온라인에서 혐오와 반지성주의가 하나의 시대정신으로 자리 잡기까지, 그 원초적 풍경에는 《딴지일보》가 있다. 이 과정을 묘사하는 글에서 최태섭은 1997년 IMF를 기점으로 인터넷에는 수많은 정치 풍자 사이트들이 등장하기 시작했고, 그중에서도 《딴지일보》는 "그 독특한 스타일" 때문에 가장 큰 주목을 받았다고 설명한다. "《딴지일보》는 한국 사회에 만연해 있던 엄숙주의와 권위주 타파를 주장하며, 기존의 비판 담론이 가지고 있던 비장하고 진지한 화법 대신에 비속어와 과장된 수사들이 난무하는 새로운 스타일을 창안해낸다." 거대 이데올로기가 조락하면서 "진실이라는 제도가 붕괴"되고, 딴지로 대변되는 "엽기와 풍자의 시대"가 열렸던 셈이다.[15] 그리고 그 엽기와 풍자에 '조롱'이라는 형식이 놓여 있었다. 문제는 점차 조롱의 내용이 사라지고 형식으로서의 조롱만 살아남았다는 것이었다. 그리하여 〈나꼼수〉가 〈파파이스〉로 이어지면서 남은 것은 다른 무엇보다 조롱과 패러디라는 스타일[16]이고 (이후 좀더 자세히 이야기할) 프레임 전쟁[17]이다.

그 중심에서 한 시대를 이끌고 있었던 구루 김어준은 '무학의 통찰'을 수시로 외쳤다.[18] 이는 매우 흥미로운 수사. 그는 '무학'을 말함으로써 엘리트주의 및 기존의 권력과 거리 두기를 시도하고 '통찰'이라는 말을 통해 자신의 발언에 '새로운 권위'를 부여한다. 이 무학의 통찰은 옐로 스탠스 대중들에게 대항 언론으로서의 효능감[19]을 주고 설득력을 가지게 되었으며, 그가 제조하는 음모론은 강력한 영향력을 행사하게 된다.

음모론자들이 구성하는 음모는 최소 다섯 가지 요건을 갖춰야 한다. "(1) 권력을 지닌 (2) 둘 이상의 사람들(음모 집단)이 (3) 뚜렷한 목적을 위해 (4) 비밀스러운 계획을 짜서 (5) 중요한 결과를 불러올 사건을 일으킨다."[20] 김어준의 음모론에도 언제나 거대한 권력을 갖춘 촘촘하게 사악하고 꼼꼼하게 전략적인 '그들'이 존재한다. '우리'는 언제나 너무나도 정의롭고 선해서, 그들과 충분히 싸울 수 없다. 그러므로 김어준은 오히려 너무 고매한 인간이 되지 말 것, 충분히 생각하지 말 것을 주문한다. 앞서 언급했던 것처럼, 그가 말하는 무학의 통찰은 '무학'이라는 점에서 반권위주의적이지만 '통찰'을 가졌다는 점에서 새로운 자격과 권위를 주장한다. 그렇게 꼼수로 타락한 세계를 가이드할 자는 오직 통찰을 지녔기 때문에 '합리적으로 추론'할 수 있는 자기 자신과 자기 패거리들[21] 뿐인 것이다. 그리하여, 절대로 속지 않겠다는 대중의 다짐은 오히려 '기꺼이 믿어버림'으로 이어진다.

　물론 음모론에는 근거가 있다. 김어준식 음모론도 마찬가지다. 〈나꼼수〉가 파헤쳤던 지나치게 꼼꼼했던 '각하'는 실존 인물이다. 그런 의미에서 〈나꼼수〉의 역할을 부정할 수는 없다. 그러나 〈나꼼수〉가 반지성주의 및 음모론과 만나 일으켰던 시너지, 그 시너지의 효과, 그리고 이를 기반으로 지금 그들이 도달해 있는 위치는 비판적으로 보지 않을 수 없다.

386 자긍심과 나르시시즘, 그리고 어용 시민의 탄생

　음모론은 '당신은 모르는 것을 나는 알고 있다'라는 자부심으로 이어진다. 이는 실제적인 근거가 빈약하고 일련의 환상에 기대고 있다는 점에서 나르시시즘적이다. 그런데 이 나르시시즘은 '나는 언제나 소수이면서 또한 소수자의 위치를 점한다, 그러므로 나는 정의롭고 옳다'라는 자아 이미지를 가지고 있다. 이런 피해자 서사와 만난 나르시시즘 안에서 '어용 시민'이 탄생한다.

　여기서 '탄생'이라는 말은 중요하다. 어용 시민의 등장은 기실 옐로 스탠스의 지속 및 재생산과 긴밀하게 맞닿아 있기 때문이다. 이는 거대한 시장의 유지와도 연결되어 있다. 그러나 '어용'을 파는 이들의 외침은 절박함에 기대어 있기에 이를 '시장'과 결부되어 있다는 이유만으로 폄하할 순 없다. 이들의 활동은 단순한 비즈니스가 아니라 진심의 비즈니스, 신념의 비즈니스인 것이다. 난감함은 여기에 놓여 있는지도 모른다.

반복하여 강조했지만, 반지성주의는 평등에 대한 강력한 감각을 바탕으로 한다. 그리고 이런 감각 안에서는 권력을 가진 것보다 그렇지 않은 것에 대한 대중적 소구력이 더 크다. 그리하여 반권위주의/반지성주의에 호소하면서 자신의 상징자본을 쌓아온 사람들이 '10년의 핍박'을 이겨내고 드디어 집권하게 되었을 때, 그들은 어떻게 스스로를 유지하고 재생산할 수 있을까라는 현실적인 문제에 직면하게 된다. 어쨌든 그들은 '여전히 소수'여야만 하는 것이다. 앞서 인용했던 〈파파이스〉 145회에서 정청래는 문재인 행정부와 더불어민주당, 그리고 그 지지자들이 '소수권력'이라고 말한다. 이 말은 매우 흥미롭다. '소수'란 권력의 위계에서 하위에 놓인 존재를 일컫는 표현이라고 할 때, 소수 권력은 말 그대로 '뜨거운 아이스 아메리카노'처럼 불가능한 유머에 불과하다.

어쨌거나 그들은 정치에 매우 능한 '선수'들이다. 당연하다. 그들이야말로 한국 근대사의 가장 정치적인 투쟁의 시기를 살았고, 이를 현실 정치로 연결시켰으며, 잔혹한 정치 공학의 시대를 온몸으로 살아낸 자들 아닌가. 그리하여 그들은 열띤 프레임 전쟁을 수행 중이다. 예컨대 문재인 집권 직후 예고된 민주노총 파업에 대한 반응을 보자. 그들은 '허니문 기간'이라는 용어를 가져와서 '결혼 초기 기선 제압'의 문제로 논의를 흐려버린다. 이후 '문빠'의 심기를 거스르는 모든 정치적인 움직임은 '초창기 기선 제압'의 문제로 해석되고 있다. 그런데 프레임 전쟁이란 말에서 알 수 있듯이, 이 전쟁의 핵심은 프레임만 있을 뿐 내용이 없다는 것이다. 내용이 계속해서 사라지고 있다는 것, 결국 프레임만 남는다는 것은 포스트트루스의 정의 그 자체다.

이 프레임 전쟁에서 가장 의미심장한 순간은 역시 유시민의 '어용 지식인 선언'이다. 그는 선거 나흘 전인 2017년 5월 5일에 업로드된 〈파파이스〉 144회에 출연했다. "문재인이 대통령으로 당선되면 지지자들은 어떻게 해야 하느냐"는 김어준의 질문에 유시민은 "나의 역할은 어용 지식인"이라는 말로 대답했다.

> 김어준: 예전에 노무현 대통령 때는, 저도 그랬는데, 노무현을 대통령으로 당선시킨 것으로 지지자들이 할 일을 다했다고 생각했어요. (……) 근데 이번에는 상황이 좀 다른 것 같아요. (……) 문재인에게 투표한 사람들은 어떻게 해야 하느냐, 이런 거에 대한 생각은 해보셨어요?
>
> 유시민: (인수위 없이 출범하는 상황의 장점을 언급한 후) 다만 제가 좀 불안해하는 거는 대한민국 아무것도 바뀐 게 없

어요. 사람들은 야권이 집권하면 권력을 잡았다고 생각하는데, 그거 아니에요. 정치권력만 잡은 거예요. 언론 권력 그대로 있죠, 재벌의 경제권력 그대로 있죠. 그 기득권층을 중심으로 광고 시장 통해서 언론하고 유착되어 있는 재벌들, 거기서 나오는 돈 받아먹고 프로젝트 하는 지식인 집단 그대로 있죠. 다 그냥이에요. 청와대만 바뀌는 거예요. (……) 취임하는 그날부터 (……) 일제히 반격하기 시작하면 금방 입지가 쭈그러들 거라고 봐요. 그런데 어떻습니까? 진보 지식인은 언제나 권력과 거리를 두고 고고하고 깨끗하게 지내야 되잖아요. 아무리 진보적인 정권이라 하더라도 지식인은 권력에 굴종하면 안 되지, 이래 가지고 또 사정없이 깔 거라고. 전에도 그랬잖아요. (……) (전교조, KBS 언론노조, 화물연대, 부안 핵폐기장 투쟁 등을 언급한 후) 그거 주로 좌파의 공격이었죠, 당시에. (……) 저는 결국은 그게 제일 무섭고요. (……) 저는 그 악몽이 또 되풀이되면 거의 99% 망한다, 그렇게 봐요. (……) 제 개인적인 거는, 저는 공무원이 될 생각이 없어요. (……) 제가 **진보 어용 지식인**이 되려고요. **진보 어용 지식인**이오. (박수)

'진보'와 '어용'과 '지식인'이 한자리에 설 수 있는 놀라운 광경은 반동적 반지성주의의 '가장 빛나는 순간'이다. 유시민은 진보와 지식인이라는 말을 써온 역사적 맥락을 탈각하여 옐로 스탠스를 간단하게 '진보'의 자리에 올려놓고 '어용'이라는 말 안에 녹아 있어야 할 수치심을 지워버린다. 이때 수치심을 지우는 지우개는 '엘리트주의의 폐기'라는 반권위주의적 수사다. 문재인을 비판하는 지식인들이 엘리트주의로 쉽게 폄하되는 것은 이와 같은 선상에 있다.

그리하여 이 진보 어용 지식인 선언은 '문빠'들을 중심으로 계속되었던 "문재인을 지켜야 한다"에 대한 강력한 구실을 제공하고, 자신들이 기득권을 얻었을 때에도 어떻게 소수자의 위치를 지속할 수 있는지를 보여준다. 바로 거기에서 "지켜주지 못해 미안해"의 논리가 등장한다. 노무현 전 대통령의 죽음이 탈정치적으로 사용되는 비극적인 장면 역시 여기에서 기인한다. 그의 죽음은 "우리는 여전히 소수다"라는 위기감을 정당화시켜준다. 그리고 가능성으로서의 반지성주의/반권위주의가 권위에 대한 수호로 전환된다. 스스로가 기득권층이 되었다는 것을 인정하지 않고, 그 인정을 최대한 보류하는 전략. 그것으로서 반지성주의는 스스로의 생명력을 연장한다. 유시민의 어용 지식인 선언 이후 인터넷에 스스로를 '어용 시민'으로 칭하는 이들이 등장하기 시작한 것은 자연스러운 일이었다.

이러한 관점에서 보면 나무위키 정신이나 일베식 팩트에서 보이는 사유의 증발, 부정성의 강력한 제거는 20~30대에 국한되어 있는 것이 아니라 386 세대의 감수성과도 연결되어 있다. 실제로

'문빠'의 핵심에는 자신들이 대한민국의 민주화를 견인했다는 강한 자부심을 가지고 있으면서도 1990년대와 2000년대라는 어떤 거대한 실패를 목도하고야 말았다는 수치심과 죄책감에 휩싸여 있는 386 세대의 감수성이 놓여 있다.

김홍중은 "우리가, 인간은 못 돼도 괴물은 되지 말자"라는 영화 〈생활의 발견〉(2002) 대사의 감수성이 "분명히 386 세대적인 것"이라고 말한 바 있다. "386 세대가 자신들의 청춘이 끝나고 도래한 새로운 시대 속에서 공통으로 체험하는 어떤 세계 감정을 예리하게 건드리고 있기 때문"이라는 것이다.²² 〈생활의 발견〉의 대사에서 '인간'은 민주화를 이룩했고 가장 풍요로운 사회를 살았다는 나르시시즘을 반영하고, '괴물'이란 결국 그들이 1990년대 소비자본주의 시대를 거쳐 2000년대에 적극적으로 맞이했던 신자유주의 세계에서 느껴야 했던 죄책감과 수치심을 드러낸다. 그리고 다시 문재인이 집권했을 때, 그들은 이 복잡한 감정을 사유를 결여한 자긍심으로 뭉쳐냈다. 이들이 〈나꼼수〉 열풍과 문빠 현상의 중심에 있다는 것은 곱씹어볼 만한 일인 것이다.

이렇게 386 세대만이 계속해서 재생산되는 현실에 한국 사회의 민낯이 놓여 있는 것은 아닌가? 그리고 그 민낯이란, 안타깝게도 여전히, 아버지가 되지 못해 서운한 짐승, '386 아재들'의 얼굴이다.

'우리 이니 우쭈쭈'와
자라지 않는 '386 아재들'의 정치

〈지구를 지켜라!〉(2003) 이후 10년을 기다려서 맞이한 장준환 감독의 두 번째 장편 〈화이〉(2013)는 실망스러웠다. 그 영화에는 절대로 자라지 않는 한국 남자의 얼굴이 각인되어 있었던 것이다. 〈지구를 지켜라!〉에서 한국 근대사를 아버지의 법을 중심으로 한 식민적 폭력의 역사로 그렸던 한 명민한 감독은 10년이 지나도록 조금도 성장하지 않았다. 그는 여전히 이 세계의 비참을 아버지들의 탓으로 돌리고 그 아버지들이 안겨준 트라우마 속에서 울부짖는다.

그리하여 그의 자아 이미지는 여전히 10대 소년인 '화이(여진구)'에 머물러 있다. 영화에서 화이는 결국 자신을 괴물로 길러낸 아버지들 중에서도 가장 강한 아버지, 즉 가부장이었던 '석태(김윤석)'를 죽이지만, 흥미롭게도 영화는 실제로 석태가 총을 맞는 장면 자체는 재현하지 않는다. 죽였지만 죽지 않은 아버지로서, 석태는 여전히 한 386 감독과 제작자(이준동)가 만든 영화 속에 잔존했다. 〈화이〉는 한 사회에서 가장 '잘나갔던' 세대가, 그럼에도 불구하고 아직 아버지가 되지 못했다고 전전긍긍하는 현장을 그대로 전시했다. 물론 이것이 의도적인 유예인지 의도하지 않은 실패인지는 좀더 면밀한 검토가 필요하다. 장준환 감독의 차기작은 〈1987〉이다. 87년 민주화 항쟁을 다루게 될 이 작품에서 그들은 과연 2017년 대한민국의 현실이 자신들의 책임이라는 것을 인정하게 될까?

이런 광경은 최근 온갖 '아재 예능'들에서도 재현되고 있다. 〈아는 형님〉(JTBC), 〈미운 우리 새끼〉(KBS), 〈아재독립 만세!! 거기서 만나〉(TV조선) 등의 예능들에서 그들은 아직도 교복을 입고 교실에 앉아 있고, 여전히 생후 오백 몇 개월을 사는 '어머니의 아들'이다. 〈아재독립 만세!!〉의 내레이션을 원로 배우 김영옥이 맡았다는 것은 상당히 흥미롭다. 나이 든 '어머니뻘'의 여성이 이 아재들을 아들처럼 굽어 보살피며 행동에 하나하나 코멘트를 하고 있는 것이다.

그러나 이는 예능만의 문제가 아니다. 일종의 시대정신으로서 '자라지 않은 아재'. 문재인 대통령이 실제로 얼마나 성숙한 어른이자 '권위 있는 아버지'일 수 있느냐와 무관하게, 옐로 스탠스 팬덤은 그에게 "우리 이니 하고 싶은 대로 해"라고 말하며 "오구오구 우쭈쭈"했다.[23] 도대체 왜 386 아재들은 성장하지 않는가? 왜 자신이 팔루스를 가지게 되었다고 인정하지 않는가? 인정 투쟁을 멈출 방법을 배우지 못했기 때문인가? 혹은 그걸 인정하는 순간 무엇으로 자신들의 인정 투쟁을 계속 해가야 할지 암담하기 때문일까.

며칠 전 동료들과 이 글의 초안을 놓고 대화를 나누다가, 결국 지금의 시대정신이란 "뜨거운 아이스 아메리카노"인 것 아니냐며 낄낄거렸다. 수치심을 모르는 이율배반의 시대가 열린 것이다. 이렇게 세계를 떠다니는 온갖 이율배반들은, 의미의 충돌과 그 사이에 존재하는 부정성에 대한 사유와 논쟁을 통해 의미를 다시 쓰는 가능성이라기보다는, 갈등하는 맥락을 손쉽게 탈각시켜 자의적인 맥락을 '주작'하는 반동으로 이어지고 있는 것은 아닌지 우려스럽다.

이에 대한 고려 때문이었는지, 아즈마 히로키는 새롭게 다가온 정보사회에서 정치적인 일반의지 구현에 "대화란 필요 없다"고 주장했다.[24] 그렇게 디지털 미디어와 빅데이터의 시대를 맞이하여 공론장이라는 근대적 기획을 폐기하면서, 오히려 방대한 데이터의 집적이 직접민주주의를 가능하게 할 것이라고 제안하는 것이다. 지금에 와서 다시 접하는 그의 주장은 오히려 완전한 절망 속에서 겨우 찾아낸 가능성쯤으로 읽힌다. 하지만 그가 간과한 것은 그 방대한 데이터에는 이미 감정이 구성 요소로 들어가 있다는 점이다. 마이크로소프트[MS]가 선보였던 인공지능[AI] 채팅 로봇 '테이'가 빅데이터로부터 인종차별을 배워 대량 학살을 지지했던 것을 기억해보라.[25] 그렇다면 어떻게 해야 할 것인가? 촛불이 열어젖힌 '새로운 민주주의'의 시대에, 이 '새로움'을 어떻게 써야 할지가, 솔직히 내게는 잘 보이지 않는다.

Feminism
Reboot

2부

지금
여기를 조망하는
페미니즘 비평

천공穿孔의 상상력과 영화–구멍
근대적 인식과 영화가 놓친 세계, 그 구멍에 관하여

한 사람이 세상을 떠났다. 그는 "고맙습니다. 국밥이나 한 그릇 하시죠. 개의치 마시고"라는 말과 함께 10여만 원의 돈을 남겨놓았다. 공사 현장에서 근근이 생계를 유지하던 와중에 살아오던 전셋집에서 쫓겨나게 되면서 그 처지를 비관해 세상을 떠나게 된 것이라고들 추측한다. 누군가는 자신의 시신을 치울 이들을 위해 밥값을 준비하는 마음을 가진 사람이 가난으로 목숨을 끊어야 하는 시대를 살고 있다는 것에 대해 세기말적 공포를 느껴야 할 것이라고 말하기도 했다. "세기말적 공포." 이는 어쩌면 이해하기 힘든 죽음들, 받아들일 수 없는 죽음들, 그러나 설명해내지 않으면 안 되는 죽음들과 일상적으로 대면하고 있는 지금/여기를 사로잡은 정동에 대한 가장 적절한 묘사일지도 모르겠다. IMF를 전후해 시작된 재난의 스펙터클은 세기말이 훌쩍 지난 지금까지 그 불안과 공포의 그림자를 지속시키고 있다. 이런 세기말적 공포 속에 침잠해 있는 상황에서 과연 영화는 무엇을 할 수 있을까?

나는 평생 영화에 몰두해온 영화애자cinephile이자 짧지 않은 시간 영화를 공부해온 영화학도로서 영화가 근대의 형성에 어떻게 (의식적·무의식적으로) 공모해왔는지 되짚어보고, 그 한계를 극복하기 위한 영화의 또다른 존재론으로 '영화-구멍'을 제안하기 위해서 이 글을 쓰고 있다. 영화-예술, 영화-작품, 영화-세계의 창, 영화-혁명, 영화-상품, 영화-장치, 영화-간격 등 영화의 존재론을 규정하려는 시도들은 계속되어왔다. 이 글은 그런 시도들에 견줄 만큼 새롭거나 야심찬 기획은 아니다. 그저 내밀하게 사랑해온 것을 경유하여 이 사회가 강요하는 고통에 접속해보려는 지극히 개인적인 시도에 가깝다. 특히나 그 고통은 지배 체제가 스스로의 보존을 위해 어떤 소멸(을 강요당하는 것)들을 보이지 않게 내버려둠으로써 영속되는 것[1]이기도 하기에 '보이는 것'의 예술인 영화와 밀접하게 연관되어 있다. 나는 이 글에서 그 '보이는 것'들과 '보이지 않는 것'들이 영화와 맺어온 관계에 대해 생각할 것이다.

유연한 필름에 구멍을 뚫은
천공의 상상력

'영화-구멍'은 두 가지 차원에서 구상되었다. 첫째는 물리적으로 영화가 구멍들에 의존하고 구멍들로 이루어진 매체라는 점이다. 영화는 그야말로 '구멍의 매체'다. 세계라는 빛을 필름 위에 감광시켜 영화를 '세계의 창'으로 만들어주었던 카메라의 구멍, 영화가 움직임을 담아낼 수 있게 했던 필름 구멍, 집단 관람이라는 영화 문화를 존재하게 한 영사기의 구멍, 영화를 지탱해온 기본적인 욕망이라고 분석되곤 했던 관음증에 대한 은유인 피핑 톰Peeping Tom의 피프홀peephole, 혹은 성스러운 고디바의 나체조차 성애화시켜버리는, 스크린을 채워온 그 '음란'한 구멍들에 이르기까지.[2] 영화는 온통 구멍으로 가득 차 있다. 이들 각각의 구멍에 대해 논한다면 '영화란 무엇인가?'에 대한 고전적인 이론서를 한 권 완성할 수 있을지도 모른다. 그러나 이중에서 하나의 구멍에 집중함으로써 '영화-구멍'의 두 번째 차원, 즉 좀더 은유적이지만 정치적인 차원으로 넘어가보려고 한다.

우선 다루고자 하는 구멍은 바로 '필름 구멍'이다. 필름 구멍이란 필름의 가장자리에 규칙적인 간격으로 뚫린 구멍을 말하는데, 카메라나 영사기 등에서 내부 스프로킷(체인의 각 마디 사이에 끼워 회전함으로써 동력을 전달하는 기계)의 핀과 맞물려 필름이 순차적으로 움직일 수 있게 해주는 역할을 한다.

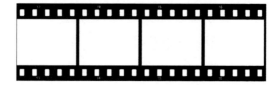

필름 가장자리에 규칙적인 간격으로 뚫린 필름 구멍. 이 구멍이 있어야만 카메라나 영사기 등에 있는 톱니바퀴 모양의 기계 핀에 필름을 걸어 빠르게 필름 프레임을 넘길 수 있다.

후지가 영화필름 생산을 중단하고 코닥이 도산하는 포스트필름 시대에 '필름 구멍'에 주목해보자는 것은 무모하면서도 과감한 제안일 수 있다. 그러나 당대 영화가 무엇이든 간에 이 필름 구멍이 발명되면서 인간은 세계의 움직임과 시간의 흐름을 담아낼 수 있을 정도로 빠르게 필름 프레임을 넘길 수 있게 되었다. 필름 구멍은 영화의 전사前史를 논할 수 있을 정도로 핵심적인 영화의 구멍인 것이다. 또한 영화적 작동의 메커니즘은 필름을 사용하지 않는 디지털 영화 제작에서도 움직임을 구현하는 알고리즘의 원형적 모델로서 계속해서 살아 있다.

물론 영화를 특징짓는 기술적 계보를 어떻게 추적해 올라갈 것인가는 복잡한 문제이기 때문에 영화의 전사를 논하는 것 역시 간단치 않다. 영화는 18세기에서 19세기에 이르는 발명의 시대의 총체성 안에서 등장했다. 그럼에도 불구하고 영화의 사진적 이미지는 오랫동안 영화의 전사로 주목받아왔다. 이에 반기를 든 아방가르드 작가이자 이론가 홀리스 프램프턴은 이런 상식에

도전하면서 영화의 역사를 새롭게 구성하고자 했다.[3] 그에 따르면 영화의 출현은 몇 가지 서로 무관해보이는 사건들에 동시적으로 연결되어 있었다. 이런 관점에서 보면 '사진술의 발명-활동사진의 등장-영화의 등장'으로 설명되었던 단선적이고 인과론적인 영화사는 임의적인 재현일 뿐이다. 그보다는 우연한 사건들이 우연한 계기에 절합되어, 또다시 우연한 사건으로서의 영화가 가능했던 것이다. 이는 기존의 영화사 이해와는 다른 입장이었으며, 프램프턴은 견고한 사실로 간주되는 것들을 비틂으로써 '세계 영화사'라는 거대 서사에 질문을 던지고 이를 전복하는 메타히스토리metahistory를 쓰고자 했다.

메타히스토리의 구성을 위해 그가 언급했던 사건들은 다음 세 가지였다. 제논의 패러독스로부터 시작되는, 하나의 단위는 더 작은 단위들로 나누어질 수 있다는 무한소 개념의 발견, 그림 그리는 법을 배우지 못한 폭스 탤벗Fox Talbot과 조제프 니엡스Joseph Niepce의 사진술 발명, 그리고 잔상 효과의 발견이 불러온 광학 장난감의 발명.

잔상 효과란 일련의 정지 영상을 고속으로 움직일 때 하나의 움직이는 영상으로 보이는 것을 말하며, 다른 조각(그림)이 나타날 때까지 망막에 각각의 자국이 남아 있기 때문에 영상의 겹침이 일어나면서 생긴다. 어렸을 때 만들어서 가지고 놀던 장난감을 하나 떠올려보자. 종이를 동그랗게 오려서 앞면에는 새를, 뒷면에는 새장을 그려 넣는다. 그 종이에 나무젓가락을 붙인 뒤 두

손 사이에 젓가락을 끼고 손바닥을 비비면, 우리는 새장 속에 새가 들어 있는 것을 볼 수 있다. 이는 인간의 망막에 새의 잔상이 남아 새장의 이미지와 겹쳐지기에, 즉 잔상 효과 덕분에 가능한 놀이다. 이런 원리에 기초하여 1초에 16장 이상의 정사진^{still photograph}을 연속으로 넘김으로써 인간은 멈춰 있는 사진들을 '움직임'으로 감각하게 된다.

프램프턴에 따르면 이 세 가지 사건 중 가장 부수적인 것이 바로 사진술의 발명이었다. 잔상 효과의 발견이 움직임을 무한히 쪼갤 수 있다는 무한소 개념과 연결되면서 조에트로프^{zoetrope} 같은 광학 장난감과 프락시노스코프^{praxinoscope} 같은 상영 장치가 등장할 수 있었고, 이것이 후에 영화로 발전하게 되는 '동영상'을 탄생시킨다. 동영상은 광학 장난감이 등장한 지 60년이나 지난 후인 1878년이 되어서야 완전히 별개의 매체로 독자적인 진화 과정을 겪고 있던 사진과 만나게 된다. 사진작가 에드워드 머이브리지^{Eadweard Muybridge}가 달리는 말을 촬영하기 위해 '활동사진'을 개발한 것이다. 이 발명품은 인간의 움직임과 몸짓을 탐색해 보려는 근대적인 욕망과 필요를 고심하던 많은 이들에게 영감을 주었다.[4]

프램프턴이 주목했던 별개의 세 사건이 만나 우리가 알고 있는 방식의 영화가 등장하게 되는 그 지점에 바로 '필름 구멍'이 있었다. 광학 장난감의 움직임과 사진 이미지의 만남은 세계라는 빛과 움직임을 1초에 18장의 (현대에는 보편적으로 24장의) 프레임으

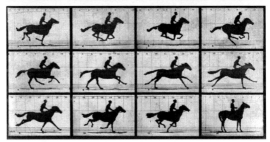

맨 위의 사진은 1832년 벨기에의 물리학자이자 수학자였던 조제프 플
레토가 발명한 페나키스토스코프다. 둥그런 원판에 차례로 그림을 그
려 넣은 후 거울에 비춰 돌려보면 움직이는 동작을 볼 수 있는 초창기
광학 장난감이다. 가운데 사진은 회전 드럼을 통해 환영을 볼 수 있는
조에트로프를 발전시켜 1876년 에밀 레노가 만든 프락시노스코프다.
이 영사 기구의 발명에 이어 비로소 활동사진의 시대가 열린다. 마지
막 사진은 1878~79년 사진작가 에드워드 머이브리지가 달리는 말을
연속적으로 촬영한 활동사진의 모습.

로 쪼개서 빠르게 포착하고 상영할 수 있는 영화의 물리적 구조가 등장했을 때에야 비로소 실현될 수 있었다. 이를 가능하게 했던 것이 유연한 필름에 구멍을 뚫는다는 생각, 바로 '천공穿孔의 상상력'이었다. 그리고 들뢰즈가 주목했던 것처럼, 바로 이 '천공의 상상력'이 이미지의 등간격성 역시 가능하게 했다. 영화란 무엇보다 "특정한 순간에 의거해서, 다시 말해 연속성의 인상을 부여하기 위해 선택한 등간격의 순간들에 의거해서 운동을 재생산하는 체계"인 것이다.[5]

이런 운동과 시간 흐름의 포착이야말로 근대인이 세계를 지각하고 감각하며 사유하는 방식에 근본적으로 영향을 미쳐왔다. 영화는 세계를 반영하는 지표성 때문이 아니라 운동이라는 환영적 특성 때문에 무엇보다도 근대적인 매체로서 그 역할을 수행할 수 있었다. 그리고 이 역할에 질문을 던지는 것이 '영화-구멍'의 두 번째 차원으로 다가가기 위한 다음 단계다.

영화, 근대적 역사 인식을 근대인의 감각중추로 끌어오다

가장 근대적 매체로서의 영화. 이는 단순히 영화가 근대 사회의 가장 거대한 (엔터테인먼트) 산업이자 이데올로기를 재현하고 전달하는 장치로서 강력한 영향력을 행사하는 매체라는 사실만을 뜻하는 것은 아니다. 그보다는 영화가 작동하는 메커니즘, 즉 이 매체의 성격 자체가 근대 사회를 살아가는 이들의 인지 구조에 개입하고 그 인식론과 삶의 양식을 결정하는 데 핵심적인 역할을 해왔다는 의미에 가깝다.

조너선 벨러가 설명하고 있는 것처럼 "초기 영화적 편집은 포드주의적 조립 라인의 논리를 감각중추로 확장시켰고, 산업혁명을 우리의 눈으로 가져왔다. (……) 영화는 맑스가 '감각 노동'이라고 말했던 인간의 감각 활동을 상품 생산의 맥락 안에서 셀룰로이드에 용접해 붙였다. 공장에서 직접 볼트를 조이는 대신에, 우리는 한 이미지를 다음 이미지에 (그리고 자신이 생산한 상품 속으로 사라져버렸던 노동자들처럼, 우리는 우리 자신을 이미지에) 붙여 넣었다."

(영화는) 조립 라인의 형식적 요소들을 취해서 의식consciousness 으로 삼았다. 이런 전유는 언어 기능에 거대한 전환을 불러왔다. 그뿐만 아니라 영화라는 산업적 관계의 전환은 정치·경제적 조직의 일반적인 전환을 의미하는 것이었다. 이 변화가 단 하나의 기술 때문에 일어난 것은 아니다. 영화의 발전은 깊은 구조적 전환을 전조하는 것이었고, 복잡하고 다양한 세상에 둥지를 튼 것이었다.[6]

말하자면 영화라는 대중매체는 서사와 이미지뿐만 아니라 동영상의 작동이라는 그 물리적 구조까지 포함하는 총체적인 차원에서 노동력 재생산에 개입해온 것이다.[7] 벨러의 작업은 영화의 매체성 자체가 근대적 주체의 성격 형성 혹은 조정에 어떤 영향을 미쳐왔는지를 가늠해볼 수 있게 해준다.

그런데 여기에서 한 가지 더 고려해야 할 것이 있다. 로버트 스탬이 강조하고 있는 것처럼 영화라는 매체의 확산은 근본적으로 제국주의적 식민화와 그것을 지지했던 내셔널리즘 및 식민주의의 확산과 관련된다는 점이다. 스탬의 말은, 지리학, 역사학, 인류학, 고고학, 철학과 같은 '담론 연속체'의 일부로서 영화가 담지해온 제국주의적 이데올로기의 재현을 가리키는 것이었다.[8] 말하자면 어떻게 영화가 서사와 이미지의 재현을 통해 제국주의적 침략을 옹호하고 있는지의 문제다. 예를 들어 서사 영화의 시작이자 세계 최초의 SF 영화로 영화사에 길이 남아 있는 조르주 멜리에스Georges Melies의 〈달세계 여행〉(1902)은 백인 남성 과학자들이 달세계의 원주민을 정복하는 과정을 그리고 있다. 여기에서 드러나는 상상력은 21세기에도 여전히 제작되고 있는 할리우드 팍스 아메리카나 작품들과 크게 다르지 않다.[9]

하지만 벨러와 스탬의 주장을 교차편집하면서 떠오르는 어떤 질문은 이와는 조금 다른 문제에 대한 것이다. 그것은 영화의 매체성 자체가 서구의 제국주의적 침략의 역사를, 즉 조금 더 '아름다운 언어'로 포장하자면 '세계의 근대화' 과정과 그 정당성을 어떻게 근대인의 의식과 감각 세계로 가져오는 데 기여했는가이다.

세계가 근대화되었다는 것은 무엇보다 세계가 자본주의화되었다는 것을 말한다. 앞서 인용한 벨러의 영화에 대한 서술은 세계의 근대화에서 영화가 수행한 역할을 잘 드러내 보여주고 있다. 그러나 또 한편으로 세계가 근대화되었다는 것은 인류의 역사가 진보한다는 근대적(이고 서구 중심적인) 역사관을 바탕으로 '보편적 세계사'를 말할 수 있게 되었다는 것, 그리고 세계가 그 '보편적 세계사'에 포착되어 들어갔다는 것을 의미하기도 한다. 여기서 '보편적 세계사'란 우리가 잘 알고 있는 것처럼 폭력적이거나 전일적이라고 할 만한 배제와 포함의 동학 속에서 단순화의 과정을 거쳐 구성된다. 주목받아야 할 사건과 그렇지 않은 사건들의 위계가 명확히 구분되며, 역사의 발전 단계는 서구 정치·경제 체제의 변화에 따라 정리되거나 서구의 정치철학이 의미를 부여했던, 예컨대 '자유'와 같은 특정한 가치를 위한 투쟁의 역사로 그려진다. 그 과정에서 세계사는 백인-이성애자-비장애인-남성의 역사로 구성되어온 것이다.

그것은 곧 다양한 인종과 다양한 섹슈얼리티, 다양한 신체와 다양한 성별, 그리고 다양한 생명과 다양한 가치의 '이야기' 혹은 '비非이야기'가 역사의 매끄러운 표면이 숨기고 있는 거대한 간극과 깊은 심연 속으로 가라앉았다는 것을 의미한다. 거대 서사의 죽음과 역사의 죽음, 그리고 인간의 죽음을 이야기했던 포스트모더니즘의 지반을 잰걸음으로 지나쳐오면서도, 우리는 여전히 '보이는 것이 권력'인 시대, 그렇기에 권력을 가진 자만이 보이는 시대를 살아간다.

하지만 근대적 역사관이 가르쳐준 것과 달리 역사는 진보하지 않는다. 존 그레이가 말하듯이 인간의 지식은 축적될 수 있지만 지혜는 축적되지 않기 때문이다.[10] 인간은 과거로부터 정보와 지식 이외에는 배우지 못하며, 그렇기 때문에 역사는, 특히 폭력의 역사는 두 번이 아니라 끊임없이 반복된다. 그렇다면 그것은 선형적인 발전 방향을 가진 '역사'가 아니라 그저 거대한 사건들의 뭉치로서 존재할 뿐이다. 하지만 그 우연하게 벌어지는 사건들의 뭉치는 근대 국가의 세계 식민화라는 아주 우연적인 필요 안에서 마치 네모난 프레임들의 연속적인 집합인 필름과도 같이 매끈하고 단선적이며 납작하게 '세계사'라는 이름으로 정리되었다. 그 '공간화된 시간' 속에서 사건들의 뭉치는 거대한 구멍으로 존재할 뿐이다. 이렇듯 사건들의 뭉치를 보이지 않게 만듦으로써, 역사는 운명으로 탈바꿈된다.

우연을 필연으로 만드는 역사 인식의 생성을 설명하기 위해서 셀룰로이드 필름의 은유를 사용한 것은 인류 역사의 진보를 말하는 단선적인 역사 인식이 인과관계가 분명한 고전적 서사 영화들이 선보이는 완결된 서사 구조와 놀랄 정도로 닮아 있기 때문이다. '보편적 세계사'는 절대로 보이지 않는 것, 보일 수 없는 것을 탈각시킴으로써 스스로 가시적인 것으로 떠오를 수 있다는 점에서, 1초마다 필요한 24장의 정사진과 그 정사진들 사이를 채우고 있는 틈새를 끌어안고서 '서사를 보이게 하는' 영화와 그 작동 방식이 유사하다.

영화를 구성하는 한 장의 정사진이 움직임으로 인식되기 위해서는 다음 정사진으로의 '목숨을 건 도약'을 해야 한다. 그 도약은 '필름 구멍'의 존재를 통해서만 가능한 것이다. 선별된 정사진이 목숨을 건 도약에 실패하여 프레임과 프레임 사이의 간극이 관객의 눈앞에 드러난다면, 그것은 상영 시스템의 '오작동'으로 인식될 것이다. 영화는 가능한 한 오작동을 일으키지 않은 상태로 완결된 서사를 관객들에게 전달해야 한다. 그렇게 운동으로의 도약에 실패한 죽음인 간극은 영화 안에서 억압된다. 이처럼 완결된 서사란 눈에 보이지 않는 수없이 많은 간극들을 딛고서 근대인의 눈앞에 펼쳐지는 것이다.

다시 한 번 로버트 스탬의 말을 인용하자면, "영화의 시작은 우연히도 제국주의가 정점에 달한 그 순간과 정확하게 일치한다."[11] 그렇게 영화는 제국주의 국가의 물류 이동 경로를 따라 제3세계로 전파되었다. 매혹의 '활동사진'은 서사와 매체성의 차원에서 세계인들에게 서구적 시간성과 역사관을 전달했다.

보이지 않는 것을 통해야 비로소 보이는 것들이 구성되는 메커니즘. 근대인의 정체성을 가능하게 하는 역사 인식은 많은 것들을 '보이지 않고 사라지게 내버려둠으로써' 계속된다. 세계의 이미지화와 함께 이미 세계 그 자체가 되어버린 시각 문화는 이와 같은 메커니즘을 자연화시킨다. 이렇게 영화는 근대적 역사 인식을 근대인의 감각중추로 가져왔다.

앞서 언급했듯 거대 서사를 향한 포스트모더니즘의 위대한 도전을 지나온 지금까지도 역사를 인식하는 방식은 여전히 근대적이다.[12] 베르그송은 우리가 운동을 부동적인 단면들로 분절하고 공간화하여 파악하는 것에 대해 "우리의 일상적 인식의 작동 방식은 영화적 본성을 가진다"고 설명했다.[13] 이는 "우리의 역사 인식은 영화적 본성을 가진다"는 말로 전유될 수 있다. 그리고 베르그송이 매우 오래되고 또 근원적인 것처럼 느껴지는 '인간적인 환영'에 영화라는 근대적인 이름을 붙인 것과 마찬가지로, '역사'라는 욕망이 얼마나 오래된 것인지와는 무관하게 그것 역시 '영화'라는 이름을 부여받을 수 있을 것이다.

영화-구멍, 소멸을 강요당한 것들에 대한 목격의 가능성

물론 영화에 내재되어 있는 이 간극을 사유의 간극으로 재조직하려는 영화적이고 예술적이며 철학적인 시도는 끊임없이 계속되어왔다. 그리고 심연에 가라앉은 것들 역시 계속해서 추락하거나 부유하는 상태로만 머물러 있지도 않았다. 그(것)들은 여러 계기들을 타고 간극들 사이로 튀어 올랐다. 귀신이나 괴물, 목소리 없는 것들, 얼굴 없는 것들, 혹은 도저히 언어화할 수 없는 어떤 정념들. 그런 것들은 매끄러운 필름을 뚫고 혹은 셀 수 없이 수많은 픽셀들의 틈새를 뚫고 표면 위로 올라와 영화-간극을 가능하게 했다.

박찬경의 〈만신〉(2013) 역시 그런 시도 중 하나였다. 영화는 한국의 근대사에서 무엇이 보이지 않는 것으로 역사의 간극 속에 잠겨 있었는가에 집중한다. 거기에 잠겨 있던 것은 영화의 간극, 혹은 영화적인 것the cinematic이라고 할 수 있는 영상문화의 간극 속에서도 잠겨 있던 것들이다. 영화가 그 심연에서 건져내는 것은 근대적 합리성에 의해 배제되었던 귀신 혹은 영매의 세계였다. 그것이 '만신 김금화'의 이야기였던 것이다.

〈만신〉은 살아 있는 남성의 역사로 쓰였던 한국 근대사에 여성과 귀신의 이야기를 기입해 넣음으로써 간극을 메꿔 나간다. 보이지 않았던 것을 보이게 만들려는 시도였던 셈이다. 그러나 〈만신〉은 거기에서 멈추지 않는다. 이와 동시에 단선적으로 배열되어 있는 역사 자체에 대해 적극적으로 질문을 던진다. 영화는 쇠걸립 시퀀스에서 네 명의 김금화가 한 공간에서 섞여들어가는 것을 통해, 단선적으로 펼쳐져 있던 역사의 필름을 거대한 사건들의 뭉치로 뭉쳐버린다. 이를 통해 전근대에서 근대로 진행되는 '발전 단계'로서의 역사가 아니라, 과거와 현재와 미래를 중첩시키고 그렇게 덩어리져 있는 거대한 에너지이자 지속적인 기억으로 존재하는 새로운 역사성과 시간성을 재현하고자 한다. 카메라는 이를 위해서 넘새가 쇠걸립을 하는 공간을 춤추듯 넘나든다.

영화의 마지막은 화가인 천경자의 진술로 마무리된다. "굿 보러 간다고 해서 따라갔더니 영화를 상영하고 있었다." 〈만신〉은 영화란 산 자와 죽은 자, 보이는 자와 보이지 않는 자, 포함된 자와 배제된 자, 목소리를 지닌 자와 목소리를 박탈당한 자 사이의 경계를 넘나들며 그 사건들의 뭉치를 엮어내는 하나의 '굿판'이어야 한다고 말하는 것이다.

감독 박찬경은 자신의 미디어 작업이 지향하는 바를 '정성 예술'이라고 표현하기도 했다.[14] 시간과 공을 들여서 근대라는 세계가 누락시켜온 것들을 되살려내고 그들의 목소리에 귀 기울이거나 목소리를 부여하는 작업이 미디어 예술이 해야 할 바라는 의미일 터다. 하지만 무엇보다 '정성 예술'이자 '굿'으로서의 영화는 지속적으로 미디어의 경계를 넘어서는 관객의 참여를 요청한다. 그 참여란 사유의 과정일 뿐만 아니라 감정적 동화의 과정이고, 동시에 몸을 움직여 그 공간 안에 나를 들여놓는 과정이다.

그러나 그런 노력에도 불구하고 영화는 세계를 온전하게 포착해내지 못한다. 그러므로 영화가 할 수 있는 최선은 내가 무엇인가를 할 수 있다는 오만에서 벗어나는 것이다. 그리고 자신이 무언가를 탈각시키는 메커니즘에 의존하고 있다는 사실에 대한 예민한 인식을 바탕으로, 그 엄청난 심연을 드러내기 위해 스스로 세계에 난 상처와도 같이 벌어져야 한다. 이 지점에서 또 하나의 '천공의 상상력'이 그 모습을 드러낸다. 보이지 않았던 것들을 서사화하고 재현하거나, 매체성의 실험을 통해 심연을 들여다볼 수 있는 구멍을 영화 스스로 뚫는 것, 뫼비우스의 띠처럼 영화가 그

작은 구멍을 통해 얽히고설킨 상태로 흘러나오게 하는 것, 그리고 때로는 그 구멍 자체로 존재하는 것. 이것이 '영화-구멍'의 두 번째 차원이다.

차이밍량의 영화 〈구멍〉(1998)은 영화의 이와 같은 존재론을 알레고리적으로 보여준다. 이 작품은 영화에 대한 영화, 더 구체적으로는 '영화-구멍'에 대한 메타 영화로 읽을 수 있다. 영화는 세기말이 지난 2000년의 대만을 배경으로 한다. 원인을 알 수 없는 바이러스로 인해 대만 전역은 공포와 불안에 잠겨 있다. 한 아파트, 위층 남자의 집에서 물이 새면서 아래층 여자의 집이 젖어들기 시작한다. 처음에는 마루의 한쪽 벽이, 그다음에는 마루 전체가, 그다음에는 화장실이, 그리고 그다음에는 침실까지⋯⋯. 벽을 타고 흐르는 물은 여자의 집을 천천히, 그러나 완벽하게 침몰시킨다. 설상가상으로 이를 수리하기 위해 찾아온 배관공은 남자 집 마룻바닥을 파헤치다 결국 남자 집 바닥과 여자 집 천장 사이에 구멍을 뚫고 만다. 물 지옥과 같은 여자 집과 달리 뽀송뽀송한 집에 살던 남자는 비로소 자신의 삶으로부터 흘러나온 오수가 어떻게 여자의 삶을 망가뜨리고 있는지 깨닫게 된다.

영화의 마지막, 결국은 원인 모를 바이러스에 감염이라도 된 듯 축축하게 잠긴 집을 정신없이 기어 다니던 여자는 지쳐 쓰러진다. 남자는 구멍을 통해 여자의 고통스러운 삶을 들여다보고, 그 구멍으로 손을 내밀어 한 잔의 물을 건넨다. 그리고 물 잔을 건넸던 손이 구멍을 향해 뻗은 여자의 손을 잡는다. 여자는 구멍을 통해 위층 남자의 집으로 끌어올려진다.

그것이 과연 구원일까? 우리는 영화를 사로잡고 있는 그 세기 말적 분위기에서 이미 희망이 사라진 시대를 본다. 그러나 적어 도 견고한 시멘트 바닥에 뚫린 구멍은 남자로 하여금 수면 아래 잠겨 있는 것들을 들여다보게 한다. 이 글을 통해 제안하고자 했 던 영화-구멍의 존재론은 남자의 집에 우연한 기회에 뚫린 구멍 과도 같은 것이다. 그 구멍은 타인의 삶을 엿보고 하나의 스펙터 클로 소비해버리는 관음증자의 구멍이 아니라, 보지 못했던 것 과 대면하게 하는 어떤 전환의 구멍이다. 시선의 교환이 시작되 는 구멍이자 관심과 질문을 던지게 하는 구멍이며, 손을 뻗는 움 직임이 시작되는 구멍이다. 무엇보다 지금 우리가 서 있는 토대 를 서서히, 잘, 정성을 들여서 파괴시켜나가는 구멍이다. 마치 남 자가 여자의 집으로 다리를 집어넣기 위해서 구멍 주위를 깨끗이 치우고 망치로 그 주위를 두들기는 것처럼. 물론 여기에서 더 중 요한 것은, 기실 남자야말로 '세기말적 공포'라는 깊고 어둡고 무 거운 물속에 잠겨 있던 사람이라는 사실일 터다.

그런 의미에서, 영화-구멍은 무엇보다 영화가 정치를 이야기 할 수 없는 시대에 진지하게 스스로 정치적인 것이 되어야 함을 말하는 것이기도 하다. 이때의 정치란 적대를 설정하거나 정권 을 바꾸거나 혁명을 말하는 것으로서의 정치가 아니다. 영화-구 멍이 말하는 것은 여전히 지속되어야 하는, 소멸을 강요당한 것 들에 대한 목격의 가능성이다. 이것은 그야말로 분투이며, '보이지 않는 것의 탈각' 위에 서 있는 우리의 세계에서 가장 급진적인 정치 행위다. 목격으로부터 시작되는 내 몸의 이동, 내가 딛고 서 있는 이 좁은 땅의 질적 재구성. 그것이야말로 곁을 재조직해야 하는 파편화된 시대에 필요한 변화의 시작이다.

우리 시대 이방인의 두 얼굴
JTBC 〈비정상회담〉을 경유하여

한동안 페이스북에서 울며 겨자 먹기로 '좋아요'를 누르고 포스팅을 받아보는 페이지가 하나 있었다. '양성평등연대'로 개명하고 나름대로 활발한 활동을 펼치고 있는 '구舊남성연대' 페이지다. 이자스민 의원실을 방문해 결연한 표정으로 "이자스민의 악법, 반드시 막아내겠습니다"[1]라고 쓴 종이를 들고 있는 남성연대 대표와 '국회공략팀'의 얼굴을 본 적도 있다. 그 덕분에 '혐짤'에서 펼쳐지는 혐오 간의 난투를 경험했다. 그러니까, 그들이 발산하는 '이방인'에 대한 혐오와 그에 대한 즉각적인 반응으로 삐져나오는 나의 혐오 간의 보기 흉한 난투 말이다.

내가 보이는 즉각적인 혐오의 반응처럼, 실소를 자아내게 하는 '미감 떨어지는' 활동들에 대해 감정적으로 대응하며 비아냥거리는 것은 사실 쉬운 일이다. 어려운 것은 그들이 진지한 얼굴로 발표하는 성명의 내용이 이방인에 대한 한국 사회의 지배적인 정서와 조응, 공명한다는 사실과 직면하고 그에 대해 사유하는 일이다. 그것이야말로 외국인–이방인뿐만 아니라 여성, 성소수자, 장애인, 노동자, 빈민, 탈북자, 종북 등 이방인화되고 있는 다양한 소수자들에 대한 혐오가 점증하고 가시적인 폭력이 자행되기 시작한 시대에 가장 시급하게 요청되는 고통스러운 과정이다.

예컨대 "순혈주의에 기반한 제노포비아^{xenophobia}"는 지양하지만 세금을 내지 않는 '불법'의 아이들을 복지 혜택의 대상으로 등록하자는 "생떼"와 "비합리적 복지병"에 대해서는 분개한다든지, "착하고 근면한 노동력으로서의 근로자"는 받아들이되 "위험한 외국인 범죄자"들은 단호하게 추방해야 한다는 주장[2] 등은 표현 수위만 다를 뿐 이 땅에 뿌리내리고 있는 일반적인 사고방식이다. 이는 한국 원주민들의 인식론적 차원뿐만 아니라 국가의 정책적 차원에서도 작동하고 있는 '착한 이방인' 대 '못된 이방인'이라는 이분법을 통해 선명하게 드러난다.

그런데 전 지구적 정치·경제 체제의 후식민적$^{post-colonial}$ 그늘에서 여전히 벗어나지 못하고 있는 한국 사회에는 이런 이분법을 뛰어넘는 또 하나의 이방인이 존재한다. 그건 바로 '우월한 이방인'이다. '착한/못된 이방인'이 혐오의 트랙 위를 달리고 있다면, 이들은 동경의 트랙 위에서 여유롭게 한국 사회를 '관광'한다(이때 관광이란 거리 두기가 가능한 방관자만이 즐길 수 있는 'sightseeing'

의 의미이기도 하고, 상대방을 '묵사발'로 만든다는 뜻의 좀 낡은 인터넷 용어인 '관광'을 의미하기도 한다).

한쪽에서는 이방인에 대한 혐오가 그 민낯을 드러내고 억압적인 배제 혹은 동화 정책이 진행되는 와중에, 다른 한쪽에서는 또 다른 이방인에 대한 동경과 선망이 한국의 대중문화를 사로잡고 있다. 그것이 노골적으로 드러나고 있는 프로그램이 바로 〈비정상회담〉(2014~)이다. 〈비정상회담〉에서는 매끈하게 잘빠진 일군의 남성 이방인들이 등장하여 이성적이고 합리적이며 문명화(!)된 방식으로 글로벌 스탠더드(라고 상상되는 어떤 사고방식)를 준수하며 정상성과 비정상성에 대해 논한다. 그들은 명절마다 한복을 차려입고 나와 "무조건 무조건이야"를 부르는 '프(랑스 출신) 서방'이나 "어머니, 싸랑해요"를 외치며 팔하트를 그리는 '스베따 씨', 혹은 "사장님 나빠요"를 울부짖는 외국인 '근로자'와는 판이하게 다르다. 이 판에서 정상과 비정상을 판단할 자격은 '우리 한국인'의 손에 놓여 있지 않다. 그것은 '그들 이방인'들의 권한이다.

이 글의 기획은 이처럼 이방인에 대한 인식들 사이의 간극과 그 간극으로부터 탄생하는 대중문화의 이방인 재현에 대한 고민에서 시작되었다. 여기서 예민하게 살피고자 하는 것은 이방인, 그리고 그들을 둘러싼 집단적 정서와 인식은 '현대적인 것이라고는 할 수 없는' 아주 오래된 것이면서 동시에 당대의 정치·경제·문화적 조건에 따라 지속적으로 조정, 변화되어왔다는 의미에서 언제나 새로운 것이라는 점이다. '지금 여기'를 휘감아 돌고 있는 이방인에 대한 혐오와 동경의 이중주는 역사적 단절이라기보다는 지속 가운데서 등장한 '우리 시대의 특정한 어떤 것'이다. 그리하여 이 글에서 이방인이란 당대를 포착하고 설명하는 일종의 '비평적 개념'이 된다.

이제부터는 〈비정상회담〉이라는 진부하면서도 새로운 이방인 재현의 등장 배경과 그렇게 재현된 이방인이 그 자체로 어떻게 상품이 되고 열광적으로 소비되는지를 한국이라는 근대 민족국가를 구성하는 구조적 조건인 자본, 네이션, 스테이트 간의 착종과 적대의 길항 관계 안에서 살펴보고자 한다.[3] 여기서 주목해야할 것은 초국적 자본을 타고 이동(성)이 증가하고 있으며, 이를 바탕으로 유연한 경계 및 정체성에 대한 상상이 지배적인 인식론으로 부상한 시대에, 과연 한국 사회의 네이션이 어떻게 조정되고 변화되었는가의 문제다. 여기에서 네이션이란 한 번 형성되면 그대로 유지되는 고정된 실체가 아니라 자본과 국가 간의 갈등과 착종을 종합하기 위해 유동적으로 조정, 변화하면서 작동되는 실효를 발휘하는 상상력을 가리킨다.[4]

신기욱이 추적하고 있는 것처럼 한국 근대사에 등장한 이후로 네이션은 단 한 번도 견고하게 동질적으로 유지된 적이 없었다.[5] 네이션의 성격은, 무엇을 위한 상상력이며 누구에 의해 요청되었는가에 따라 독립, 반공, 통일 혹은 서구화된 자유민주주의 국가 등으로 다양하게 변화되어왔다. 동시대의 네이션 역시 그런 조정을 거쳐 나름의 특수한 성격을 띠게 되었는데, 〈비정상회담〉에 대한 비평 작업을 경유하다 보면 그 특수한 성격을 포착할 수 있을 것이다. 그리고 이 글에서는 그것이 무엇보다 자본주의 및 자유민주주의의 승리와 함께 역사가 그 목표를 이루었다고 상상하는 '배타적 남성 중심 네이션', 즉 '자유주의적 호모 내셔널리티'로 규정될 수 있음을 밝히고자 한다. 다만 이때의 '배타적 남성 중심 네이션'이란 생물학적 남성으로만 네이션이 구성된다는 의미가 아니라, 네이션의 정체성이 남성으로 상상되면서 네이션의 주체로서 남성만이 호명된다는 의미다.

낯선 이방인에 대한
동경과 혐오의 이중주

동시대의 네이션을 설명하는 데 있어 '이방인'이 유의미한 비평적 개념이 되는 조건은 무엇일까? 무엇보다 이방인은 역사적으로 존재해온 앤더슨주의[6]적 네이션의 경계를 형성하고 그 문화적 정체성을 그리는 타자이자 구성적 외부로 작동해왔다. 게오르그 짐멜이 짧은 에세이에서 언급하고 있는 것처럼 이방인이란 "오늘 와서 내일 가는 그러한 방랑자가 아니라, 오늘 와서 내일 머무는 그러한 방랑자"다. 즉, 이방인은 그저 스쳐 지나가는 자가 아니라 그들이 머무는 공동체의 경계와 정체성을 새롭게 조정하는 자인 것이다. "그는 처음부터 그 영역에 속하는 것은 아니지만, 그곳에서 나온 것이 아닌, 아니 나올 수도 없는 특성들을 그 영역 안으로 끌어들이"는 자이며, 그렇기 때문에 "가난한 자들이나 다양한 '내부의 적들'과 마찬가지로 집단 자체를 구성하는 요소"다.[7] 그런 의미에서 이방인들은 스스로 '외부'를 재현함으로써 공동체를 상징적으로 구성할 뿐만 아니라, 그 공동체의 성격에 직접적으로 개입해 들어오는 실존적 '내부'이기도 하다.

한국 사회에서 이방인이 그러한 구성적 내·외부로 본격적으로 부상하기 시작한 것은 1990년대 이후였다. 한국이 전 지구화 과정에 편입되면서 혹은 동참하면서 초국적 자본의 흐름과 함께 외국의 생산·재생산 노동력이 국내로 유입되기 시작한 것이다. 물론 여기에는 "1990년대 이후 가속화된 사회적 재생산의 위기", 즉 저출산 위기가 결부되어 있었다. 이는 "저임금 3D 업종의 노동력 부족"뿐만 아니라 "저출산과 인구 고령화, 결혼 시장의 성비 불균형과 같은 인구 위기"로 나타났고, 이는 한국처럼 저열한 복지 수준을 자랑하면서 온갖 사회 안전망을 '가족'에 의존하고 있던 사회에서는 '국가적 위기'를 불러오는 것이기도 했다.[8]

이방인의 유입은 인구 재생산과 직접적으로 연결되어 있었기 때문에 점차 국가 정체성의 문제와 결부되어 대두된다. 문화적으로뿐만 아니라 국가 정책의 차원에서 '한국인'이라는 정체성에 대해 적극적인 조정이 필요해진 것이다. 이러한 가운데서 한국 사회에서의 '이방인'은 비교적 새로운 현상으로 주목받기 시작했다. 또한 이방인의 존재가 한국의 '국가'나 '민족'의 경계를 유연하게 확장시킴으로써 인식론적 지평을 열어줄 것이라는 (혹은 그래야 한다는) 기대가 이론적 차원에서 제기되기었다. 말하자면, 포스트모던의 지평 위에 놓여 있는 한국 학계에서, 점증하는 이동(성) 및 이방인의 존재가 '동아시아'라는 문제틀과 함께 부상했던 인식론인 '트랜스^{trans}/횡단'의 등장을 가능하게 한 하나의 조건이 되었던 셈이다.

그러나 기실 흥미로웠던 것은 논의의 초점이 얼마나 정체성의 경계가 유연해질 수 있느냐보다는 오히려 그것이 얼마나 또다시 견고해질 수 있느냐에 놓여 있었다는 점이다. 국가가 정책적으로 퍼트리기 시작한 '다문화'라는 인식론이 부상한 데서 볼 수 있는 것처럼, 한국에서는 네이션의 경계 안으로 '이질적인 요소'가 받아들여질 것이 어느 정도 강요되었고 그 경계가 새롭게 조정되었지만, 정체성의 불안으로 인해 전통적이며 견고한 정체성에 대한 욕망 역시 강화되기 시작했던 것이다. 양성평등연대 같은 곳에서 드러내는 이방인 혐오는 명백하게 안정적인 정체성에 대한 어떤 소구를 보여주며, 이는 과거와는 다른 정체성의 정치학이자 인정투쟁의 등장이라는 측면에서 주목되어야 한다.

그런데 전통적이고 견고한 정체성을 추구하는 '복고적 경향'을 설명하기 위해서는 다음 지점도 살펴야 한다. 그것은 이 시기에 이루어진 '네이션의 경계 조정'이 외국인 노동자와 결혼이주 여성이라는 새로운 생산·재생산 주체의 유입에만 국한된 문제가 아니었다는 점이다. 이는 이방인 유입의 정치적·경제적 조건이라 할 수 있는 1987년 서구식 자유민주주의의 제도적 성취, 뒤이은 '질적 민주화'에 대한 요청, 그와 함께 시작되어 1997년 IMF 이후 본격적으로 가동된 시장 자유화 드라이브 등에 따른 '전 지구적 보편성'의 침투라는 좀더 근본적인 조건들과 연결되어 있었다.

이때 서구 자본주의/자유민주주의가 한국 사회가 도달해야 할 무소불위의 '보편성'으로 등극할 수 있었던 것은 물론 쓰나미처럼 세계를 덮친 신자유주의화, 그리고 동구권의 몰락으로 인한 대안적 정치체에 대한 상상력의 고갈 때문이었다. 자본주의 및 그 정치적 판본이라고 할 수 있는 자유민주주의가 보편의 지위를 획득하고 '한국식 발전주의'와 '한국식 민주주의'라는 특수성을 본격적으로 잠식해 들어오기 시작했던 것이다. 근대화 시기의 '동도서기東道西器'라는 불안과 모순의 언설[9]이 더 이상 먹히지 않는 시대가 그렇게 열렸다.

'동도'를 '서기'에 담는, 즉 전통을 고수하면서도 서구의 산업 자본주의를 받아들이자는 담론에서 벗어나면서부터 '동도'와 '서기'에 대한 가치가 재평가되고 그 의미도 달라진다. 그리고 바로 여기에서 이방인에 대한 혐오와 동경의 이중주라는 일종의 분열이 등장한다. '동도'에서 배척되었던 가치들은 자유시장 경제와 질적 민주화가 도래하면서 이제 동경의 대상이 되었다. 그러면서 이방인이 한국 사회에 들고 들어오는 '외래적인 것'은 당근과 채찍을 통해 길들이고 단속해야 할 것과 적극적으로 껴안아 추구해야 할 것으로 분리되었다. 그리고 그것이 어떤 이방인은 혐오의 대상으로, 또 어떤 이방인은 동경의 대상으로 취급하는 이중적 태도를 불러왔던 것이다.

이방인 혹은 외래적인 것에 대한 정서이자 인식이라는 점에서, 그것이 정치적·경제적 차원을 비롯해 국가 정책적 차원과도 연결되어 있다는 의미에서, 그리고 무엇보다 모순과 이율배반에 갇혀 있다는 점에서, 동도서기와 이 시대의 분열 사이에는 공통점이 발견된다. 그리고 혐오와 동경이라는 집단적 의식/무의식 사이의 간극이 우리 사회의 특수성에 대해 고찰할 수 있는 인식의 지평을 열어준다. 그 지평으로부터 떠오르는 것은 대한민국이라는 근대 민족국가의 구조인 자본-네이션-스테이트의 고리가 맺고 있는 관계 및 그 성격의 조정 과정이다.

국가 주도의 전일적인 근대화 시기에는 스테이트(국가)의 고리가 가장 강력하게 작동했으며, 그 고리를 추동하는 에너지는 (단군이라는 신화적 재현으로 대표될 수 있는) '시원적 네이션'에 대한 비이성적이고 열정적인 공동체 감각이었다. 이때 자본과 스테이트의 영역은 정경유착이라는 형태로 착종되면서도 지속적인 긴장 관계를 유지했으며, 서로가 서로에게 기생하기 위해 네이션이라는 '실효를 가진 상상력'을 그 자양분으로 삼았다.

그런데 본격적으로 신자유주의화가 시작되면서 자본의 고리가 네이션-스테이트의 고리를 압도하기 시작한다. 그것이 '**초국적 자본의 시대**'라는 명명이 가지고 있는 함의다. 자본이 모든 것을 압도하기 시작한 (혹은 압도하고 있다고 상상되기 시작한) 순간, 동도서기는 이 시대의 분열로 서서히 전환되었다. 더 이상 '한민족'이라거나 '한국'과 같은 고유의 민족성 보존과 그를 바탕으로 하는 근대국가 건설에 대한 욕망이 자유시장이라는 보편성에의 추구에 대적할 수 없을 때, '동도'로서의 전통적인 민족 정체성은 과감히 폐기되고 그것은 자유와 자본이라는 이름의, 모든 것을 집어삼키는 그릇인 '서기'에의 추구로 대체된다. 또한 그런 보편성을 성취할 단위로서 (한민족이 아닌) '대한민국 국민'이 부상한다. 그것이 '민족주의'를 대체한 것으로 주목받았던 '대한민국주의'라는 개념이 포착하고 있는 흐름이다.

한국인들은 새로운 자유의 시대에 전통적인 정체성을 버리도록 요청받았고, '서구 선진화'라는 보편성의 추구에 몰려들면서 기꺼이 그 과정에 동참했다. 그러나 그렇게 보편을 향해 가는 과정은 기실 '지역적 불균등 발전의 시대'(데이비드 하비)로 향해 가는 과정이었을 뿐이었다. 그런 '불균등한 발전'이란 전 지구적 차원에서뿐만 아니라 대한민국의 국경 안에서도 진행되는 것이었다.

1990년대 이후에 진행된 자유화=민주화의 성과는 소수에게 집중되었다. 또한 IMF 이후 본격적으로 시작된 신자유주의화는 여성뿐만 아니라 남성까지도 '가정주부화'시켰다(이 과정에 대해서는 「혐오의 시대」와 「페미니즘 리부트」에서 상세히 다루었다). 그것은 자유민주주의와 자본주의가 약속했던 네이션 내부 구성원들

간의 평등이라는 가치가 얼마나 허약한 환상에 불과한가를 지속적으로 폭로하는 것이기도 했다. '착한/못된 이방인'으로 규정되는 소수자에 대한 극렬한 혐오가 등장하는 지점은 바로 여기다. 이미 보편으로 자리 잡은 정치경제체가 약속하는 가치가 헌신짝처럼 폐기되었을 때에도, 네이션의 구성원들은 그 정치경제체를 의심하기보다는 그것을 오작동하게 하는 다른 요소들을 발견해내고 그곳으로 책임을 전가한다. 대체로 그 책임은 '나의 밥그릇을 빼앗아간다'고 상상되는 약자에게로 향한다. 그것이 훨씬 간단하기 때문이다. 반면 그런 보편을 체현하고 있는 (상징적인) 백인 남성들은 우리가 동일시할 나르시시즘적 거울상으로서 동경의 대상이 되는 것이다.

여기에서 전통적인 민족주의와 새롭게 부상한 대한민국주의가 공유하고 있던 또 하나의 공통점을 언급해야 할 것 같다. 그것은 두 인식론이 모두 젠더화되어 있었다는 점, 즉 네이션이 시대를 초월해 배타적으로 남성들의 공동체, 호모 내셔널리티로 상상되었다는 점이다. 그리하여 불균등한 발전이 이뤄지는 가운데 혐오와 동경의 이중주에 맞춰 춤추는 것은 (실제의 생물학적 성과 무관하게) 남성으로 젠더화된 네이션이었다.

불균등 발전에 의해 경제력을 잃은 남성들은 곧 정치적인 주체로서의 자격 역시 박탈당했다고 느끼기 시작했다. 근대국가에서 정치적 권리란 경제력을 그 바탕으로 하기 때문이다. 하나의 유의미한 노동력일 때, 하나의 유의미한 정치적 표를 행사할 수 있는 것이다. 이런 경제적·정치적 지위의 박탈은 이제까지 스스로를 경제적·정치적 주체라고 여겨왔던 남성들을 극도의 불안으로 몰아넣었다. 경제적 주체도 될 수 없고 정치적 주체도 될 수 없는, 그래서 결과적으로 '비非국민' 상태로 상존하게 된 '구舊국민(남성)'은 자신의 불안을 소수에 대한 혐오로 전치시켰다. 지향해야 할 '글로벌 스탠더드', 즉 '보편'으로서의 자유민주주의/자본주의라는 가치를 재현하는 '우월한 이방인'에 대한 동경을 끌어안은 채로.

21세기 대한민국에서 진행된 이방인에 대한 혐오와 동경의 이중주는 과거의 영화를 돌려줄 네이션적 정체성에 대한 '새로운 인정 투쟁'이 분열적으로 발현된 것이었다. "일반적인 견해와 달리, 활발히 진행되는 세계화 과정은 정체성의 문제를 폐기하는 것이 아니라, 오히려 그것을 첨예하게" 만들었다.[10] 그렇게 1990년대 이후 대중문화가 자극하고 있는 혼종성hybridity과 초국적성/초민족성에 대한 상상력의 이면에는 여전히 네이션-스테이트라는 강력한 망령이 놓여 있었다.[11]

유연한 경계에 대한 상상력과 견고한 경계에 대한 욕망이 중첩되어 있는 시대에 이방인에 대한 상상력과 재현은 초국적 자본과의 절합과 적대를 통해 조정의 위기에 놓여 있는 네이션-스테이트가 어떻게 그 위기를 대처하며 재정립되는지를 살펴볼 수 있는 흥미로운 공간이 된다. '이방인'이란 정치나 문화, 경제 어느 하나로 환원할 수 없는 일종의 총체적인 매개이며, 이방인에 대한 집단적 정서와 인식론은 자본-네이션-스테이트 세 차원의 복잡한 교직 안에서 설명될 수밖에 없다.

지금까지는 이방인에 대한 동경과 혐오의 이중주가 자본주의와 자유민주주의를 보편적 가치로 받아들이면서 진행되었으며, 새로운 네이션의 감각을 만들어내고 있는 '자유주의적 호모 내셔널리티'의 도래와 맞물려 있음을 살펴보았다. 이는 동도서기로 대변될 수 있었던 '전통적인 내셔널리티'와 대조되는 새로운 것이다. 그렇다면 이는 〈비정상회담〉에서 어떻게 드러나고 있을까?

〈비정상회담〉과 JTBC를 통해 드러나는 네이션의 지형

JTBC의 〈비정상회담〉은 2014년 한국 대중문화를 강타한 프로그램 중 하나다.[12] 귀엽고 세련된 외국 남자 출연진들의 '짤방'과 팬덤의 각종 2차 생산물, 출연진의 CF 및 타 매체 진출(당시 출연진은 돌아가며 정론지에 칼럼도 연재했다), 〈헬로! 이방인〉(MBC)과 〈이웃집 찰스〉(KBS) 등과 같은 이방인을 주인공으로 하는 다른 프로그램들의 등장 등은 〈비정상회담〉이 하나의 '문화 트렌드'로 자리 잡았음을 보여주는 증거일 터. 이 프로그램이 이렇게 선도적(?)인 유행을 몰고 온 것은, 앞서 설명했던 '자유주의적 호모 내셔널리티'에 대한 당대의 지배적 감각과 적극적으로 조응하고 있었기 때문이다.

2000년대 중반에 한국 대중들을 사로잡았던 이방인 재현 프로그램 〈미녀들의 수다〉, 10년이 다 되어가는 장수 프로그램 〈러브 인 아시아〉, 2010년대 한국의 대표 예능이었던 〈1박 2일〉(KBS)의 시청률을 정점으로 끌어올렸던 '감동'의 '외국인 근로자' 특집, 그리고 〈러브 인 아시아〉와 〈1박 2일〉의 짬뽕처럼 보이는 〈이웃집 찰스〉(이하 〈찰스〉)[13] 등과 비교해보면, 확실히 〈비정상회담〉은 이방인 재현의 반복과 차이라는 측면에서 2010년대 중반 한국 사회의 특수성을 반영하고 있다. 여기에서는 '다문화'라는 이데올로기가 표면적으로 지향하고 있는 가치와 달리 우리가 얼마나 인종화·계급화·젠더화되어 있는지를 목격할 수 있다.

이에 대한 논의는 〈미녀들의 수다〉(이하 〈미수다〉)와 〈비정상회담〉(이하 〈회담〉)을 비교·대조하는 데서 시작해보자. 〈미수다〉와 〈회담〉은 외국인을 '입맛대로 골라볼 수 있는' 이국적인 상품으로 전시하면서 외국인의 눈을 통해 한국 사회를 낯설게 바라보는 재미와 외국의 다양한 문화를 간접적으로 경험하고 호기심을 충족시키는 쾌락을 제공한다. 두 프로그램이 한국 문화를 평가하고 외국에 대한 유용한 '데이터'를 제공하며 '글로벌 스탠더드'의 학습 경로가 될 수 있었던 것은 그들이 계급적·인종적으로 '우월한 이방인'이기 때문이다. 〈미수다〉의 출연진은 대체로 한국 대학에 재학하고 있는 여대생들이거나 전문직 종사자이며, 〈회담〉의 출연진 역시 외제차 딜러에서부터 서울대 정치학 석사에 이르기까지 엘리트들로 구성되어 있다. 〈미수다〉는 인종과 계급의 측면에서 〈러브 인 아시아〉(이하 〈러브〉)와 비교될 수 있고,[14] 〈회담〉은 예컨대 〈1박 2일〉의 '외국인 근로자 특집' 등과 비교될 수 있다. 〈미수다〉와 〈회담〉에 인종과 계급이 유사한 방식으로 기입되어 있음을 관찰하는 것은 어렵지 않다.

그러나 이런 유사함에도 불구하고 두 프로그램을 변별하는 하나의 결정적 차이는 프로그램 내부의 이야기와 그 이야기가 만들어내는 담론적 효과의 차이를 만들어낸다. 그것은 바로 출연진과 소비자(시청자)의 젠더라는 문제다. 젠더의 차이로 인해 〈미수다〉는 이국적인 여성 육체의 전시장이 되고, 〈회담〉은 서구 선진 문화를 체현한 남성들의 공론장이 된다. 유니폼이라 할 만한 화려한 드레스 혹은 미니스커트를 차려입고 비슷한 메이크업과 헤어스타일을 한 15명 내외의 '이국적 미녀'들이 다리를 꼬고 계단식 무대에 줄줄이 앉아 있는 모습에서 우리는 무엇을 연상할 수 있을까? 반면 진행자와 패널들이 회담용 탁자에 둘러앉아 자유롭게 토론하는 〈회담〉에서는 〈미수다〉와는 완전히 다른 분위기가 연출된다. 또한 〈미수다〉의 경우에는 남성 진행자가 출연자들에게 발언권을 부여하는 반면, 〈회담〉은 거수를 통해 자신의 의견을 표명할 기회를 부여받는다. 〈미수다〉의 출연진은 〈회담〉의 출연진에 비해 한국어 실력이 현저하게 떨어졌으며, 그렇게 한국어를 '못하는 것'이 오히려 여성적 매력으로 소구된 것은 우연이 아니었을 것이다.

젠더가 어떻게 프로그램에 개입되는지는 제목에서 이미 드러나는데, 〈미수다〉의 여성들은 '미녀'로 호명되어 수다를 떠는 반면 〈회담〉의 남성들은 'G11 대표(이후에는 'G12'가 된다)'로 호명되어 회담을 개최한다. 〈미수다〉의 수다 주제는 대체로 성별화된 것으로 제모법 등의 외모 관리에서부터 한국의 데이트·결혼·출산·육아 문화, 한국 남자와 한국 여자에 대한 평가, 술자리 성희롱 대처법 등으로 '내몰려'간다면, 〈회담〉은 훨씬 더 '보편적으로 보이는 주제'에 대해 토론을 벌이고 정상과 비정상을 판단한다. 〈회담〉 역시 성性에 대한 이슈를 종종 토론 주제로 올리지만, 그것은 '남성적인 것으로 노골적으로 젠더화'되어 있다기보다는 성에 대한 보편적인 논의인 것처럼 받아들여진다. 전혀 위협적이지 않은 물광 피부의 남성 이방인들은 문명화된 사회라면 성에 대해 어떤 진보적인 태도를 갖춰야 하는지에 대한 가이드라인을 제시한다. 예컨대 동거에 찬성하는가, 성교육은 언제부터 어떤 내용으로 해야 하는가, 직장 내 성차별은 정당한가, 워킹맘의 고충은 어떻게 극복할 수 있는가 등을 회담 테이블 위에 올려놓고, '방송 최초 동밍아웃(동거 경험 커밍아웃)' 등에서처럼 보수적인 성관념에 기대고 있는 기존 방송에서는 다루지 못했던, 그렇기에 문화적으로 '급진적'이라고까지 할 만한 내용들을 전파로 흘려보낸다.

그러나 그런 논의는 여전히 남성에게만 공적으로 허락되어 있으며 남성이기 때문에 가능하다는 점에서, 그리고 '여성 팬덤'이라는 젠더화된 시청자를 타깃으로 한다는 점에서 역시나 젠더화되어 있다. 말하자면, 남성 젠더야말로 이미 보편인 것이다. 〈미수다〉와 〈회담〉의 출연진 모두 성애화된 대상으로 소비되지만, 상품의 성격은 완전히 다른 셈이다.

이처럼 젠더가 이방인 재현의 내용과 형식을 결정한다. 아니, 젠더는 그 자체로 이방인 재현에 있어 내용이자 형식인 셈이다.[15] 그것은 인종과 계급이 이방인 재현이 있어 내용이자 형식인 것과 마찬가지다. 또한 이방인 재현 프로그램이 선보이는 젠더, 인종, 계급 수행performance을 통해 한국 사회에 존재하는 이방인들의 젠더, 인종, 계급은 재구성된다.

문화적 급진성을 담보하고 있지만 젠더화된 재현을 선보이는 'G11'은 자본주의와 자유민주주의를 보편적 가치로 공유한다. "사회가 백 있고 돈 많은 사람에게 유리하다고 생각하는 나, 정상인가 비정상인가?"라는 주제로 진행되었던 30회 방송은 '역사의 종언' 이후 대안적 정치경제체와 새로운 세계에 대한 상상력이 고갈되어버린, 세계가 놓인 막다른 골목을 노골적으로 보여주었으며, 무엇이 우리 시대를 지배하는 유일한 이데올로기인지 역시 여실히 드러내었다. 여기서는 '갑질'이 주요 논점이었기 때문에, 이 사회에서 누가 '갑'이 되고 누가 '을'이 되는가가 공유되어야 했고, 역사 운동의 종점이 되어버린 '자유시장 경제'는 그것을 결정하는 조건으로 상정되었다. 게스트로 '좋은 건물주'에 선정된 서장훈이 출연한 것은 그런 이유에서였다. 그리고 당연하게도 "자유시장 경제는 **자연스러운 현실**이며, 누구나 노력하면 갑으로 올라갈 수 있는 조건이 갖추어져 있는"(다니엘/독일 대표) 체제로 이야기된다.

한국의 예능에서 자유민주주의가 유일한 정치체로 제안되는 것은 일견 자연스럽고 당연한 일이겠지만, 거기에 특히 더 주목하게 되는 것은 국가사회주의를 경험했던 중국과 러시아 대표의 의견이 강조되는 방식 때문이다. 미국이나 벨기에 등 '선진적인 자유민주주의 국가'의 대표들이 '평등'의 문제에 집중하고자 할 때, 중국 대표인 장위안은 "우리 사회는 물질적으로 가는 사회라서, 사람들이 자기 이익을 위해 노력한다. 이런 사회에서 잘살려면 어느 정도 다른 사람의 이익을 가져가야 한다"고 말하고 "백 있는 사람이 유리한 건 정상"이라고 강변한다. 미국 대표인 타일러가 이에 반박하려고 했지만, 그의 의견 역시 "어느 사회든 빈익빈 부익부가 있고, 약육강식으로 돌아가려는 것 같다"는 말로 정리되어버리면서 '적자생존'을 우리 시대의 유일한 도덕으로 자연화시킨다(그는 제대로 토론을 하려 했지만 진행자들이 그의 사자성어 사용을 웃음거리로 삼았고, 그 과정에서 논리 전개는 계속 막혔다. 그것이 실제로 타일러의 실패인지 아니면 의도적으로 편집의 묘가 발휘된 것인지, 시청자는 확인할 길이 없다). 장위안은 이어 "사회주의는 평균(에 대한 것)이라고 오해하는데, 우리는 (결과의) 평균이 아니고 (기회의) 평등"이라고 말하고, 이것을 러시아 대표인 일리야가 받아서 이렇게 발전시킨다. "모든 사회가 평등할 수는 없다. 그 예가 러시아다. 중요한 것은 갑이 어떻게 을한테 행동하는지, 어떻게 생각하는가이지, 갑과 을이 있는 것은 **자연스러운** 것이다."

다시 한 번 "자연스러운"이라는 말이 등장한다. 사회주의 이념은 인간의 본능과 상충된다는 오래되고 질긴 자본주의 사회의 속삭임, 존재 사이의 위계는 그저 자연이라는 일종의 허무주의적 고백, 그 위로 감정을 고조시키는 음악이 흐르기 시작한다. 그리고 화면에는 "평등을 지향하는 사회주의 국가에도 가진 자의 횡포는 분명히 존재"한다는 자막이 깔린다. "그렇죠, 이건 되게 중요한 얘기죠"(성시경) "좋은 얘기다"(유세윤)라는 진행자들의 코멘트가 일리야의 말에 권위를 부여하면서, 사회주의의 처절한 몰락과 끝을 경험한 자의 말은 '진리'로 선언된다. 여기서 이야기는 자연스럽게 '노블레스 오블리주'로 넘어가고, 이는 자유주의적 계급 사회의 정당성에 쐐기를 박는다.

〈회담〉이 선보이는 문화적 급진성은 그런 의미에서 안전한 것이다. 이 프로그램에서 쏟아져 나오는 다양성은 G11이 공유하고 있는 보편적 가치라는 지반 위에서만 존중받을 수 있는데, 그 구체적인 실체는 시장적 자유와 서구식 자유민주주의에 대한 믿음, 그리고 가족과 배타적인 연애 관계에 대한 지지 등이다. 이런 가치들이야말로 우리 사회에서는 제대로 도전받지 못하는 가치들인 셈이다. 그렇게 〈회담〉의 남성 주체들은 '목표를 달성한' 세계와 불화하지 않는다.

한 편의 예능을 분석하는 데 너무 많은 지점들을 찍으며 돌아오긴 했지만, 마지막으로 한 가지 문제를 더 살펴보자. 그것은

JTBC라는 장場과 '여성 팬덤'의 문제다. 〈회담〉을 가능하게 했던 것은 JTBC라는 종합편성채널(종편)이며, 그것을 문화적 트렌드의 선봉으로 등극시킨 것은 바로 여성 팬덤, 즉 소비주체일 때만 비로소 자신의 목소리를 드러낼 수 있는 여성들이었기 때문이다.

자유주의적 호모 내셔널리티, JTBC, 그리고 여성 소비자는 어떻게 만나고 있었을까? 이 문제는 〈회담〉이 〈러브 인 아시아〉나 〈찰스〉 같은 공중파 프로그램들과 어떤 차이가 있으며, 후자의 프로그램들이 낮은 시청률을 기록한 것이 그 차이와 어떻게 연결되는지를 설명함으로써 일정 정도 규명될 수 있을 것이다. 〈러브 인 아시아〉와 〈찰스〉가 '대한민국주의'의 출현 이후 여전히 공존하고 있는 '전통적 민족주의'의 감수성을 담지하고 있는 반면 〈회담〉은 거기서 과감히 벗어나고 있다. 이 차이는 전통적인 네이션과, 그 영향력을 전횡으로 확장시키고 있는 자본의 영역으로부터 보편성을 획득한 자유주의 사이의 긴장이 여전히 지속되고 있는 사회에서 '지향해야 할 바'로 상상되는 자유주의적 태도들이 어떻게 자본의 영역에서 가능해지는가를 보여준다. KBS와 같은 공중파는 여전히 전통적인 네이션의 정체성을 재강화하려고 고군분투할 때 자본의 영역에 놓여 있는, 그렇기에 오히려 국가적 검열과 그에 따른 언론의 퇴행에 대적할 수 있는 JTBC에서는 보편으로서의 서구 문화를 '다양성'이라는 이름으로 풀어놓을 수 있는 것이다.

TV조선, 채널A, JTBC, MBN 등의 종편이 날치기로 법적 정당성을 부여받고 개국했을 때, 유일하게 역사적인 정당성을 확보하고 있었던 것이 JTBC다. 1980년 군부의 '언론 통폐합' 때 해소되었던 TBC를 전신으로 하고 있었기 때문이다. 개국 초기에 TV조선이 '북한 방송'으로 스스로를 정체화하고 채널A가 '이영돈 PD 시리즈'에서처럼 위생과 건강 이데올로기를 내세웠을 때, JTBC는 TBC 시절의 푸터지footage를 다큐나 토크 등의 형식으로 적극적으로 활용하면서 방송국의 역사와 정체성 만들기에 집중했다. JTBC는 그 존재 자체로 전일적인 '국가' 영역에 대한 저항이라는 상징성을 등에 업고, 삼성이라는 초국적 자본의 그림자 아래에서 독재와 대별되는 '자유의 영역'으로 자리매김하는 똑똑한 전략을 세웠던 셈이다.

종편은 신자유주의 시대 CEO 정권의 비도덕성을 드러내는 상징이기도 했지만, 손석희를 영입하고 〈마녀 사냥〉이나 〈썰전〉, 〈밀회〉와 같은 문화적 급진성을 담보하는 미디어 상품을 제공하면서 정체성을 '자유'의 영역에 놓는 JTBC의 전략은 점차 먹혀들기 시작한다. 종편 쪽으로는 머리도 안 놓을 것 같았던 '진보적인 대중'들은 서서히 JTBC의 열광적인 소비자로 돌아섰고, 세월호 보도 이후 JTBC는 확실한 입지를 갖추게 된다. '독재 정권'을 전신으로 하는 신권위주의 정부와 명백한 대립각을 세우면서 전통적인 네이션-스테이트의 영역에 적대할 수 있는 거의 유일한 언론이 된 것이다. 이는 박근혜-최순실 정국에서 정점에 도달했다.

〈회담〉이 공중파에서는 불가능한 문화적 급진성을 전시할 수 있는 것은 이처럼 JTBC가 자본의 영역에서 네이션-스테이트의 영역을 견제하고 있기 때문이다. 이때 네이션-스테이트의 영역에서 언제나 비민족이자 비국민으로서 이방인의 위치에 내몰려 있던 여성들이 자본의 영역이 선보이는 문화적 급진성에서 해방감을 느끼는 것은 그야말로 '자연스러운' 일이다. 그렇게 여성들은 자본의 영역으로 몰려가 '소비주체'로서 자신의 자리를 찾게 된다. 여성들은 스스로 발화의 주체가 되기보다는, '말하는 상품'을 소비하는 소비자로서 그 상품을 경유해 자신의 목소리가 '들리도록' 한다. 주체가 되는 것은 요원한 일일뿐더러 지난하고 고통스러운 투쟁을 전제로 하는 반면, 소비자로서 일정 정도의 권한을 누리는 것은 이미 주어져 있거나 스스로 쟁취함으로써 손쉽게 누릴 수 있는 것이기 때문이다.

보수적이고 견고한 사회에서는 소비자로서 여성에게 부여되는 어떤 '권한'이 일종의 해방구가 되기도 한다. 이때 내부의 이방인인 여성과 외부의 이방인인 백인 남성 사이에서 모종의 공모 관계가 형성되는데, 기실 백인 남성은 자본이 약속하는 자유와 평등이라는 환상 그 자체라고도 볼 수 있다. 그런데 소비자로서 자신의 존재를 확인하는 것이 과연 (문화적 영역에서만이라도) 해방을 가능하게 할까? 젠더와 계급, 인종과 무관하게 서로 동등하며 자유로울 수 있다는 환상에서 벗어나지 않는다면, 즉 시장의 영역으로 물러나 있는 것에서 벗어나지 않는다면, 젠더 체제는 또다시 강력한 구속으로 되돌아오지 않겠는가?

이러한 질문들은 앞서 언급한 '자본의 영역이 스스로를 견제할
수 있는가'라는 질문과 함께 우리 앞에 놓인 어려운 과제다. 가라
타니 고진이 지적했듯, 자본-네이션-스테이트는 어느 하나의 고
리를 이용해 다른 고리를 견제한다고 해서 해소되는 것이 아니
다. 세 개의 고리가 착종된 상태 그 자체를 적대할 때 비로소 그
체제의 외부에 대한 상상이 가능해진다. 즉, 자본의 고리로 네이
션-스테이트를 견제하는 것은 결과적으로 지금의 체제를 유연하
게 강화시키는 결과로 이어질 뿐이다.

우리 사회의 이방인이란
과연 누구인가

이번에는 좀 다른 질문을 해보자. 젠더라는 변수 이외에
〈미수다〉와 〈회담〉 사이에 존재하는 5~10년 정도의 시간적 간극
은 어떤 차이를 만들어냈을까? 두 프로그램은 한국인들이 자신
이 살고 있는 한국 사회를 어떻게 인식하고 재현하고 있는지, 그
리고 세계 안에서 자신이 어떻게 자리매김하고 있는지에 대한 식
별할 만한 차이를 보여준다.
　〈미수다〉에 대한 한 편의 분석 글이 지적하고 있듯이 〈미수다〉
의 각 에피소드 소제목들은 "한국 노래방, 이것이 충격이다" "한
국의 모임, 이것이 충격이다" "한국 남자의 연애관! 이것이 놀랍

다" "한국의 결혼 문화! 이것이 놀랍다" 등 '충격과 놀라움'이라는 표현으로 점철되어 있다.[16] 〈미수다〉는 이런 수사를 통해서 한국의 문화를 타자화시키고 '글로벌 스탠더드'에 맞추기 위해 더욱 정진(!)해야 함을 강변한다.

결국 이 프로그램에서는 3중의 타자화가 진행되었던 셈인데, 외국인-이방인 여성들이 타자화되고, 이방인 여성들을 경유해서 '한국 여성'들이 타자화되었으며, 심지어 그렇게 타자화의 동학을 발동시키는 한국 사회의 ('전근대적'이라고 상상되는) 문화 자체도 타자화되었다. 이때 '한국 사회의 문화'란 '전통적인 네이션'으로 해석할 수 있을 것이다. 〈미수다〉는 민족주의에서 대한민국주의로의 전환을 요구하고 있었던 것이다. 따라서 이 프로그램은 자신이 비판하고자 했던 것을 또다시 자신의 형식과 내용으로 삼는 이율배반 속에 놓여 있었던 셈이다. 한편으로는 이 프로그램이 내재하고 있는, 전통적 네이션이 처한 위기로부터 비롯된 정체성의 불안은 여성의 타자화를 재강화하려는 모순적인 흐름을 불러일으켰다.

반면 〈회담〉은 '의장국'으로 한국을 설정함으로써 '전 지구적 다양성' 안에 한국을 위치시키고, 그 다양성을 포착하고 조정하며 끌어안을 수 있는 주체로서 한국 사회를 그려낸다. 특히 대표적인 '자유주의자 연예인'이라 할 수 있는 성시경의 입장과 태도는 주목할 만하다. 〈미수다〉에서 '질적 세계화'는 요원한 것이었지만, 〈회담〉에서 '질적 세계화'는 이제 거의 도달한 것으로 상상된

다. 둘 사이의 차이는 본격적인 신자유주의화가 시작된 지 20년
이 다 되어가는 시점에 한국 사회가 스스로의 지위를 어떻게 상
상하게 되었는지를 보여준다.[17]

 그런 지위에 올랐다고 상상하기 위해서 한국 사회의 '이방인'
은 미디어 재현을 통해 새롭게 구성된다. 이는 '전통적인 민족'을
초월해서 '누군가'는 포함하고 '누군가'는 배제하는 방식을 취한
다. 지금 우리 사회의 이방인은 앞서 언급했던 것처럼 국경 외부
인 혹은 '외래적인 것'이 아니라 완전히 다르게 규정되기 시작한
것이다. 비평 작업은 당연히 이런 '낡은 새로움'에 주목해야 한다.

 마리아 미즈는 "수탈적인 가부장적 노동 분업이 처음부터 인
류의 구조적 분리와 종속에 기초하고 있었다"고 지적하면서 '가
진 자'들은 '이교도'와 '이방인'으로부터 분리되었으며 이는 "근
대 '서구'의 가부장제에서 인간과 자연 사이의 분리로까지 확장
되어왔다"고 설명한 바 있다. 그리고 "세계 시장이 등장하면서
새로운 가부장은 착취하고 싶은 대상을 외부화하거나 혹은 외부
로 축출할 수 있게 되었다"고 덧붙인다.[18] 그 세계 시장이 '신자유
주의'라는 이름으로 작동하고 있는 시대에 누가 '가진 자'가 되는
가? 누구의 삶이 주목할 만한 것이 되며, 누구의 말이 귀 기울일
만한 것, 누구의 얼굴이 꼭 들여다봐야 하는 것이 되는가? 그렇다
면, 과연, 누구의 삶은 그렇지 않은 것일까.

 이방인, 즉 배제되는 자는 이제 국적이나 민족에 의해서가 아
니라 전 지구적으로 형성된 계급, 이미 인종과 젠더가 기입되어

있는 것으로서의 계급에 의해 규정된다. 그리하여 외부로 축출된 이들은 혐오의 트랙 위에서 '혼재 공포증'(지구문트 바우만)을 야기하고, 내부로 끌어안아야 하는 자는 동경의 트랙 위에서 '우리'가 된다. '우리'라는 판타지는 후기 식민 시대를 살아가는 제3세계 남성들의 '리플리 증후군'을 자극한다(물론 다시 한 번 '제3세계 남성'이 생물학적 남성에 국한되는 것이 아니라 오히려 남성 중심적 네이션이라는 인식론적 차원임을 강조하고 싶다). 그러므로 〈회담〉의 이방인들은 더 이상 '이방인'이 아니라, 대한민국주의의 자유주의적 호모 내셔널리티가 정체성 안으로 받아 안은 '정상正常'이자 '정상頂上'으로 존재한다.

집, 정주와 변주의 공간
교환가치로 착취되는 우리 시대 집의 풍경과 가능성

한진중공업 영도조선소 타워크레인 85호. 이곳은 한동안 노동자 김진숙의 주소지였다. 그는 2011년 1월 한진중공업 노동자 정리해고에 반대하며 고공 농성에 들어갔고, 309일이 지난 11월 11일이 되어서야 땅으로 내려왔다. 그의 굳은 결의를 지지하는 이들이 찾아가고 감사 편지와 먹을 것을 보내는 주소가 바로 '한진중공업 영도조선소 타워크레인 85호'였으며, 그곳이 그가 먹고 자고 생활하는 곳, 바로 집이었다. 그러나 김진숙의 새로운 집은 하나의 '돋보이는' 예에 불과하다. 집이 될 수 없는 곳이 집이 되는 광경은 일상적으로 목격된다. 한 평 남짓의 고시원이, 사람이 들고 나는 서울역이, 시커멓게 타서 골격만 남은 예전의 상가 건물이, 혹은 이순신 동상 뒤 광장이, 누군가의 집이 된다.

그러나 또 한편으로 지금은 집이어야 하는 곳이 집일 수 없는 시대이기도 하다. 전셋값이 폭등했던 2016년을 기준으로 대한민국 전체 가구의 약 40%는 '전세 유민' '난민' '유랑민' 등으로 불리며 치솟는 전세, 월세에 쫓겨 여기저기를 전전하고 있다. 한국 주거 문제에 대한 르포 『어디 사세요?』에 소개된, 24년간 여덟 번 이사를 했다는 "평생 세입자" 모상만 씨(가명)의 사례는 특별한 것이 아니다. 이 책에 따르면 우리나라 인구의 19%가 이런저런 이유로 헤매다가 이사를 한다.[1] 이는 물론 고시원이나 쪽방촌, 비닐하우스를 전전하는 이들의 이사는 포함하지 않은 통계다. 사용 가치가 아닌 교환가치가 되어버린 집, '사는 곳'이 아니라 '사는 것'이 되어버린 집. 그러나 자못 심각하게 들리는 이런 상황과 이를 둘러싼 누적된 피로감 역시 그렇게 낯설진 않다.

집을 둘러싼 이런 미묘한 뒤틀림은 어떻게 이해해야 할까. 집이 될 수 없는 곳이 집이 되고, 집이어야 하는 곳은 집일 수 없는 비극의 원인은 무엇일까. 이 질문들에 답하기 위해서는 한국 근대성의 촘촘한 망을 형성하고 있는 정치와 경제, 그리고 다양한 이데올로기들의 복잡한 착종을 이해하고, 자발적이든 비자발적이든 이에 동참하고 있는 개인들의 문제 역시 설명할 수 있어야 한다. 의미화된 공간으로서 '집'이라는 장소는 사회와 따로 분리해 논할 수 없기 때문이다.

이 글은 한국 근대화 과정에서 주거공간이 어떻게 가부장체제에 따라 재편되었는가를 추적함으로써 이 뒤틀림의 본질에 놓여 있는 '장소상실'의 문제에 접근해갈 것이다. 그리고 장소와 공간의 문제를 다루는 몇 편의 영화를 통해 이 '장소상실'이 젠더화되어 있음을 밝힌다. 이 과정의 끝에 '장소상실'을 해소할 수 있는 가능성을 발견하고자 한다.

21세기 대한민국,
장소상실의 시공간

새로운 체제로의 전환은 공간의 전환과 밀접한 상호작용을 하면서 진행된다. 전前자본주의 체제가 장원 제도로 설명되고 자본주의 체제가 도시화, 세계(시장)화로 설명되는 것은 공간의 전환이 시대의 전환과 얽히고설켜 있음을 여실히 보여준다. 한국의 근대화 역시 서구의 근대화만큼이나 공간의 자본주의적인 재편과 함께 진행되었다. 그 과정에서 풍수지리처럼 인간과 공간(자연)의 관계를 고려하는 철학은 폐기되었고, "공간은 비어 있고 차별성이 없으며, 기능적 효율성이나 경제적 제약 또는 계획가나 개발가의 특성에 따라 객관적으로 조작할 수 있는 것"으로 이해되었다.[2] 쉽게 말해, 토지 이용의 효율성이 공간 구성에 있어 제1의 판단 기준이 된 것이다. 이로써 공간은 사용가치가 아닌 교환가치로 착취되기 시작한다.

한국에서 공간이 착취의 대상이 되면서 발생한 복잡한 문제들이 선명하게 드러나는 곳 중 하나가 바로 '주거공간'이다. '주택 문제의 해결'은 근대적 공간 재편에 있어 가장 시급한 과제였다. 한국전쟁으로 서울이 처참하게 파괴되었을 때에도 도시로의 인구 집중은 활발하게 진행되었고, 불법점거와 불량 주택이 늘어났다. 이후 국가는 주택문제를 해결하기 위해 적극적으로 나서야만 했으며, 그 덕분에 한국의 주거공간 개발은 국가 주도의 주택정책에 의해 좌우되어왔다. 물론 '자유시장에서의 경쟁'이라는 수사에 호소함으로써 그 역할을 민간 업체에 넘기기도 했지만, 그럼에도 불구하고 "건설 담합 구조"를 바탕으로 여전히 "국가 보조와 독점에 의존"하고 있었던 것이 현실이었다.[3]

이처럼 한국에서의 주거공간 구성은 "체제의 안정과 재생산과 관련하여 이데올로기적 성격을 가질 수밖에 없는"[4] 주택정책에 전적으로 의존하고 있었다. 따라서 주거공간은 가부장제와 착종된 자본주의 이데올로기가 각인된 '주거 기계'로 등장하게 된다. 국가의 주택정책에 의해 주거공간은 핵가족 중심의 재생산 공간으로 재편되어갔고, 아파트는 가장 각광받는 주택의 형태로 등극한다.

'남성/공적 영역/생산' '여성/사적 영역/재생산'이라는 뚜렷한 성역할의 재분배는 이와 함께 진행된 변화였다. 국민국가의 정체성이 남성 주체 중심으로 상상되었던 점을 생각해본다면 이는 자연스러운 일이었다. 근대화를 추동하는 생산력은 남성의 몫이었고, 여성은 그 생산에 동참하면서도 언제나 돌봄노동의 담당자로 주변화되었다. 식민과 전쟁을 겪으면서 억척스러운 생명력으로 남성의 '빈자리'를 메워온 여성들은 신속하게 순종적이면서도 남편과 아이의 생산력을 최대한 뒷받침할 수 있는 '부녀婦女'로 편입되었고, 동시에 제도적 모성에 포섭된다. 이 과정에서 이전까지 생산과 재생산의 영역이 공존했던 주거공간이 재생산 전담 공간으로 바뀌고, 재생산을 전담하게 된 여성의 영역으로 치환되었다.

엄마는 집안을 건사하는 안주인으로 '자신을 가꾸듯' 집을 가꾸는 혼연일체의 관계, 아빠는 정시에 출근하고 정시에 퇴근해 돌아와 지친 몸을 쉬면서 익일의 노동을 준비하는 관계, 아이들은 부모님이 가꿔온 집에서 건강한 미래의 일꾼으로 성장하여 적절한 때가 되면 자신의 가정을 꾸리기 위해 떠나야 하는 관계. 대략 이런 이미지가 개인과 집 사이의 '건강한 관계'로 자리 잡았다.[5]

그뿐만 아니라 근대적으로 공간이 재편되는 과정과 재편된 공간 자체가 그 공간을 경험하며 살아가는 개인에게 영향을 미쳤고, 그러한 개인이 또다시 공간 구성에 적극적으로 개입했다. 이때 개인의 적극적인 개입은 상징소비나 투기 등의 형태로 드러났다. 그리고 이는 불행하게도 교환가치로서의 집의 정체성을 더욱 강화하는 결과를 초래했다. 그리하여 서울시 장기전세주택사업 '시프트Shift'는 드디어 "집은 사는 것이 아니라 사는 곳입니다"라는 홍보 문구를 내세울 지경이 된 것이다. 이야말로 집을 둘러싼 다양한 욕망과 동학을 상징적으로 보여준다.

이 과정에서 개인들은 유의미한 공간, 즉 '장소'로서의 '집'을 상실한다. 전일적인 근대화 과정의 결과이자 조건으로서의 '무장소성^{無場所性}'은 개인의 장소상실을 더욱 가속화시켰고, 장소상실을 경험한 개인은 다시 그 무장소성을 더욱 강화시켰다. 이때 '장소상실'이란 공간과의 유기적 관계 혹은 그런 유기적 관계에 대한 감각을 상실한 것을 의미한다.[6]

그러나 한국인의 존재론이 된 '장소상실'은 전적으로 부정적인 의미만을 가진 것은 아니다. 장소상실을 통해 우리는 새로운 가능성 역시 엿볼 수 있다. 예를 들어 2000년대 대한민국을 설명하는 하나의 아이콘이 된 광장 문화의 등장과 탈중심적 소통의 가능성이 기대되는 인터넷 공간의 부상, 그리고 2010년대 초반 새로운 운동의 부상으로 주목되었던 서울의 마포구에서 진행된 성소수자유권자연대나 두리반의 공간점거 문화운동 등은 개인이 공간과 맺을 수 있는 새로운 관계를 상상할 수 있게 해주었다. 공간은 정치·경제·사회적인 억압의 결과이자 동시에 그 억압을 가능하게 하는 하나의 조건이지만, 동시에 그것을 전복할 수 있는 가능성이기도 한 것이다.

이렇게 사회 변화의 가능성을 공간적으로 사고함에 있어 '장소상실'은 마치 탈정치화되어 있는 것처럼 보이는 억압적인 일상으로부터의 해방을 의미하기도 하며 동시에 자아의 편협한 경계를 허물고 공생공존의 공동체를 상상할 수 있게 해준다. 예컨대 용산 제4구역 참사와 철거 투쟁을 따라가고 있는 다큐멘터리 〈용산 남일당 이야기〉(2010)[7]가 재개발 사업을 둘러싼 자본과 국가의 공모가 국민을 '예외상태'로 몰아넣는 순간을 폭로하면서 국민이되

국가의 법으로부터 전혀 보호받지 못하는 철거민들의 계급 각성과 연대의 순간을 보여주었던 것을 기억해보자. 이처럼 어떤 의미에서는 추방되었기에 탈주할 수 있는 가능성이 열리는 것이다.

가능성으로서의 '장소상실'은 '박탈과 유기'의 의미가 강조되었던 장소상실과 달리 오히려 공간과의 새로운 관계, 새로운 애착 형성의 계기가 되기도 한다. 그러나 이 두 가지 의미를 모두 아우르는 '장소상실'은 근대에 들어서 더욱 심화되었으며, 여전히 지속되고 있는 '주거권 박탈'이라는 현실적 조건을 공유하고 있음을 부정할 수 없다. 그리고 이것이 바로 집을 둘러싼 뒤틀림의 실체이기도 하다.

이런 맥락에서 '장소상실'은 전일적인 근대화의 결과이자 조건인 공간과의 유기적인 관계의 상실, 자본주의적 가치를 추구하는 가운데 벌거벗은 생명으로서 개인이 경험하게 되는 주거권 박탈의 상태, 그리고 공간과 맺는 유연한 관계의 가능성으로서 탈영토화라는 복잡한 결을 가진 개인의 존재 양식이 된다.

'노숙자'와 '은둔형 외톨이'의 장소상실 내러티브

IMF 체제 이후 신자유주의로의 정진이 사회 전반의 상황을 악화시키고 장소상실이 생존을 위협하는 문제로 가시화되자 현실적 층위에서 직접적으로 장소상실과 집의 문제를 다루는 영화들이 등장하기 시작했다. 〈김씨 표류기〉(2009)와 〈우리집에 왜왔니〉(2009) 등 '노숙자-은둔형 외톨이 짝패 내러티브' 영화들은 한국 근대 주거의 모순을 폭로하고 여기에 국가폭력과 젠더가 어떻게 깊숙이 개입되어 있는지를 섬세하게 묘사해낸다.

한강 다리 위에서 대출 회사와 통화하는 남자 김씨. 상환해야 할 빚이 2억이 넘는다는 내용을 확인한 그는 "용기가 난다"는 말을 남기고 한강으로 뛰어든다. 하지만 그가 다시 눈을 뜬 곳은 어이없게도 63빌딩이 선명하게 보이는 한강 위의 무인도 밤섬. 죽지 못했다는 사실에 좌절한 그는 63빌딩에서 떨어지기로 마음먹고 섬 밖으로 나가려고 하지만, 핸드폰 배터리도 없고 수영도 못하는 마당에 섬에서 나갈 수 있는 방법은 없다. 목이라도 매고 죽을까 했지만 그도 뜻대로 되지 않는다. 결국 그는 될 대로 되라는 심정으로 무인도 생활을 즐겨보기로 마음먹는다.

남자 김씨가 밤섬에서 '삽질'을 하고 있는 와중에 여자 김씨는 자신의 조그맣지만 거대한 방에서 충실한 하루하루를 보내고 있다. 잠은 옷장에서, 기상은 아버지가 출근한 다음인 8시에, 그 후엔 컴퓨터를 켜고 가상의 세계로 '출근'한다. 온라인에 접속하는 순간 그는 더 이상 자기만의 세계에서 은둔하는 외톨이 김씨가 아닌 화려한 삶을 누리는 '돌로레스'가 된다. 그러던 중 1년에 두 번 그가 대낮에 서울 도심으로 카메라를 들이대는 시간인 민방위 날이 찾아온다. 설레는 마음으로 텅 빈 도심을 둘러보던 그는 집 앞 한강 위에 떠 있는 섬에서 기묘한 메시지를 발견한다. "HELP." 바로 남자 김씨가 밤섬 물가에 적어놓은 SOS 요청 메시지다. 그렇게 두 사람의 관찰하고 관찰당하는 관계가 시작된다.

어렸을 때부터 뭐든 남들처럼 잘해야 한다는 강요에 떠밀려 살아온 남자 김씨는 다니던 회사가 망해서 구조조정을 당했고, 무능하다는 이유로 애인에게 차였으며, 쇼핑처럼 쉽게 할 수 있는 대출의 늪에 빠져 결국 무인도에 이르게 된 평범한 일인이다. 그가 여기까지 내몰리게 된 삶을 짧게 보여주는 '수영장 시퀀스'는 거칠게 요약된 대한민국의 근대사이기도 하다. 열심히 남들(서구 선진 사회)처럼 잘 살아보려고 노력했지만 온 국민이 빚쟁이로 몰락하는 IMF를 경험하게 되었고, 이후 신자유주의와 고도의 신용 사회로의 정향은 끝없는 (자살이건 타살이건 혹은 은유적인 의미이건) 살인의 스펙터클로 이어졌다.

김씨가 목을 매는 와중에도 민방위 사이렌을 들으면 '훈련이 끝나고 죽을까'라고 생각하는 이유는 그를 만든 8할이 국가이기 때문이다. 또 한편으로 이 장면은 개인의 삶에 개입하는 근대국가의 권력을 상기시킨다. 사이렌 소리가 틈새를 놓치지 않으면서 완벽하고 빽빽하게 공간을 채우듯 국가는 그 권력과 지배 장치를 개개인의 일상에까지 침투시키지만 정작 죽음을 생각하는 구성원을 구해주지는 않는다. 그야말로 '살리면서 죽게 내버려두는 권력'인 셈이다. 애초에 국가가 구성원에게 주권을 위임받아 구성원의 이익을 위해 복무하는 것이 아니라, 갈취를 더욱 용이하게 해가는 과정에서 등장하게 된 제도적 발명이었다는 것은[8] 이 짧은 순간에 선명하게 드러난다. 결국 김씨를 살린 것은 국민으로 그를 호명하는 국가가 아니라 배설하고 먹어야만 하는 가장 인간적인 욕구다.

그렇게 살아난 김씨는 30여 년간의 표류 끝에 드디어 자기만의 공간을 꾸미기 시작한다. 난파한 오리배로 "연이자 6% 주택청약 적금 7년 만에 드디어 내 집 마련의 꿈"을 이루고, 이어서 짜파게티를 만들어 먹겠다는 일념으로 땅을 일구기 시작하면서 그의 작은 땅은 생산과 재생산이 분리 불가능한 자급자족의 주거 공간으로 거듭난다. 그 안에서는 김씨가 국민임을 증명해줄 어떤 것도 필요하지 않다. 주민등록증뿐만 아니라 신종 '빅브라더'인 신용카드 역시 그저 씨앗 마련을 위해 새똥을 긁을 때나 쓸모 있는 단순 연장으로 '전락'한다. 밤섬은 김씨에게 있어서만은 신대륙인 셈이다. 그러나 현실의 밤섬은 철저하게 국가권력에 포섭되어 있는 국토다.[9] 태풍이 한반도를 강타한 다음 날, 재난 자본주의를 떠올리게 하듯 가진 것 하나 없는 자의 파라다이스에는 관리 단속을 위한 공권력이 투입된다. 태풍의 여파로 '생태보전구역'인 밤섬에 쓰레기가 쌓이자 공익근무요원과 해병대가 '한강 정화작업'을 위해 밤섬으로 들어온 것이다.

대한민국 국경이라는 경계로 구획되어 있는 땅은 전부 사적으로 소유되거나 공적으로 소유·관리되고, 국가의 인증을 받지 못한 채 어떤 공간을 점유하는 것은 '불법점거'일 뿐이다. 그런 상황에서 개인이 공간과 관계를 맺고 그곳을 장소화하는 것은 아무런 의미가 없다. 김씨의 경우도 예외일 리 없다. 게다가 국가와 자본의 테두리 밖에서 생활해온 김씨의 권리가 보호될 리도 만무하다. '자살 시도'라는 적극적인 국적 탈퇴 행위는 무인도에서의 평화로운 삶으로 이어졌지만, 국가의 영향력이 미치는 순간 그 자발적 탈퇴 역시 수용되지 않는다. "여기 그냥 살게 해달라"고 아무리 애걸복걸하고 나가지 않겠다고 완강하게 저항해도 그의 요구는 받아들여지지 않는다.

결국 그는 해병대에게 한 대 얻어맞고 밤섬으로부터 질질 끌려 나온다. 물론 '국민'이 공권력에 대항할 때 공권력이 폭력을 불사하는 것 역시 자연스러운 광경이다. 아무리 "내 땅"이라고 절규해봐야 그들에게 김씨는 불법으로 공간을 점거하고 있는 '노숙자'일 뿐인 것이다. 국가와 자본의 개입이 미치지 않는 기묘한 진공의 공간 밤섬에서 겨우 일궈낸 자신의 집을 빼앗긴 김씨는 마지막 선택지일 수밖에 없는 63빌딩으로 향한다. 씨앗 모을 때나 썼던 신용카드를 버스 요금 단말기에 대는 순간 들려오는 전자음은 그가 국가=자본의 구성원으로 강제 편입되는 순간을 선명하게 각인시킨다.

그런데 '구조조정과 무능으로 인한 실연'에서 알 수 있듯이 남자 김씨는 생산력의 결핍으로 인해 표류하기 시작한 사람이다. 여자 김씨가 이마의 상처로 상징되는 소수자성 때문에 집안에 유폐되었던 것과는 다소 다른 이유다. 다음에 사례로 들 몇 편의 영화들과 비교해보면, 남자 김씨와 여자 김씨라는 성별의 차이가 어떻게 '집과의 건강한 관계 상실 재현'에 반영되고 있는지 이해할 수 있을 것이다.

〈반가운 살인자〉(2010)의 주인공 김영석은 사업이 망하고 오랫동안 노숙자 생활을 하다가 집으로 돌아온다. 그러나 가족이 그를 달가워할 리 없다. 차라리 죽었더라면 보험금이라도 나올 텐데, 버젓이 살아 돌아와 매일 빈둥거리고 있으니 생계에 아무런 도움도 안 되는 것이다. 딸과 아내에게 구박받던 그는 무언가 수상한 행동을 하고 돌아다니는데, 그때 마침 동네에서는 여성만을 노리는 연쇄살인이 벌어지고 있던 참이다. 영화는 범인을 잡으려는 형사 정민과 무슨 이유에서인지 범인을 추적하는 무능한 가장 영석 사이에 일어나는 좌충우돌을 따라가는데, 영화의 끝에 영석은 여장을 한 채로 정민에게 붙들린다. 보험금을 받아 가족에게 남겨주기 위해 자살이 아닌 방법으로 죽어야만 했던 영석은 연쇄살인범에게 살해되기 위해 그의 동선을 파악하고 그가 선호하는 여자 스타일을 연구했던 것이다. 이 시대에 가족의 생계를 책임질 수 없는 가장은, 즉 '건강한 생산'에 참여하지 못하는 남성은 (그가 트랜스베스타이트transvestite가 아님에도 불구하고) 여장을 통해 남성으로서의 젠더를 박탈당한 채 거리로 내몰려야 한다.

이러한 맥락과 관련해 살펴볼 또 한 편의 텍스트는 〈로드무비〉(2002)다. 〈로드무비〉에서 대식은 결혼을 하고 가정을 꾸렸지만 자신의 성 정체성을 부정할 수 없어 집을 나온다. 그는 버려두고 나온 아내와 아들에 대한 죄책감 때문에 정착하지 못하고, 강인한 생활력(생산력)에도 불구하고 자기 파괴적인 노숙 생활로 스스로를 방기한다. 대식이 사랑에 빠지게 되는 석원은 주식이 급락하면서 완전히 몰락해버린 가장이다. 대식은 석원이 자살하려고 할 때마다 그를 살려내고, 결국 두 사람은 함께 노숙 생활을 시작한다. 경제적으로든 성적으로든 사회가 요구하는 가부장의 요건을 수행할 수 없을 때, 즉 생산과 재생산에 적극적으로 가담하지 않는다면 그들은 자의든 타의든 길거리로 추방당할 수밖에 없다. 그리고 추방의 끝에 대식은 결국 목숨을 잃는다.

　그렇다면 여성이 거리에서 표류하고 남성이 집안으로 스스로를 유기한 〈우리집에 왜왔니〉는 어떨까. 같은 노숙자임에도 불구하고 〈김씨 표류기〉에 등장하는 남자 김씨의 노숙 생활과 〈우리집에 왜왔니〉에 등장하는 여성인 이수강의 노숙 생활에는 차이가 있다. 이는 성역할에 대한 사회의 고정관념을 징후적으로 드러낸다. 남성이 밖으로 쫓겨났을 때는 남자 김씨처럼 생산과 재생산이 공존하는 자신의 유토피아를 잠시나마 구축할 수 있는 반면, 여성이 집 밖으로 쫓겨났을 때는 이수강처럼 완벽한 노숙자가 되어 은둔형 외톨이 남성이 숨어 있는 집에 기생할 수밖에 없다. 그런데 〈우리집에 왜왔니〉에서 더 자세히 살펴볼 것은 장소상실을 구성하는 사회적이고 문화적인 맥락이다. 장소상실은 비단 경제적인 문제뿐 아니라 〈로드무비〉에서 대식의 경우처럼 가부장제 가족주의라는 이데올로기로부터 비롯되는 것이기도 하며, 동시에 다양한 사회적 배제[10]로부터 비롯되는 것이기도 하다. 〈우리집에 왜왔니〉는 이 문제에 대해 이야기하고 있다.

노숙자인 수강은 속초에서 어린 시절을 보냈다. 가족도 없이 산 중턱에서 혼자 살았던 탓에 마을에서는 '동네 대표 미친년'이자 매독 보균자이며 '창녀'로 통한다. 그런 그에게 손을 내민 것은 열세 살 지민뿐이고, 스무 살 수강은 그런 그에게 푹 빠진다. 그러나 사춘기를 지나고 있는 지민에게 '동네 미친년'과의 스캔들이 달가울 리 없다. 결국 지민은 이사를 가고 수강은 자신을 떠난 지민을 찾아 유랑의 길에 오른다. 속초에서 춘천으로, 춘천에서 서울로. 돈도 없고 백도 없으며 교육도 못 받은 여성이 혼자 자립하는 것은 하늘에서 별 따기만큼이나 힘든 일이다. 도둑질에서부터 각종 아르바이트, 성매매, 파지 줍기에 이르기까지 대한민국 곳곳을 전전하며 수강은 셀 수 없이 많은 일에 몸을 담는다. 결국 (나름으로는) 자발적이었던 유랑은 표류가 되고, 표류는 서울의 거리로 그를 이끈다. 그 어느 곳도 그의 집이지만, 그 어느 곳도 그의 집이 아닌 그런 상태.

자신을 그런 처지로 만든 지민에게 복수하기 위해 수강은 지민을 잘 관찰할 수 있는 어떤 집으로 숨어든다. 그곳에선 사고로 아내를 잃고, 재개발 불발로 재산마저 잃으면서 대인관계 기피에 시달리고 있는 병희가 목을 매달고 있다. 수강의 표류는 남성 중심의 가부장제 가족주의에 사로잡힌 사회가 소수자에게 꼬리표를 달아 소외시키는 폭력을 그 전제로 하며, 동시에 영화는 그런 소수자들이 다양한 사회적 배제로부터 경험하게 되는 고통을 재현한다. 이런 의미에서 〈김씨 표류기〉와 〈우리집에 왜왔니〉는 국가권력이 개인의 주거공간에 행사하는 영향력과 폭력, 그리고 그 영향력과 폭력을 가능하게 하는 조건이자 마찬가지의 영향력을 행사하고 있는 가부장제의 폭력을 드러내고 있는 텍스트인 셈이다.

그런데 왜 노숙자와 은둔형 외톨이인가? '빈집'을 떠돌면서 타인과 일상을 공유하고 이를 통해 상상의 가족을 만드는 데 심취한 태석, 그리고 가부장의 폭력 때문에 집 안에 유폐되어 있는 선화의 이상한 만남을 그리고 있는 〈빈집〉(2004)이라는 텍스트까지 생각해보면, 노숙자와 은둔형 외톨이 사이의 만남에 누군가는 매혹되고 있음이 분명하다. 그런 만남은 생산력 혹은 재생산력의 결핍으로 지금의 사회가 요구하는 '집과의 건강한 관계'로부터 배제된 이들의 필연적인 만남이다. 그러나 또 한편으로는 사회의 획일적인 규정에 대항하는 대안적인 연대의 가능성에 대한 상상일지도 모른다. 〈김씨 표류기〉에서 자신의 극복할 수 없는 경제 계급을 대면하게 된 남자 김씨와 소수자라는 문화적 계급으로 인해 방으로 유폐된 여자 김씨의 만남은 다종다양한 계급적 각성을 가능하게 하는 추방으로부터 비롯되었으며, 그런 만남이었기에 두 사람이 손을 맞잡은 마지막 장면은 '탈주'의 가능성을 암시하기도 한다.

그런데 이 둘의 만남이 디지털과 아날로그의 혼종을 통해 가능했다는 점은 상당히 흥미롭다. 여자 김씨가 남자 김씨를 처음 발견하는 것은 디지털 카메라의 뷰파인더를 통해서다. 남자 김씨는 "HELP"라는 코멘트가 달린 나무에 목을 매는 스틸에 가까운 이미지로 여자 김씨에게 소개된다. 어찌 보면 남자 김씨가 꾸며가는 그만의 주거공간 밤섬은 현실성이 탈각된 인터넷의 가상공간과 흡사하고, 여자 김씨가 그를 들여다보는 뷰파인더는 모니터와 같다. 온라인의 가상공간에 익숙한 여자 김씨에게 남자 김씨의 삶을 들여다보는 것은 또다른 가상공간과의 접속이나 마찬가지다. 여자 김씨는 "HELP"를 "HELLO"라고 고쳐 쓴 남자 김씨의 메시지에 "리플을 달아주기로" 결심하고 다소 원시적이라 할 수 있는 매체인 '유리병'을 활용해 남자 김씨에게 메시지를 보낸다. "HELLO." 여자 김씨가 남자 김씨에게 리플을 다는 순간, 이들의 관계는 단순히 관찰하고 관찰되는 관계에서 서로 리플을 주고받는 관계로 발전한다.

가상과 현실이 공존하는 상황에서 남자 김씨가 삶으로 들어오면서 여자 김씨의 현실도 조금씩 바뀌기 시작한다. 남자 김씨에게 메시지를 보내기 위해 여자 김씨는 문턱을 넘어 외출을 감행하기도 하고, 남자 김씨처럼 옥수수를 키우고 싶어서 "옥수수를 키울 수 있도록 필요한 것들을 좀 사달라"고 엄마에게 직접 말을 걸기도 한다. 옷장에서 나와 잠을 자는 날들이 생기고, 미니홈피의 세계에 스스로를 가두는 횟수 역시 조금씩 줄어든다. "나를 봐주는" 사람이 생겼을 때, 짜파게티의 '희망소비자가'에서 볼 수 있듯이 '소비'를 통해서나 찾을 수 있었던 '희망'은 자장면이라는 이름의 '거대한 희망'이 되어 두 사람에게 돌아온다. 결국 남자 김씨의 유토피아(무장소)이자 여자 김씨의 가상 세계인 밤섬에서 남자 김씨가 쫓겨나자 여자 김씨는 그를 만나기 위해 집에서 뛰쳐나간다. 영화는 두 사람이 손을 잡으면서 끝난다.

이 두 사람의 만남이 그 후 어떻게 진행될지는 아무도 알 수 없다. 그러나 남자 김씨의 장소상실과 여자 김씨의 장소상실의 서로 다른 층위가 접속했을 때, 추방당한 '내부 난민'의 연대가 시작된다는 것은 상당히 흥미롭다. 〈김씨 표류기〉는 이런 의미에서 앞서 언급했던 '장소상실'의 존재 양식이 다각적으로 묘사되고 있는 작품이다.

정주와 변화의 공간으로서의 집,
그 가능성을 찾아서

남자 김씨와 여자 김씨의 만남, 수강과 병희의 만남, 대식과 석원의 만남 등은 사회가 요구하는 생산/재생산 관계에 포섭되지 않음으로써 자신들의 장소에서 '추방'당한 이들의 '탈주'이며 그러한 탈주를 통해서나 가능한 '연대'라고 이해할 수 있을지도 모른다. 그 연대의 미래는 불투명하고, 해피엔딩도 아니며, 심지어 사회에 조금의 균열도 내지 못했지만, 그들은 어떤 해방의 순간들을 만들어낸다.

그렇다면 이런 '해방의 순간'을 목도하는 것만으로 장소상실이 해소될 먼 미래를 기대할 수 있을까. '추방'의 경험을 경유해 '탈주'함으로써 자본주의적이고 자유주의적인 국가 질서에 대항하는 주체의 가능성을 설명하는 것은 지나치게 제한적이고 유토피아적인 것은 아닐까. 탈주는 인식론의 변화를 가져올 순 있지만 지속될 수 있는 움직임은 아니며 언젠가는 재영토화의 과정을 거치게 될 것이다. 더군다나 많은 경우 탈주는 '저항의 실패'로 결론 난다. 이런 끝없는 재영토화 속에서 우리는 어떻게 다시 대안을 말할 수 있을까.[11]

마찬가지로 '인터넷 공간'을 통한 혁명과 해방의 순간을 말하는 것 역시 지나치게 테크노토피아적인 전망에 사로잡혀 있다. 2008년 촛불과 같은 현실에서의 폭발적인 탈주는 인터넷에서의 '미디에이션 mediation (매개)'이 '이미디에이션 im-mediation (즉각적인 직접행동)'[12]으로 연결되었기 때문이며, 이렇게 오프라인과 온라인 양쪽에서 진행되는 탈주는 '공조'이기를 넘어 사실상 '하나'다. 그렇게 인터넷 및 다양한 디지털 매체의 역할은 중요하지만, 동시에 그것들이 지금까지의 역사적 혁명들을 가능하게 했던 다른 '오프'상의 매체들보다 속도를 빠르게 한 것 이상의 어떤 역할을 수행했는지에 대해서는 진지한 논의가 필요하다.[13] 즉, 인터넷 및 디지털 매체의 매체성 자체가 현재의 자본주의 질서에 획기적인 변화를 불러올 수 있을까? 오프가 이미 내재하고 있는 가능성

이상으로?

실제로 우리는 '탈중심화된 소통'에 대한 상상을 하면서도 현실의 폭력적인 이데올로기가 재생산되고 있는 것을 매일 경험하고 목격한다. 그러나 우리의 질문은 '탈주와 새로운 매체의 등장은 무의미하다'는 폄훼에 놓여 있지 않다. 탈주와 새로운 매체의 등장은 유의미하며, 때로는 벤야민이 말한 '신적 폭력'의 어떤 해방적 모멘트를 제공해왔다. 우리의 질문은 오히려 이런 해방의 모멘트를 지속시키는 것이 가능한 현실적 대안을 어떻게 상상해 갈 것인가에 놓여 있다.

그렇다면 이번에는 '무장소성'을 담보하는 유토피아적인 전망이 아니라 구체적인 장소회복의 움직임을 살펴보자. 물론 궁극적인 장소회복은 자본주의와 가부장제 논리에 따라 구성되어 있는 공간을 탈구축함으로써 가능하겠지만, 이는 현재로서는 불가능한 미션이다. 거기까지 나아가기 위한 몇 가지 단계를 살펴보는 것이 지금 가능한 일일 터. 인식 전환의 모멘트, 그 인식 전환을 지속 가능하게 만들어주는 제도적 보완, 그리고 궁극적으로 자본주의에 문제를 제기하고 그로부터 벗어날 수 있는 대안을 찾아가는 단계. '추방과 탈주'가 인식 전환의 가능성이 열리는 '메시아적 모멘트'의 단계라면, 이 글은 그 단계를 현실적으로 지속시켜 다음 단계로 넘어갈 수 있도록 이끄는 동력을 찾아보고 싶다.[14]

이러한 고민을 할 때 푸코가 시도했던 공간의 미시정치학적 접근, 그리고 그가 제시했던 헤테로토피아라는 개념은 상당히 유의

미할 것이다. 헤테로토피아^{heterotopia}는 '고정적인 일련의 관계들을 의심하고, 그를 중성화하거나 혹은 전복시키는' 공간으로, 장소의 헤게모니적 조건들을 전복하는 현실에 존재하는 장소다. 푸코에 따르면 모든 단일 문화에 다양한 헤테로토피아가 존재하는데, 이는 크게 '위기의 헤테로토피아'와 '일탈의 헤테로토피아'로 대별된다. 전자는 청소년기나 생리 기간처럼 위기의 상태에 놓여있는 이들을 위한 지정된 공간 혹은 신성한 공간으로, 기숙사를 예로 들 수 있다. 후자는 사회규범으로부터 벗어난 일탈을 행하는 이들을 위한 곳으로 정신병원을 그 예로 설명한다.[15]

영화 〈페스티발〉(2010)의 배경이 된 마포는 성 정체성을 찾아가는 이들의 공간이란 점에서 '위기의 헤테로토피아'이며, 한국의 성규범으로부터 벗어난 이들의 공간이라는 점에서 '일탈의 헤테로토피아'이기도 하다. 하지만 동시에 영화에 등장하는 이들은 자신만의 판타지 공간을 구축하면서 현실로부터 탈각되거나 도피하는 것이 아니라 시민으로서 당당히 주거권을 요구하는 현실적인 능동성을 보여준다. 그런 의미에서 〈페스티발〉의 '마포'라는 공간을 살펴보는 것은 헤테로토피아의 현실적 가능성을 탐색해보는 기회를 제공한다.

〈페스티발〉은 "안전하고 살기 좋은 서울 만들기" 캠페인에 박차를 가하는 마포 경찰서에서 시작된다. "정확한 단속 대상이 누구냐?"는 말단 경찰관의 질문에 서장은 "안전하지 않은 거, 무질서하고 그런 거. 건전하지 않은 거, 불건전하고 막 그런 거"라고 대답하지만 구체적인 단속 대상은 말하지 못한다. 그리고 대체로 그것은 '유흥가'나 '자기 차에서 딸 치는 남자', '한국 남자의 성^性생활을 위협하는 백인 남자'와 같이 성性을 둘러싼 문제로 좁혀진다. 지나치게 많이 거론되면서도 근대의 배치 속에서 비가시적인 영역으로 내몰렸고, 동시에 끊임없는 단속 대상이 되어왔던 성의 역사를 〈페스티발〉은 우스꽝스럽지만 정확하게 묘사하고 있는 셈이다.

그런데 이렇게 경찰이 서울시 정화사업을 벌이는 와중에도 마포의 곳곳에서는 '무질서하고 불건전한 막 그런 것'들이 꿈틀거리고 있다. SM에 빠진 한복집 아줌마와 철물점 아저씨, 예쁜 여자 속옷을 즐겨 입는 고등학교 선생님, 섹스돌에 푹 빠진 오뎅 총각, "왕년에 자지돌"이었다는 허세밖에 남은 것이 없는 경찰관, 사채를 갚기 위해 자기 속옷을 팔아야 하는 여고생. 사회가 '정상'이라고 말하는 성과는 한참 거리가 먼 그들이 복닥거리며 마포에서 살고 있는 것이다.

마포의 한 근린공원에서 이 "변태"들이 한자리에 모이는 '변태들의 합창' 시퀀스의 끝에 한복집 아줌마 순심은 개인의 성을 단속하고 추방하려는 공권력에 대해 "변태는 주민이 아니냐"고 일갈한다. 또한 그는 "엄마라는 사람이 변태면 어떻게 하라는 거냐"는 딸의 말에 "살다보면 변태 엄마도 있는 거야"라는 대답을 남기고 '변태 복장'으로 길거리로 나선다. 공적인 공간에 서서 당당하게 내뱉는 "지옥 가자, 기봉아"라는 그의 마지막 대사는 근대국가의 단속 대상이었던 '비정상적인 성'의 해방에 대한 당당한 요구이자, 신성한 것으로서 언제나 박제되어왔던 모성의 해방을 알리는 선언이기도 하다.

이때 헤게모니적 조건을 전복하는 현실적 공간, 헤테로토피아로서의 마포가 등장한다. 한국에서의 주거공간이 지속적으로 이성애 중심의 가부장제가 강요해온 '정상적인 성' 담론에 갇혀 있었다면, 마포에서의 주거공간인 변태들의 집은 이런 변태성을 얼마든지 펼칠 수 있는 해방의 공간이다. 물론 〈페스티발〉의 '변태'들이 한국의 성소수자들을 상징하고 있음은 자명하다. 헤테로토피아로서 마포의 집은 다양한 계급의 소수자들이 '주민이자 시민'으로서 주거권을 요구하며 정주하는 공간이자, 그 정주의 조건들을 조정하고 변화시켜가는 변주의 공간이기도 하다.

이런 의미에서 실제로 마포에 거주하는 성소수자들이 공동체 운동을 벌였던 '카페 마레연'은 주목해볼 만한 사례다. '카페 마레연'은 '마포레인보우유권자연대(마레연)'에서 시작되었다. 마레연은 2010년 6·2 지방선거 당시 마포구에 사는 LGBTQ(레즈비언, 게이, 바이섹슈얼, 트랜스젠더, 퀘스처닝)들이 유권자로서 목소리를 내자는 취지로 모였으며 "첫째, 마포구에 살고 있는 LGBTQ의 권리를 지지하고 사회적 변화를 꿈꾸는 이들을 유권자로 조직하는 것, 둘째, 마포구의 공직 선거에 나선 후보들의 정보와 정책을 공유하고 평가하며 LGBTQ를 위한 정책을 만들고 활동하는 정치인을 지지하는 것, 셋째, 유권자로서 투표 참여를 독려하고 선거에 투표함으로써 우리의 의지를 표현하는 것"을 그 활동 목표로 삼았다.

실제로 마레연에서는 마포구에 출마한 각 정당의 후보뿐 아니라 유권자로서 투표해야 했던 교육감과 시장 후보에게까지 질의서를 보내 답변서를 받는 운동을 진행했고,[16] '35세 미만 1인 가구자'의 주택신청 가능면적 규제의 개정을 제안하는 등 현실적인 정책에 대해서도 의견을 개진했다. 현행법상 혼인신고를 할 수 없는 동성 커플의 경우 주택 신청 시 독신 가구로 신청해야 하지만, 단독 세대주가 신청할 수 있는 주택의 면적을 40제곱미터 이하로 제한하고 있는 주택공급에 관한 규칙 32조 1항 때문에 충분한 공간을 누릴 수 없다는 문제 제기였고, 해당 규제 철폐를 위한 서명운동을 벌였던 것이다.

오현주 당시 진보신당 마포구의원 후보는 마레연의 활동에 대해 "민주주의가 소수자에게는 굉장히 무심한 면이 있지만, 이런 자발적인 운동을 통해 정책적인 방향을 바꿀 수 있을 것"이라고 평가했다.[17] 마레연은 선거가 끝나자 "동네 주민들끼리 얼굴도 보고 가끔 맛난 거 먹으며 수다도 떨고 실생활에 필요한 정보도 공유하고 동네 문제가 생겼을 때 긴급 회동 같은 것도 해보자"는 취지에서 '카페 마레연'을 구성하고 지역 운동, 공동체 운동을 계속하기로 결정한다. 이 공동체는 "마포구에 살고 있는 분들, 살고 싶은 분들, 마포구에서 일하고 있는 분들, 살지도 일하지도 않지만 마포구에 자주 출현하시는 분들"을 가입 자격으로 하며 "성

정체성 탐구를 하고 있는 분"들에게까지 그 문을 열어놓았다.[18]

한국의 가부장제가 공고한 이성애 중심주의와 남성 중심주의에 기반하고 있기 때문에, 성소수자의 시민권 및 인권은 이런 가부장제의 판을 뒤엎을 중요한 의제다. 특히 이성애 핵가족 중심의 주거정책과 주거공간은 소수자를 다양한 사회적 배제로 내모는 결과를 가져오기도 한다. 그런데 〈페스티발〉이라는 영화, 그리고 성소수자의 시민권 운동이 주거권 운동과 연동되어 이루어진 마레연의 사례를 보면, 탈가부장제적이고 탈자본주의적인 공간으로서의 마포를 발견할 수 있다. '장소상실'의 대안 중 하나일 수 있는 '정주와 변주가 동시에 가능한 주거공간으로서의 집'은 이런 현실적인 목소리를 통해 등장할 수 있을 것이다.[19]

기억의 젠더 정치와 대중성의 재구성[1]
대중 '위안부' 서사를 중심으로

2016년 초, 일본군 위안부 피해자의 이야기를 그린 독립영화 〈귀향〉이 개봉한다. 영화는 기획 단계부터 해서 14년이나 걸려 완성되었고, 이 과정에서 총 73,164명에 이르는 시민이 크라우드펀딩에 참여했다. 그리고 개봉과 동시에 폭발적인 관심을 불러 모으면서 논란의 중심에 섰다.

이 글은 이런 뜨거운 논쟁의 한가운데에서 〈귀향〉이 놓여 있는 맥락의 지형도를 그리고, 그 안에 페미니스트 비평의 좌표를 찍는 작업이다. 이 작업의 맥락은 『제국의 위안부』, 12·28 불가역적 합의, 그리고 〈귀향〉으로 이어지는 일련의 '사건들'을 바탕으로 직조되어 있다. 기실 이 세 가지 사건들은 하나의 계열체를 이룬다. 학술 서적, 외교 정치, 그리고 대중 서사라는 별개처럼 보이는 세 개의 사건은 맥락을 공유하면서 연속적으로 일어났다. 이들은 서로 중첩되어 작동하면서 결과적으로는 군사주의에 기반하는 국제정치 체제 및 오래된 성체제(가부장제)를 지속시키는 데 기여한다.

이런 문제의식을 가지고 살펴보면, 일련의 사건들은 일본군 '위안부' 문제를 어떻게 기록하고 기억하여 역사화할 것인가, 그런 역사화의 과정에 〈귀향〉과 같은 대중 서사를 경유해 적극적으로 동참하는 대중의 정동과 욕망에는 어떻게 접근할 것인가, 그와 연루되어 있는 대중성 the popular의 정치적 구성은 가능할까, 그리하여 페미니즘 문화비평은 무엇을 해야 하는가 등의 다층적인 문제들을 제기한다. 이 글에서는 『제국의 위안부』, 12·28 불가역적 합의, 〈귀향〉이라는 세 개의 레이어layer에 최근 가장 논쟁적인 두 편의 '위안부' 서사인 〈레드 마리아2〉(경순, 2015)와 〈눈길〉(이나정, 2015)을 겹쳐 넣으면서 이 질문들에 다가가려고 한다.[2]

이 논의는 〈귀향〉이라는 영화를 비롯해 이를 둘러싼 사건들을 중심으로 진행될 것이다. 군홧발에 짓밟히는 순수한 소녀, '악마와도 같은 일본 놈들', 그리고 무기력한 조선의 아버지와 오빠. 〈귀향〉은 진부한 이미지와 서사로 점철되어 있지만, 그럼에도 불구하고 (혹은 바로 그렇기 때문에) 대중의 열정적인 움직임을 만들어냈고, 그렇게 '정치적인 것' 혹은 '사회적인 것'으로서 어떻게 대중문화가 작동할 수 있는지 보여주었다. 그렇다면 가능성이기도 하고 불가능성이기도 한 이 작품을 어떻게 이해

해야 할까? 이 영화는 문제적인만큼이나 진지한 사유의 대상일
수밖에 없다.

일본군 위안부의 성노예화와
죽음 정치적 노동

　〈귀향〉은 반동적 서사의 계열체를 이루는 작품이다. 그
러나 비판을 시작하기에 앞서 우선 이 작품이 성노예화의 관점
에서 '위안부' 문제에 접근할 수 있는 대중적 재현의 단초를 제
공한다는 점에 주목할 필요가 있다. 이제 와서 새삼 이 문제가 중
요해지는 것은 『제국의 위안부』에 대한 대중적 관심 때문이다.[3]
〈귀향〉은 『제국의 위안부』의 '위안부' 서사[4]와 계열을 이루고 있
지만, 『제국의 위안부』가 제시되는 관점과는 다른 태도를 지니고
있다는 점에서 그와 구별되어 논의될 수 있다.
　『제국의 위안부』는 조선인 '위안부' 여성들이 겪은 폭력이나
고통이 제국 일본과 식민지 조선이 공유하고 있던 가부장제의 문
제이지 제국의 지배와는 '직접적인' 관계가 없다고 재차 강조한
다. 위안부 여성들에게 '직접적으로' 폭력을 가한 것은 그녀들을
팔아넘긴 부모거나 그녀들을 징모하고 판매했던 조선인 포주였
다는 것이다. 따라서 책의 설명에 따르면 '위안부' 제도는 가난한
여성들이 가족을 위해 매춘을 했던 '가라유키상唐行きさん' 전통의

연장선상에 있으며, 조선 여성들의 사정은 당시 일본 매춘 여성의 사정과 다르지 않았다.

조선인 '위안부'와 일본인 '위안부' 사이의 동질성에 대한 주장은 중국 여성과 조선 여성 사이의 차이에 주목하는 것으로 이어진다. 말하자면 조선 여성들은 일본군 남성들의 '동반자이자 동료'로서 서로 정을 나누는 보호의 대상이었던 반면, 중국 여성들이야말로 일본군 남성들의 강간과 폭력의 희생자였다는 것이다. 『제국의 위안부』의 '동지적 관계'라는 상상력은 이렇게 발동된다. 그리고 이 상상력의 재료가 되는 것이 '위안부' 피해자의 구술에서 발견되는 징모 과정에서의 자발성[5]과 '즐거운 한때'에 대한 기억들이다. 『제국의 위안부』는 남한의 가부장제와 착종된 민족주의적 사유 체계 및 그에 기반한 '폭력적인 운동'이 '위안부' 피해자를 '순수한 소녀'의 이미지 속에 가둬넣어야 했기 때문에 이 기억들을 지웠다고 주장한다. 그리고 그 안에서 '자발적으로 간 매춘 여성의 이야기' 역시 지워졌다는 것이다.

〈레드 마리아2〉는 이 지점에서 『제국의 위안부』의 문제의식과 공명한다. 한국과 일본의 성노동 현실 및 성노동자 운동, 그리고 그 사이의 연대에 대해 다루고 있는 〈레드 마리아2〉는 '경순 감독의 어머니-신자유주의 시대의 성노동자-식민지 시대의 위안부' 이야기를 엮으면서 이들이 겪어야 했던, 그리고 여전히 겪고 있는 사회적 낙인에 주목한다. "Stop Stigma!" 다큐에 등장하는 구호는 〈레드 마리아2〉의 메시지를 명확하게 보여준다.

'매춘 혐오'는 〈레드 마리아2〉가 박유하와의 접점을 찾는 지점이다. 다큐는 매춘 혐오가 한국에서 성노동자를 피해자화하면서 성노동을 범죄화하는 반면, '위안부' 문제에서는 '어떤 여성들(매춘 여성, 자발적으로 위안부가 된 여성, 동지적 관계를 맺었던 여성)'을 피해자화하지 못하는 딜레마를 만들어낸다고 설명한다. 즉, 매춘을 노동으로 인정하지 않기 때문에 성노동자는 피해자로서만 소통되고, 동시에 매춘부는 민족의 수치이자 순수한 피해자가 될 수 없기 때문에 위안부 피해자 서사에서 지워졌다는 것이다. 그리고 박유하 역시 한국 사회의 매춘 혐오 때문에 '필화'를 겪는다고 판단한다.

매춘에 대한 낙인을 파헤치면서 성노동에 대한 급진적 이해와 현실적 제안을 선보이는 이 '대중 서사'[6]는, 그러나 박유하를 다큐에 출연시킴으로써 자가당착에 빠진다. 무엇보다 다큐는 『제국의 위안부』가 비판받는 이유를 제대로 탐구하려 하지 않음으로써 이런 곤란함에 포획된다. 기실 『제국의 위안부』의 '동지적 관계'라는 상상력에 대한 비판은 '매춘 혐오'를 기반으로 하는 것이 아니라 **(식민지하) 매춘의 불가능성**'에 대한 이해를 기반으로 하는 것이다. 일본의 병참기지로서 모든 것이 '자원화'된 조선에서 자발성은 이야기될 수 없다. 그것이 '성노예화'라는 규정이 지시하는 바다. 신자유주의에서의 성노동과 식민지에서 병참기지의 자원으로서 동원된 '위안부' 여성들의 성노동은 다른 조건에서 구성된 다른 노동이다. 그것을 같은 노동으로 놓는 것이 어쩌면 〈

레드 마리아2〉가 주장하고자 하는 그 주체성을 교란시키는 패착이다. 성노동자의 주체되기의 불가능성을 역설하는 것이기 때문이다.

그러나 더 진지하게 질문해야 할 것은 다큐와 박유하가 『제국의 위안부』와 관련된 고소·고발을 '매춘 혐오'로 평가할 때, 매춘을 혐오한다고 비판하는 대상은 과연 누구인가 하는 점이다. 불행하게도 그것은 '할머니들'이다. 물론 다큐와 『제국의 위안부』, 그리고 박유하는 할머니들 '배후'에 놓여 있는 정대협(한국정신대문제대책협의회)으로 대변되는 '운동권'의 가부장제적 민족주의와 매춘 혐오에 비판의 칼날을 들이댄다. 할머니들에게 강요되고 주입된 '민족주의적 서사'가 있다는 판단이다. 그렇다면 그들이 애초에 가지고 있던 질문은 뒤틀어지고 만다. 그들이 주장하는 할머니들의 자발성과 주체성은 어디로 갔는가? 할머니들은 민족주의자들에 의해 조종되어 '위안부' 문제를 왜곡하는 꼭두각시인가? 다큐가 세종대 앞에서 벌어진 할머니들의 시위 장면을 그리는 방식은 정확하게 이렇게 독해된다. 다큐는 박유하의 문제를 자신의 주장과 절합하기를 고집함으로써 딜레마에 빠진다. 할머니들에게 "당신들은 매춘 혐오에 빠져 스스로와 집단기억을 왜곡하고 있다"고 비판하는 것이거나, 그것이 아니라면 기억의 담지자이자 운동의 중심으로서 할머니들의 주체성을 폐기하는 것이 되기 때문이다.

〈레드 마리아2〉는 '보편적 페미니즘'과 '한국의 여성운동' 사이의 간극을 감각하고 이해하는 과정에서 함정에 빠진 듯하다. 페미니즘 문화비평의 관점에서 볼 때, 『제국의 위안부』가 '식민 지배'라는 특수성의 문제를 '가부장제'라는 보편성의 수사로 가리고 있는 점은 주목해볼 만하다. 말하자면 일본 식민 지배의 인종주의적이고 민족주의적인 성격을 지워버리고, 폭력의 문제를 가부장제 일반의 문제로 환원함으로써 일본 제국에 면죄부를 주는 것이다. 이런 논의에서 페미니즘은 일종의 '변명'으로 이용된다.

그런데 『제국의 위안부』는 정대협 활동을 비롯해 '위안부' 운동을 둘러싸고 있는 한국 여성운동에 대한 혐오 역시 동시에 드러낸다. 〈레드 마리아2〉는 이 입장을 그대로 안고 가는 것처럼 보이는데, 이는 안병직의 인터뷰 시퀀스와 그에 바로 이어지는 마사지 업소 시퀀스의 연결에서 드러난다. 안병직은 정대협의 활동이 여성운동과 무관했다고 주장하며 말한다. "정신대 문제 때문에 한국 여성의 지위가 향상된 게 뭐가 있노?" 이어지는 것은 열악한 환경의 마사지 업소다. 이 장면의 연결이 함의하는 바는 무엇인가? '위안부' 할머니들의 목소리가 한국 사회에 들릴 수 있는 지반을 마련했던 한국 페미니즘과 여성운동은 이렇게 폐기되어도 되는가? 할머니들의 목소리가 들려왔다는 것 자체는 여성의 문제가 아니며, 그것이 여성운동의 성과가 아니라고 말하는 것은 무엇을 드러내는가? 그것이야말로 '위안부' 문제를 민족 문제로 환원시키는 태도를 보여줄 뿐이다.

물론 민족의 시각에서 '위안부' 문제를 다뤘던 기존의 기술에 페미니즘의 방법론을 기입하는 관점의 전환은 매우 중요하다. 그런 전환이 없다면, 전시 성폭력을 제대로 파악할 수 없을 뿐만 아니라, 해방 후 '위안부' 피해 여성들이 비가시화되었던 과정, 그들의 겪어야 했던 소외와 폭력의 역사, 그리고 '위안부'가 남성 중심적인 민족 정체성 구성을 위해 착취당했던 과거 역시 제대로 설명될 수 없기 때문이다. 그러나 우에노 지즈코가 강조하고 있는 것처럼 민족이냐 젠더냐, 식민지 피해자냐 성폭력 피해자냐를 구분해서 이야기하라는 것 자체가 '전선'과 '분리'를 강요함으로써 페미니즘 위에 군림하려는 가부장제와 (제국의) 민족주의가 작동하는 방식이다.[7]

다시 한 번 강조하자면, 『제국의 위안부』에서 문제가 되는 것은 가부장제에 대한 문제 제기가 가부장적 군사주의에 기댄 일본 제국의 작동 기제에 면죄부를 주고 있다는 점이다. 이는 『제국의 위안부』가 선보이는 일종의 '곡예적 사고 회로'(마에다 아키라)[8] 안에 놓여 있다. 『제국의 위안부』의 부제는 "식민지 지배와 기억의 투쟁"이다. '기억을 헤게모니 투쟁의 장'으로서 명명함으로써 박유하는 공적 기록에서 사라진 '여성 기억'을 복원해내는 것처럼 보이지만, 사실은 가부장제에 기반하고 있던 제국주의에 면죄부를 줌으로써 여성 기억은 가부장제에 복무하는 '역사 다시 쓰기'로 치환되고 재영토화된다. 페미니즘적 문제의식을 가지고 '위안부' 문제에 접근하려면 일본과 조선/남한의 제국주의, 군사주의, 민족주의, 인종주의가 가부장제와 어떻게 교차적으로 작동했는지를 살펴야지, "가부장제가 제국주의, 군사주의, 민족주의, 인종주의보다 더 근원적인 지배 체계다"라는 주장으로 귀결되어서는 안 된다.

〈귀향〉은 『제국의 위안부』가 보여주는 곡예적 회로를 거울상으로 전도시킨 작품이다. 〈귀향〉은 보편적인 가부장제의 여성에 대한 폭력을 예민하게 인식하면서도 '위안부' 동원 체제를 성노예화의 관점에서 이해하도록 관객을 이끈다. '위안부' 동원 체제가 성노예화의 한 과정인 것은 무엇보다 그것이 '죽음 정치적 노동'에 근거하는 시스템이기 때문이다. 죽음 정치란 누군가의 삶을 유지하고 부양하기 위해서 타인의 생명을 제거하는 지점에까지 이르는 통치술을 의미한다. 그리하여 죽음 정치적 노동은 "죽음에 이르도록 운명 지워진 사람들로부터의 노동 착취(추출)"[9]이다.

예컨대 후쿠시마 원전 폭발 이후 사후 처리를 위해 원전에 투입되는 노동력을 떠올려보자. 일본 사회는 실제로 목숨을 담보로 돈을 벌 수밖에 없는 이들의 노동 위에서 그 생명을 연장하고 있다. 이런 관점에서 보았을 때, '위안부'의 노동 역시 죽음 정치적 노동이었다. '위안부' 제도에 동원된 여성들은 완전한 소모품이자 군납품으로 징모되어 인종화되고 성애화된 노동에 종사했으며, 쓸모가 사라졌을 때 가차 없이 처분되었기 때문이다. 그리고 오키나와 여성들에 의해 위안소 제도가 승인되었던 사례[10]에서 볼 수 있는 것처럼, '위안부' 여성들은 특정한 민족-젠더의 보존을 위해 '대리 노동'을 했던 셈이기도 하다. 〈귀향〉은 '위안부' 피해자 할머니들의 미술치료 그림을 영화의 주요 모티프로 가져오면서 '위안부' 제도의 죽음 정치적 면모를 여실하게 재현해낸다.

보편성과 특수성을 서로 접속시키는 장면은 무엇보다 은경(최리)에게 귀신이 들리는 장면이다. 은경이 낯선 남자에게 성폭행을 당한 뒤 은경의 아버지가 그를 공격하자 두 남자 사이에 싸움이 붙는다. 그리고 둘 다 은경의 몸 위에서 죽고 만다. 은경은 시공간을 넘어서 '성폭행 피해자'이기 때문에 '위안부' 피해자 여성들의 목소리를 대변할 수 있는 영매가 된다. 감독은 한 인터뷰에서 이 장면에서 자신이 성폭행범을 연기함으로써 '위안부' 제도를 가능하게 했던 욕망을 가진 남성으로서 속죄를 하고 싶었다고 말하는데,[11] 이는 '잠재적 가해자'로서 자신의 위치에 대한 고백이기도 하다.

물론 감독의 이런 태도가 영화 전반에 스며들어 있기 때문에 이 영화에 드러나는 시선의 젠더는 '지켜주지 못해 미안한 남성'이며, 따라서 관객성 역시 (반드시 젠더화에 성공하는 것은 아니지만) 남성으로 젠더화된다. 이처럼 〈귀향〉은 자신이 비판하고 있는 그 가부장제를 지속시키는 재현을 시도하면서도 미학적 전복에 실패함으로써 다시 가부장제에 복무하는 한계를 드러낸다. 재현의 문제는, 그것이 비록 기존 페미니즘 영화비평의 언어를 그대로 답습하는 고루하고 게으른 것일지라도[12] 그냥 흘려보내기는 어려운 문제다.

'위안부' 서사,
다른 재현은 가능한가[13]

매혹이 된 폭력, 남성으로 젠더화되는 대중

〈귀향〉의 대중성은 아무래도 그 선정성에 놓여 있고, 그 선정성은 대중성의 젠더와 무관하지 않다. 무엇보다 〈귀향〉은 '성폭력'의 스펙터클을 전시한다. 이런 선정적인 재현은 '피해자 여성에 대한 또다른 폭력으로 다가온다. 물론 영화는 내부에 이에 대한 변명을 담고 있다. 할머니의 증언과 미술치료 작품에 바탕을 두고 있으므로 '사실적 묘사'에 충실할 뿐이라는 것이다. 그러나 방대한 양의 증언에서 어떤 이야기를 선택할 것인가는 필연적으로 결정되어 있지 않다. 성노예화 과정을 그리기 위해 강간 장면이 필수적인 것은 아니며, 심지어 그것이 '가장 고통스러운 순간'을 무조건적으로 대표하지도 않는다. 그 순간이 그렇게도 중요한 것은 이 사회가 위안부 피해자의 고통을 이해하는 방식이 직접적인 성폭력에 고착되어 있기 때문이다.

〈귀향〉의 서사는 이렇다. 강제로 위안부로 끌려간 두 소녀. 한 명은 그곳에서 죽고 한 명은 귀향했지만, 죽음은 둘 사이를 갈라놓지 못한다. 그렇게 과거와 현재를 오가며 '할머니'와 '소녀'의 만남을 그리는 것이다. 이런 '위안부' 서사는 또 하나의 위안부 서사인 〈눈길〉과 매우 비슷하다. 그뿐만 아니라 〈귀향〉이 강일출 할머니의 〈태워지는 처녀들〉을 모티브로 하듯이 〈눈길〉은 꽃할머니 심달연의 꽃 그림으로 시작되고,[14] 두 작품 다 증언을 바탕으로 한다. 하지만 〈눈길〉은 같은 증언, 다른 재현을 선보인다.

〈눈길〉은 발가벗겨진 채로 두들겨 맞는 여성의 몸을 날것으로 우리 앞에 던져놓지 않는다. 대신 그 자리를 채우는 것은 그렇게 한낱 '몸뚱이'로 살아갈 수밖에 없었던 여성들의 하루하루와 그 일상을 버텨내는 마음이다. 예컨대 〈귀향〉이 강간당하는 '처녀'의 비명을 담아낼 때, 〈눈길〉은 매일 반복해야 했던 콘돔 세탁의 비루함과 그 안에서 묻어나오는 한탄을 보여준다. 〈눈길〉에서 여성은 그저 '유린당한 몸'으로 이미지화되지 않는다. 주인공 스스로가 자신을 '짓밟힌 짐승'으로 여길 때에도, 카메라는 그를 그렇게 대하지 않는다.

폭력을 스펙터클로 만드는 것이 피해자의 고통을 묘사하는 유일한 방법은 아니다. 소리가 있는 것이든 없는 것이든 처절한 '비명'만이 고통을 전달하는 것은 아니다. 우리는 왜 그토록 처절함에 대한 페티시에 사로잡혀 있는가. 폭력을 볼거리로 만들지 않기 위해 우회로를 택하는 것이 피해자를 또다시 대상화하고 물신화하지 않을 수 있는 방법이기도 하다. 미하엘 하네케Michael Haneke 감독의 말처럼, 폭력의 재현은 폭력 그 자체에 대한 것이 아니라 고통에 대한 것이어야 한다.

더불어 주목할 만한 것은 '위안부'로 끌려간 여성들이 어떻게 그 시간을 견뎌낼 수 있었는지를 그려내는 방식의 차이다. 〈귀향〉에서 생존은 당위로서 주어진다. 그곳에서의 삶은 고통의 연쇄지

만, 어떻게 그녀들이 그 시간을 견뎌낼 수 있었는지에 대한 묘사
는 충분하지 않다. 유일하게 제시되는 것은 괴불노리개와 〈아리
랑〉, 〈가시리〉 등의 노래로 대변되는 자매애와 고향에 대한 향수
다. 자매애마저도 그저 당연한 것으로 주어진다. 〈눈길〉은 조금
다르다. 영애(김새롬)와 종분(김향기)이 고통의 시간을 견뎌내면
서 비로소 자매가 되는 것은 함께 시간을 공유하면서 '서로를 찾
아내고 발견하는' 공감의 중첩을 통해서다.

〈귀향〉에서 여성의 '영웅다움' 역시, 폭력을 구체적으로 그림
으로써 도리어 선정적으로 추상화시키듯이, 그렇게 드라마화되
어 추상화된다. 이 작품에서 가장 이해하기 어려운 서사상의 공
백은 여성들의 위안소 탈출 시도 시퀀스에서 나타난다. 여기서
정민(강하나)은 위안소를 무사히 도망칠 수 있었지만 뒤처진 친
구를 위해 지옥으로 되돌아온다. 그러나 이 시퀀스의 내용 전개
는 앞뒤가 맞지 않을 뿐만 아니라 매우 어색하고, 따라서 정민의
선택도 제대로 설명되지 않는다. 그리고 이런 서사의 공백은 수
많은 여성들의 '벗고 맞은 몸'이라는 이미지로 봉합되어 지나간
다. 여성의 영웅다움은 어떤 대단한 사건을 통해서만 돌출적으로
드러나는 것일까. 오히려 그들이 진정한 영웅이 되고 자매가 되
는 것은, 〈눈길〉의 아이코가 그랬던 것처럼 입안이 헌 친구를 위
해 그 귀한 월병을 꼭꼭 씹어 나눠주는 일 같이 구체적이고 작은
일로부터였을지도 모른다.

한편으로 영애에게는 글을 가르친다는 것이, 종분에게는 글을

배운다는 것이 그들을 살아가게 하는 삶의 동기가 된다. 이는 일견 '계급적 위계'를 보여주는 것[15]처럼 보일 수도 있겠으나, '가르친다'와 '배운다'라는 행위가 결과적으로 가지는 의미에 주목한다면 그렇게 단순하게만 해석될 수 없다. 영애에게 '가르친다'는 것은 자신의 우월함을 증명하는 방식이 아니라 자신의 존재 이유를 되찾는 것이기 때문이다. 오히려 그것을 잘 아는 종분이 영애에게 '글을 가르칠 수 있는 기회'를 준다. 읽는 법을 알려달려며 책을 먼저 내미는 것은 종분이다. 그리하여 "너 착각하지 마라, 너나 나나 똑같애!"라는 종분의 외침은 성노예화가 어떻게 피식민자의 계급과 무관하게 진행되었는가를 폭로한다.

종분에게 글을 안다는 것은 또다른 의미를 가진다. 글을 알게 됨으로써 그는 비로서 이 국가 시스템에 시민으로써 재기입된다. 『소공녀』를 읽게 된 그는 귀향하여 '강영애'라는 이름으로 시스템에 등록을 하고, 국가보훈처가 보낸 고지를 읽으며, 첫사랑에게 편지를 쓴다. 종분에게 쓴다는 것은 더 이상 이 사회에 '없는 자'가 아니라 '등록된 자'가 된다는 의미이기도 하다. 동시에 자신의 이야기를 말할 수 있는 자, 기록할 수 있는 자가 된다. 그렇게 '들리는 자', '읽힐 수 있는 자'가 되는 것이다.

물론 〈귀향〉에 대한 비평에서 장수희가 강조하고 있는 것처럼 비평의 언어는 말로 표현되지 못하는 것을 오롯이 포착할 수 없다.[16] 그뿐만 아니라 권명아가 '부대낌'이라는 표현으로 말하고자 하는 대중의 정동과 역동 역시 마찬가지다. 이는 1970년대 페미니즘 영화비평이 1980년대 관객성 연구와 페미니즘 문화연구에 의해서 비판받았던 지점이기도 하다. 그러나 한편으로 질문하게 되는 것은, 재현이 비평의 언어를 초과하는 어떤 정동에 호소하고 그렇게 또다른 효과를 만들어낸다고 해서 재현의 문제를 지적하지 말아야 하느냐는 것이다. 이처럼 '자극적이고 선정적인 재현'만이 대중을 움직이고 이성의 언어로 포착할 수 없는 초과분을 만들어낸다면, 바로 그 감정과 욕망으로 주조되는 대중성이야말로 질문의 장에 올려져야 한다. 비평이 이에 대해 논할 수 없다면, 우리는 언제나 진부한 재현에 만족할 수밖에 없을 것이다. 과연 〈귀향〉의 재현이 우리 시대 '위안부' 서사가 멈춰서야 하는 그런 자리에 도달해 있는가?

더불어 우리는 왜 '고통의 비명'만이 '위안부' 피해자의 고통을 전달할 수 있다고 상상하는 것일까? 왜 비명이 아닌 것은 '엘리트적인 것'으로 치부되어야 하는가. 그리하여 남성의 시선으로 제작되어 남성으로 젠더화된 관객에게 말을 거는 작품이 접속하고 만들어내는 그 부대낌, 그 정동이란 도대체 어떤 역할을 할 수 있는가? 이렇게 촉발하고 촉발되는 부대낌은 기실 이데올로기와 분리되지 않은 상태로 이데올로기 자체에 복무하게 되고, 이 이데올로기란 호모 내셔널리티(남성 중심 민족)라는 공통감각에 불과할 터이다.

이 문제에 대해 자세히 다루기 전에 우선 제안하고 싶은 것은 '조각보처럼 구성되는 페미니스트 담론'에 대한 상상력이다. 재현의 윤리를 비판하는 비평의 한계는, 그 비평의 한계를 지적하는 또다른 비평(여기서는 관객성 탐구)에 의해 메울 수 있는 것 아닐까. 페미니즘 비평은 한 편의 글로 완성되는 것이 아니라 서로에 대한 참조와 생산적인 비판 가운데서 담론을 풍부하게 확장시켜감으로써 완성되는 것이라고 믿는다.

하위주체는 언제까지고 말할 수 없는가

〈귀향〉에서 주목할 만한 것은 '국가의 완전한 부재'다. 아니 정확하게 말하자면 '시스템의 완전한 부재'다. 여기서 '부재'란 영화가 그것을 재현하지 않는다는 의미다. 그렇게 사라진 일본과 조선/남한은 '사악한 일본인'과 '무능한 조선/남한 남자'라는 정형으로 개인화된다. 오빠는 동생을 구하지 못하고, 아버지는 딸을 지키지 못한다. 그런 무능은 현재까지 계속된다. 그래서 여자들은 미친년이 되거나 불귀의 객이 되고, 접신을 통해서야 비로소 말할 수 있는 영매가 된다. 이는 가족 로망스에서만 정치가 상상되고 재현되고 설명되는 가부장제 사회의 인식론을 반영하면서 재생산하는 것이다.

물론 국가의 부재야말로 이 사회의 현실을 그대로 보여준다. 일본 정부는 물론이고 한국 정부도 '위안부' 문제에 대해 책임감 있게 대처하지 않고 있기 때문이다. 그런 탓에 영화가 '위안부' 문제의 해결을 굿이라는 민중의 문화적 형식에 기대는 것이 서사적 힘을 가지고 대중을 매혹시킨다. 무엇보다 굿이라는 서사적 장치는 일본 정부가 치워버리려고 하는 '평화의 소녀상'의 상징적 의미를 그대로 이어받는다. 소녀상에서 단단하게 주먹을 쥔 소녀의 그림자는 할머니의 형상을 하고 있다. 그 그림자의 가슴에는, 희생자의 혼을 기리는 것이자 일본 정부의 공식적 사과와 고통의 제도적 해소를 상징하는 희망의 나비가 난다. 소녀상 자체가 과거와 현재를 잇고, 생존자와 희생자를 연결하며, 그 역사를 잊지 않음으로써 해원解寃하겠다는 의지를 드러낸다. 그러므로 〈귀향〉이 그리는 떠난 자 '정민'과 살아남은 자 '할머니 영옥(손숙)'의 만남, 그리고 그 위를 날아다니는 나비의 형상은 소녀상의 전치轉置다. 여기서는 할머니가 물질성을 띤 육체로 그려지고 소녀가 할머니의 영혼의 그림자로 존재한다.

이미 언급했던 것처럼 정민의 혼을 '귀향'할 수 있도록 이끄는 영매 은경은 '위안부' 여성들이 겪었던 그 성/폭력의 역사가 일본 제국주의의 폭력에 머물지 않으며 가부장제의 보편적인 폭력으로 지금까지도 계속되고 있음을 폭로한다. 은경이 영매가 되는 과정에 대한 묘사는 그래서 중요했을 것이다. 은경은 성폭행을 당하고 그 가해자가 아버지를 살해하는 것까지 목격하면서 우리는 보지 못하는 것을 보는 자, 이성의 언어를 넘어서는 자, 그 제도의 틈새에 존재하는 자, 영매가 된다.

그러나 궁금해진다. 과연 생존자에게 세상을 떠난 동무와 그로 상징되는 고통의 기억은 영매를 통해서만 불러올 수 있는 타자였을까. "몸은 돌아왔지만 마음만은 그곳에 있었다"는 영옥의 말은 생존자들이 삶에서 언제나 죽은 자들의 혼과 함께 있었다는 데 대한 고백이다. 그러니 도대체 왜 영매여야 하는가? 다시 〈눈길〉을 보자. '그럼에도 불구하고' 일상을 살아가는 생존자 '할머니 종분'(김영옥)은 돌아오지 못한 소녀 영애의 영혼과 일상적으로 만나고 대화한다. 종분은 귀향 후 영애의 이름으로 살아왔다. 이는 종분을 '국가 시스템에 등록된 자'로 그려내는 전략이기도 하지만, 동시에 종분에게 그 과거가 '귀신의 것'이 아니라 '사람의 것'으로 계속되고 있음을 보여준다.

〈눈길〉에서 가장 인상적인 것은 살아남은 종분이 이 사회의 어른으로 성장하여 여성 연대의 새로운 가능성을 보여준 데 있다. 사실 '할머니 종분'은 최근 어떤 영화에서도 만나보기 어려운 성숙한 캐릭터다. 이런 평가에 대해 〈눈길〉의 유보라 작가는 이렇게 대답한다.

애초에 〈눈길〉을 기획할 때 하고 싶었던 이야기는 생존해 돌아온 여성들이 30-40대가 되었을 때의 이야기였다. 그러나 상황이 여의치 않았고, 결국 소녀-할머니의 이야기를 하게 되었다. 만약 처음부터 그냥 '할머니' 캐릭터를 상상했다면, 나 역시 상처받거나 분노에 찬 캐릭터를 상상했을지도 모르겠다. 그러나 그분들이 살아온 삶에 대해 리서치하고 생각하고 상상해보니, 종분과 같은 두터운 맥락을 가진 캐릭터를 만들게 되었다.[17]

내가 〈귀향〉에 대해 게으르다고 평했던 '상상력'의 문제란 이런 것이다. 즉각적으로 손쉽게 주어진 익숙한 이야기가 아닌, 오랜 고민과 성찰을 거쳐 등장하는 '발견되지 않았던 이야기'를 통해 '새로운 이야기'를 쓰는 것. 그런 '새로운 이야기'야말로 역사를 구성하는 또다른 관점을 제공해줄 터다. 그렇게 '할머니 종분'은 비명이 아니라 은수(조수향)로 대변되는 다음 세대의 여성들이 겪고 있는 이 세계의 소외와 폭력을 이해하는 물질성을 띤 얼굴이자 목소리, 행위성으로서 등장한다.[18]

물론 이와 같은 시민으로서의 여성을 상상하는 것은, 또다시 근대와 이성의 언어로 여성의 포착할 수 없는 언어를 단정하려는 시도처럼 보일 수도 있겠다. 그러나 포착될 수 없고 이해될 수 없는 '공백이자 잉여'로만 여성의 서사가 쓰이는 것은 여성에 대한 또다른 배제가 아닌가? 그런 무형의 상상력은 과연 새로운 성체계를 가능하게 할 수 있을까? 우리는 언제까지 '다락방의 미친년들'이어야 하는가? '미친년'의 언어를 전유하여 들리게 만들어온 것이야말로 여성운동의 역사 아닌가.

그런 의미에서 오랜 침묵을 깨고 이 사회에 '위안부' 피해자의 목소리를 들리게 한 것이 '진혼'이 아니었음을 기억하는 것은 중요하다. 그것은 '살아가겠다'고 선언한 할머니들의 용기와 결기였다. 그리고 그 옆을 지켜온 살아 있는 운동들이었다. 〈귀향〉에서 가장 가슴을 두드렸던 장면 중 하나는 영옥이 '위안부' 피해 신고를 하기 위해 동사무소를 찾았던 장면이다.[19] 신고를 할까 말까 주저하던 영옥은 "미치지 않고서야 누가 신고를 하겠느냐"는 동사무소 직원의 말에 되돌아가 외친다. "내가 그 미친년이다!" 이는 제도에 '미친년'의 목소리를 기입함으로써 제도의 성격 자체를 다시 쓰는 순간에 대한 묘사다. 아무리 강조해도 부족함이 없으므로, 한 번 더 강조한다. '위안부'를 이 세계사에 등록시킨 것은 '미친년'이라는 언어를 전유한 할머니들, 본인이었다.

그러므로 접신을 경유하지 않고서는 도저히 그 시간을 공유할 수 없고, 기억/기록할 수 없으며, 그렇기 때문에 화해할 수도 위로할 수도 없다는 상상력이야말로 사유의 지체와 정치적 퇴행을 드러내는 징후적 사건이다. 억압된 것의 귀환으로서 여성을 언제나 '유령'으로 상상해온 그 지겨운 상상력의 재탕이기도 한 것이다. 그러한 상상력이야말로 지배 이데올로기를 영속시키는 지반이다.

비평의 이름으로
부대낌의 성격을 질문하다

'기적의 흥행'이라고 평가되는 〈귀향〉에 대한 대중의 열광 이면에는 12·28 '불가역적 합의'가 놓여 있고, 이는 텍스트를 초과한 논의를 요청한다. 그리고 바로 그런 의미에서도 비판적 논의는 계속되어야 한다. 이 영화가 선보이는 서사와 이미지, 그를 둘러싼 정치적 맥락, 그리고 그로부터 촉발되었던 정확히 포착될 수 없는 그 '부대낌'의 절합이 보여주는 것은 '한-미-일 안보 체제'라는 이름의 제국주의가 내셔널리즘이라는 배타적 공동체 감각을 통해서 어떻게 영속되는가이기 때문이다.

전후 일본은 '미일 안보 체제'를 바탕으로 세워졌고, 2015년 미국의 지지를 바탕으로 강행된 일본의 집단자위권 법안 표결에서 볼 수 있듯 이 체제는 여전히 지속되고 있다. 그런데 이 공조 체제를 유지하면서 중국을 견제하고 동아시아에서의 주도권을 확보하기 위해 필수적인 것이 독도를 둘러싼 영토권 분쟁으로 악화된 한일 관계의 회복이었다. 12·28 불가역적 합의는 양국의 관계 개선을 위한 정치적 제스처였으며, 한-미-일 안보 및 경제 체제의 새로운 구축을 알리는 상징적 사건이기도 했다. 합의가 발표되자마자 미국이 동아시아 평화 운운하며 반색한 것은 이런 맥락에서다. 양국은 까다로운 독도 문제를 제쳐두고 '위안부' 문제를 쉬운 해결책으로 내던진 셈이다. '위안부' 피해자는 또다시 정치적 희생양이 되었다.

〈귀향〉의 놀라운 흥행은 이 12·28 합의에 대한 분노의 표출이자 항의의 표시에 다름 아니다. 그런데 그 영화에서 일본인 개개인은 괴물처럼 그려지고, 한국인은 그 이미지를 경유해 분노하고 역사에 대한 기억을 만들며 다시 '우리'라는 정체성을 형성한다. 영화의 역사 재현이 일종의 보철 기억으로서 공적 기억의 누락된 부분을 채워가기 때문이다. 국가적 차원에서는 서로 영혼 없는

'평화로운 화해'를 말하면서 전 지구적 군사주의를 지속하고, 바로 그 때문에 한국의 대중은 '사악한 일본인'이라는 이미지를 적극적으로 소비하고 소화하면서 일본인에 대한 혐오를 키운다. 이런 혐오는 일본 우익들의 존재 양식이기도 하다.

2016년 4월 '위안부' 피해 할머니들이 구마모토 지진 피해자를 돕기 위해 성금을 내놓으면서 한 말을 되새겨보자. "우리는 일본 정부와 싸우는 것이지 일본 사람과 싸우는 것이 아니다." 폭력적인 시스템은 과연 일본인 개인의 얼굴로밖에 재현될 수 없었을까? 시스템을 그려내는 방식은 다양하다. 〈눈길〉은 이런 관점에서 매우 뛰어난 시스템 재현을 선보인다.

〈눈길〉은 〈귀향〉과 달리 폭력을 휘두르는 일본군의 구체적인 얼굴을 잡아내지 않는다. 이는 의도적이다. 그 대신 일본군을 집단적 이미지로 그리면서, 이것이 개개인의 문제가 아니라 국가와 시스템의 문제임을 강조한다. 〈눈길〉이 소학교를 중심으로 하는 교육제도를 비중 있게 그리는 것은 이런 맥락에서 눈여겨볼 만하다. 일본 제국의 정신대 동원 체제를 가시화시키기 때문이다. 더불어서 위안소 재현은 '군표'와 '위안부 이름표' 클로즈업으로 시작된다. 그리고 귀향 이후의 이야기는 종분이 '강영애'의 이름으로 국가 보상금을 받는 것으로 시작되며, '할머니 종분'의 이야기에서는 동사무소가 주요 서사 공간으로 활용된다. 그렇게 시스템이 개인을 어떻게 지속적으로 소외시키는가, 그럼에도 불구하고 시스템은 어떻게 개인의 생존 양식으로 존재할 수밖에 없는가,

그리고 그 시스템에서도 어떻게 개인의 주체성과 연대에 대해 말할 수 있는가가 다층적으로 재현된다.

그러나 무엇보다 탁월한 재현은 '위안부' 여성들을 '간호근로대원'으로 위장시켜 단체 사진을 찍는 시퀀스다. 이 시퀀스는 마당에 '위안부' 여성들을 세워놓고 강제로 옷을 갈아입히는 장면으로 시작한다. 그 와중에 성병에 걸린 아이코를 총살함으로써 '위안부' 여성들이 어떻게 일개 군수용품으로 소모되었는지를 정확히 보여주고, 이어서 간호복을 입은 '위안부' 여성들을 카메라 앞에 세운다. 성노예였던 '위안부' 여성을 '간호근로대원'으로 위장해서 공식 기록을 남기는 것이다. 여기에 기입되는 것은 제국 일본이 어떻게 '위안부' 제도에 개입하고 있었는가이다. 더불어서 군수물품 처분('위안부' 제거) 명령에 대해 대화를 나누는 두 명의 일본 군인이 창^{window}이라는 프레임에 갇힌 상태로 재현되는 것 역시 주목해볼 만하다. 그들을 가두고 있는 이 프레임이 시스템 속 개인의 한계를 드러내고 있기 때문이다.

그러므로 국가 시스템의 폭력은 개인의 얼굴을 통해서밖에 재현될 수 없다는 평가 역시 안일하다. 국가폭력을 개인화하여 재현하는 관습이 초래해온 효과들을 생각하면, 이는 적극적으로 경계되어야 할 재현 관습이다. 이런 재현이 대중적으로 열광을 얻는 것을 통해서 우리가 진정으로 두려워해야 할 것은 한일 양국 대중들이 펼쳐 나갈 혐오의 다음 단계일지도 모른다. 이야말로 제국주의가 필요로 하는 바로 그것이다. 제국주의는 증오와 차별, 배제의 정치를 통해 내셔널리즘을 넘어서는 세계 시민의 연대를 파괴하면서 영속된다.

지금 여기에서 필요한 것은 해원이 아니라 제도적 해결일 것이다. 그러나 그것은 점점 더 요원해 보인다. 처음 〈귀향〉을 둘러싼 열풍이 불었을 때 나는 이 글이 기반하고 있는 비평에서 이렇게 썼었다.

> 그러나 안타깝게도, 진혼을 말하는 이 진부한 상상력으로 집단적으로 몰려가는 것이 정부에 제도적 해결을 요구하는 하나의 메시지가 될 수 있을 것이다. 극장에 걸린 영화의 관객 수가 정부에 대한 경고이자 메시지가 되기를 희망해야 하는 상황이라니, 참으로 '우리-관객'은 정치적으로 무기력하다.[20]

이 영화가 300만 관객 동원을 기록으로 남기고 극장에서 내려간 이후 확인할 수 있는 '더욱' 안타까운 현실이란, 이런 관객 움직임이 별다른 정치적 행동이나 의미를 만들어내지 못했다는 점이다. 물론 이 흐름이 어디로 이어질지는 좀더 긴 시간을 두고 관찰해야 할 것이며, 권명아가 '부대낌의 복잡성'이라는 표현으로 설명하는 정동의 힘이나 가능성은 이미지의 구조화된 상징성이나 서사의 의미화 과정으로만은 정확하게 포착해낼 수 없다는 점에도 동의한다. 하지만 그럴 때에도 비평은 이 흐름과 함께 가는 '또 하나의 결'로서 자신의 몫을 해내야 한다. 때로는 관조가 아니라 개입이 비평의 역할이라는 의미다.

그렇다면 비평가로서 우리는 이런 내적인 힘으로서의 정동과 그 정동으로부터 가능해지는 변용의 성격을 질문해야 한다. 이 작품을 둘러싸고 흐르고 섞이며 요동친 그 정동이 한 역할은 관객을 남성으로 젠더화하는 '상상력'을 작동시킴으로써 호모 내셔널리티라는 이데올로기에 복무하는 데 그쳤던 것은 아닌가?

〈귀향〉은 진부한 재현을 통해서 분노와 혐오를 느끼기 쉬운 대상을, 분노와 혐오를 느끼기 쉬운 방식으로 던져놓는다. 개인 및 공동체가 한 대상에 대해 어떤 감정을 느낄 때, 그 감정은 그 대상 안에 이미 내재되어 있는 것이 아니다. 그것이 공포든, 혐오든, 혹은 행복이든 마찬가지다. 감정이란 그 대상과 내가 맺어온 관습적 관계 및 그 역사성으로부터 촉발되는 것이다. 그런 의미에서 감정은 이데올로기로부터 완벽하게 자유로운 어떤 것이 아니며, 그런 감정의 순환 혹은 유통으로부터 축적되고 흐르면서 영향력을 행사하는 '정동'은 더욱 그러하다.[21] 분노와 혐오도 마찬가지다. 〈귀향〉은 일본인에 대한 악마화와 성폭력의 스펙터클화라는 익숙한 습관 속에서 분노와 혐오를 직조해낸다.

사라 아메드의 말처럼 "정동과 대상 사이의 근접성은 **습관**을 통해 보존된다."[22] 비평은 이 '습관'에 대해 사유해야 한다. 그리고 아메드의 제안처럼, 이 대상과 정동 사이의 유대의 형식을 인식하고 분석하는 것으로부터 이 "유대를 느슨하게" 하고 또다른 '촉발하고 촉발됨'을 창안할 수 있을 터다. 우리 시대 비평의 역할은 여기에 놓여 있다. 권명아의 지적과 달리, 나는 '관객의 예측할 수 없는 일본 혐오'를 비판하고 있는 것이 아니라, 혐오에 대한 감정으로 정동되는 재현 관습에 대해서 비평했다.

〈귀향〉을 휘감았던, 언어의 격자에 포획되지 않고 이데올로기의 매트릭스 위에 안전하게 얹혀지지 않는 정동이 어디에 도달하게 될지는 우리가 쉽게 판단할 수 없으며, 특히 당대에는 이런 정동에 의한 움직임/운동의 방향이 확정될 수 없다. 다만 미래에 회고적으로 그 궤적이 구성될 수 있을 뿐이다. 그런 의미에서 비평이란 경험으로부터 배움을 얻으려는 애처로운 몸부림에 불과한지도 모른다.

페미니스트 비평가로서 내가 얻은 교훈이란 어떤 감정적 격동은 어떤 양태를 결정짓는 관계 배치로서의 이데올로기와 전혀 분리되어 작동하지 않는다는 것이었다. 그것은 내가 '혐오 연구자'이기 때문일 수도 있다. 나는 혹은 우리는 아주 구체적인 현상에 대한 관찰로부터 이를 확인해온 것이다. 말하자면, 우리는 혐오의 정동이 어떻게 사회의 우경화와 함께 작동하고 있는지 매일 확인하고 있다. 따라서 '포착할 수 없는 에너지' 그 자체는 모든 것의 답이 될 수 없다. 그 움직임의 성격은 그래서 중요해진다. '위안부' 서사에 대한 대안적인 미학을 선보였던 것도 아니고, 오직 그 '대중적 움직임'에서만 의미를 찾을 수 있다면, 그 영화가 고평高評을 받아야 하는 이유는 어디에도 없다.

그러므로 우리의 논의는 진부한 재현에 대한 비판 그 자체에 머물러선 안 된다. 우리가 〈귀향〉이라는 텍스트를 경유해서 도달해야 할 곳은 어떻게 새로운 '우리'를 상상할 것인가라는 질문이다. 많은 관객들이 동의하고 있는 것처럼 이 영화의 가장 위대한 순간은 엔딩 크레딧이다. 7만 5천여 명의 동참으로 만들어진 엔딩 크레딧. 그렇다면 이 대중은 어떤 공통감각을 공유하고 있어야 할까. 한일 양국 정부에 제도적 해결을 요구하는 동시에, 전 지구적 군사주의에 기반하고 있는 이 지배 체제에 도전하는 새로운 대중이어야 하지 않을까. 그렇게 역사의 폭력을 비판하면서 또다시 폭력과 배제의 이야기로 포섭되어 들어가는 대중이어서는 안 될 것이다. 배제와 포함의 동학 속에서 형성되는 배타적 공동체 감각을 넘어서는 새로운 연대를 조직해가는 것이야말로 '위안부' 문제의 진정한 해결에 다다르는 길이며, 이 배반의 역사를 반복하지 않을 하나의 방법이다.

그렇다면 페미니즘 비평이란 무엇이어야 하는가

한 편의 영화가 그 자체로 '혁명'이어야 한다고 주장하는 것은 아니다. 물론 한 편의 영화가 그런 일을 해주기를 기대하는 시대를 살아가고 있기는 하지만 말이다. 그것이 우리 시대의 무기력을 가장 잘 드러내주는 지점이기도 하다. 그러나 한 편의 영화가 대중의 상상력을 망치는 것을 간과하는 것이야말로 비평의 게으름 아니겠는가.

계속해서 살펴본 것처럼 재현의 윤리란 결국 대중에게 어떻게 말 걸고 어떻게 그 기억에 틈입하며 어떻게 대중성을 재구성할 것인가의 문제다. 그런 의미에서 재현 윤리에 대한 질문은 정확하게 '정치적인 것'과 '사회적인 것'의 재구성을 고민하는 정치적 과제다. 페미니즘 비평이 수행해야 할 과제 중 하나 역시 이런 것일 터다. 그런 비평을 어떻게 기획할 것인가. 이는 여전히 하나의 질문으로 남아 있다.

나는 『제국의 위안부』, 12·28 불가역적 합의, 〈귀향〉과 더불어서 재현의 장에서 펼쳐지고 있는 '위안부' 서사를 함께 겹쳐보면서, 그리고 그 옆에 권명아, 장수희 등의 비평을 함께 펼쳐두고서, 페미니즘 비평의 가능한 예를 제시해보고자 했다. 한 작품을 둘러싼 다양한 사회·정치·문화적 맥락을 점검하고, 텍스트를 비판·분석하며, 그것으로부터 만들어질 수 있는 대중적 효과를 살펴보는 것. 그리고 단절적으로 등장하는 비평이 아니라 페미니스트 동료들의 비평을 통해 조각보처럼 덧붙여져가는 페미니즘 담론의 확장 가능성을 살펴보고 싶었다. 관점의 전환, 변이와 확장. 페미니즘 비평이 가야 할 길 중 하나일 터다.

주석

1부 젠더의 시선으로 본 동시대의 풍광

혐오의 시대 _혐오는 어떻게 이 시대의 문제적 정동이 되었는가

1 대중들이 강남역 살인사건의 희생자를 기리면서 10번 출구를 자생적인 추모 공간으로 만든 이후, 이곳에는 애도와 슬픔뿐만 아니라 긴장감도 넘쳐났다. "남성을 잠재적 가해자 취급하지 말라"고 반발하는 남성들을 비롯해서 추모를 방해하고 추모객을 위협하는 이들까지 등장하면서 그 긴장감은 더욱 고조되었다.

'핑크 코끼리' 사건은 이러한 단면을 보여주는 대표적인 경우다. 실제로 핑크 코끼리 탈을 쓰고 나타났던 그는 자신이 강남역 10번 출구에 출몰할 것임을 일베 게시판에 예고했고, "육식동물이 나쁜 게 아니라 범죄를 저지르는 동물이 나쁜 겁니다. 살기 좋은 대한민국, 남녀가 함께 만들어봐요. 고인의 명복을 빕니다"라는 피켓을 들고 추모 장소에 나타났다. 이는 한 여성의 죽음을 둘러싸고도 여전히 펼쳐졌던 혐오의 정치학을 보여주는 대표적인 사례였다.

2 이 책에서 사용하는 정동의 개념은 사라 아메드의 논의에 기대고 있다. 아메드는 마르크스가 설명한 유통과 자본축적 과정에 기대어 감정과 정동의 의미를 구분한다. 그녀에게 있어 고통, 증오, 행복, 혐오 등의 감정(emotion)이란 감정의 주체나 대상에게 그 본질적이고 근원적인 원인이 있기 때문에 느끼게 되는 것이 아니다. 감정은 사회적이고 문화적인 관계, 위치, 그리고 주

체와 대상 간의 역사 등으로부터 촉발된다.

예컨대 내가 곰과 처음으로 대면하게 되었을 때 두려움을 느꼈다면, 그것은 사회가 나에게 주입한 곰에 대한 어떤 인상과 이해 때문이지, 그 두려움의 본질적인 원인이 이미 곰에게 내재되어 있기 때문이 아니라는 것이다. 나에게 공포감을 주는 곰은, 다른 존재에게는 행복의 대상일 수도 있다.

이처럼 감정은 문화적인 속성을 띤다. 그런데 중요한 건 이 감정이 마치 자본처럼 작동한다는 점이다. 돈처럼 감정 역시 사회에 유통되면서 가치를 창출하기 때문이다. 아메드는 이렇게 감정이 가치를 창출하는 회로를 '정동적 경제(affective economy)'라고 명명한다. 즉, 감정의 대상은 정신적 영역뿐만 아니라 사회적 영역에서도 유통되거나 분배되고, 이 과정에서 감정은 효과를 생산한다. 그리하여 이러한 주체, 대상, 감정, 흐름, 효과, 촉발 등을 포함하는 것이 바로 정동이다(Sara Ahmed, *The Cultural Politics of Emotion*, Routledge, 2015).

정동이란 무엇보다 사회적 관계를 포함하면서 사회적으로 작동하는 감정의 흐름을 지시한다. 내가 다양한 감정들을 정동이라 칭하는 이유도 마찬가지다. 이 책에서 다루려는 감정들은 개인의 정신 작용이 아니라 사회적이고 집단적으로 작용하는 것들이기 때문이다.

3 김진호, 「한국 개신교 반공주의와 '증오의 정치학'」, 『지금, 여기의 극우주의』, 자음과모음, 2014. 다만 "희망으로 고무된 열정"은 김진호가 이 글에서 "구원에의 희망"으로 설명했던 시기의 정동을 분석한 나의 견해다.

4 이진경, 『사회구성체론과 사회과학 방법론』, 그린비, 2008, 371쪽.

5 군부독재와 싸워야 했던 한국의 변혁 운동은 민주/반민주의 전선을 긋고 서구식 자유민주주의의 달성을 중요한 목표로 설정하고 있었다. 그러나 1980년 이후 사회운동이 급진화되면서 다소 보수화의 경향을 보인 자유주의는 비판의 대상이 되었다. 그럼에도 불구하고 "1980년대 민주화 과정에서 저항적 자유주의 담론의 영향력은 일정하게 지속"되었으며, "'자유주의적 헌정 질서의

확립'이라는 자유주의적 민주화 담론의 오랜 목표는 민주주의의 '최소 강령'
으로서 동의를 얻었고 다양한 변혁 대안과 운동 세력들의 결집을 이끌어냈다."
따라서 80년대에 사회주의, 마르크스주의, 레닌주의, 인민민주주의, 반미주
의, 반파시즘, NL과 PD 등, 자유민주주의를 넘어 더 근본적인 정치적·경제
적 변화를 추구했던 다양한 대안 이데올로기가 등장했지만, 결과적으로는 선
결 과제로서 자유민주주의의 실현에 일보 양보를 선택했던 셈이다. 이렇게
아래로부터의 자유주의가 경제적 자유주의로 정리될 수 있는 위로부터의 자
유주의와 만나면서 지배적 시대정신으로서의 자유주의가 등장한다. 이와 관
련한 자세한 내용은『지배와 저항』(문지영, 후마니타스, 2011)을 참조하라.

6 군사적 신자유주의는 사이먼 크리츨리가 당대의 전 지구적 정치 상황을 설
명하기 위해 들었던 세 가지 이데올로기, 즉 '군사적 신자유주의, 신레닌주
의, 신아나키즘' 중 하나다. 그는 "이 세 가지 가운데 군사적 신자유주의가 서
구의 상태를 가장 잘 특징짓는 것"이라고 말하면서 "이 범주의 핵심에는 민
주주의와 인권 담론의 보편화와 신자유주의적 경제의 통일이라는 이데올로
기가 있다. 이 이데올로기는 궁극적으로 군사력으로 뒷받침되고 있다. 그래
서 다른 체제들은 자본주의의 논리, 민주주의와 인권이라는 이데올로기를 수
용해야 하는 상황에 처해 있다. 그리고 그 체제들이 그것을 수용하지 않는다
면 폭력을 당하게 될 것이다. 그것이 군사적 신자유주의의 논리"라고 설명한
다(Simon Critchley·Carl Cederstrom·Todd Kesselman, *Impossible Objects*, Polity
Press, 2011, p. 81).

7 강내희는 87년 체제의 시작 시점에 대해 "1980년대 중반에 이르게 되면 한
국 자본주의는 독점자본이 급성장하여 '자본의 자율성' 또한 크게 신장"되
었으며 "1987년은 '1986~1988년의 3저 호황'이 진행되던 시점으로서 발언
권이 신장된 자본이 관치 금융 등 아직도 남아 있던 발전주의적 잔재들의 제
거를 원하던 때"였다고 평가한다(강내희,『신자유주의 시대 한국문화와 코뮌주
의』, 문학과학사, 2009, 146쪽).

8 김종엽, 「87년체제론에 부쳐」, 김종엽 엮음, 『87년체제론』, 창비, 2009, 19쪽.

9 노중기, 『한국의 노동체제와 사회적 합의』, 후마니타스, 2008 참조.

10 Nancy Fraser, *Justice Interruptus*, Routledge, 1997, pp. 1~7. 낸시 프레이저 는 무엇보다 분배 투쟁과 인정 투쟁의 반목을 '좌파적 상상력과 그 에너지 고갈'의 주요 원인으로 꼽고 있는데, 이 문제에 대해 다루는 것은 이 글의 능 력 밖의 일이다. 따라서 여기에서는 좌파적 에너지의 고갈과 '자유민주주의 의 전횡'을 강조하는 것으로 프레이저의 개념을 빌려 쓰고자 한다.

11 엄기호, 『단속사회』, 창비, 2014, 5~12쪽.

12 마리아 미즈·베로니카 벤홀트톰젠, 『자급의 삶은 가능한가』, 꿈지모 옮김, 동 연, 2013.

13 엄기호, 「신자유주의 이후, 새로운 남성성의 가능성/불가능성」, 권김현영 외, 『남성성과 젠더』, 자음과모음, 2011.

14 정정훈, 「민주주의의 직접성, 데모스의 봉기적 사건과 연합된 역량의 결사 체」, 《문화과학》, 2014년 겨울, 22~23쪽.

15 자크 랑시에르, 『민주주의는 왜 증오의 대상인가』, 허경 옮김, 인간사랑, 2011, 155쪽(정정훈, 앞의 글에서 재인용).

16 가라타니 고진, 『트랜스크리틱』, 이신철 옮김, 도서출판b, 2013, 231쪽.

17 스놉이라는 개념은 알렉산드로 코제브가 포스트히스토리 시대에 등장하는 인간형으로 꼽았던 '미국식 동물'과 '일본식 스놉'이라는 두 개의 존재 양식 중 하나에서 빌려온 것이다.

헤겔에 대한 해석에 기대어 '인간'을 주어진 환경을 부정하고 자연과 투쟁하는 존재로 이해한 코제브는 1950년대 미국의 포드주의적 대량생산 체제가 선사 한 풍요 속에서 대두한 소비자에게서 '동물'의 모습을 발견한다. 동물은 인간 과 달리 "항상 자연과 조화"를 이루며, 대상에 대한 필요인 '욕구(need)'만을 충족시키며 살아간다. 인간은 자신의 인정 욕구가 충족됨으로써 마침내 인정 투쟁이 끝났을 때, 즉 역사의 완성 이후에 이러한 동물적 모습으로 발현한다.

반면에 스놉은 "주어진 환경을 부정할 실질적인 이유가 아무것도 없음에도 불구하고 '형식화된 가치에 입각해' 그것을 부정하는 행동 양식"을 취하는 인간형이다. 이들이 형식에의 추구에 집중하는 것은 동물화되지 않기 위해서다. 그러나 스놉의 자연과의 대립은 아무런 역사적 발전을 추동하지 않는다는 점에서 역사 시대의 인간의 투쟁과는 변별된다.

동물과 스놉에 대해서는 다음 책을 참조하라. 아즈마 히로키, 『동물화하는 포스트모던』, 이은미 옮김, 문학동네, 2007, 118~119쪽. 이 글은 코제브의 스놉을 김홍중과 심보선의 논의를 경유하여 21세기적으로 재해석해 사용한다.

18 김홍중, 『마음의 사회학』, 문학동네, 2009, 41~42쪽.

19 심보선, 『그을린 예술』, 민음사, 2013, 56쪽.

20 위의 책, 56쪽.

21 장 보드리야르, 『소비의 사회』, 이상률 옮김, 문예출판사, 1992 참조.

22 심보선, 앞의 책, 56쪽.

23 지그문트 바우만, 『모두스 비벤디』, 한상석 옮김, 후마니타스, 2010 참조.

24 심보선은 "기호의 소비를 통해 세계와의 불화를 가상적으로 체험하는 문화적 스노비즘은 1990년대 이후 전개된 학생운동, 여성운동, 성적 소수자 운동에서 그 그림자를 드리웠다"고 평가하고 있다. "이 운동들은 주변화되었던 정체성의 존엄과 그에 대한 인정을 요구함으로써 사회적 소통과 연대의 확장이라는 진정성 기획의 지향을 계승"했지만 "1980년대 운동과 달리 정당성을 쉽게 확보할 수 없"었고 무엇보다 "자신에게 부과되는 스노비즘의 혐의와 싸워야 했다. 이들은 '차이'라는 기표를 특권화하여 사회와의 불화를 조장한다는 분리주의 혐의를 받았던 것"이라고 관찰한다. 그러나 "이 문제는 정체성-정치 자체의 딜레마에서도 유래한다"고 평가한다(심보선, 앞의 책, 58쪽). 이런 평가는 좌파 정치학이 페미니즘에 대해 가지고 있는 '의심' 혹은 '혐오'의 한 측면을 읽을 수 있는 단초를 제공한다. 이 글 역시 1990년대부터 강조되기 시작한 '정체성 담론'을 21세기 '혐오하는 스놉'의 출현 배경으로 주목

하고 있지만, 이를 '정체성의 정치학'과 결부시켜 논할 수 있는지에 대해서는 조심스럽다. 이는 훨씬 더 진지한 연구와 논의를 요하는 문제다.

25 87년 체제의 끝에 위기에 봉착한 남성성과 여성 혐오에 관해서는 다음 글들을 참조하라. 엄기호, 「신자유주의 이후, 새로운 남성성의 가능성/불가능성」, 권김현영 외, 『남성성과 젠더』, 자음과모음, 2011; 손희정, 「우리 시대의 여성 혐오」,《녹지》48호, 2014.

한편 이 책의 1부에 수록된 「페미니즘 리부트」는 신자유주의로의 전환이라는 새로운 시초 축적 과정에서 자본이 어떻게 노동시장을 남성 노동력 중심으로 재편하면서 그 노동력을 유연화하는 데 여성 혐오를 활용하고 있는지를 추적하고 있다. 결국 남성 노동자와 자본은 여성에 대한 혐오를 접점으로 폭력의 형태로 등장한 신자유주의화에 공모하고 있다. 또한 2부에 수록된 「우리 시대 이방인의 두 얼굴」에서는 이 문제의식의 연장선상에서 이방인 혐오를 다루고 있다.

26 정정훈, 「혐오 발화는 무엇의 지표인가?」, 이나코스 포럼 〈혐오의 발화정치학〉 미간행 발제문, 2015, 19쪽. 혐오 발화가 한국 사회에 미치는 효과에 대해 주목하고자 했던 정정훈은 이를 발리바르의 '전도된 코나투스' 개념으로 설명하고 있다.

27 스튜어트 월턴, 『인간다움의 조건』, 이희재 옮김, 사이언스북스, 2012, 141쪽.

28 이에 관해서는 마사 너스바움이 혐오의 인지적 구성 요소들을 연구·정리한 부분을 참고했다(마사 너스바움, 『혐오와 수치심』, 조계원 옮김, 민음사, 2015, 166~185쪽).

29 너스바움이 위의 책 142쪽에서 인용하고 있는, 보수주의적 생명윤리학자 레온 카스(Leon R. Kass)의 입장이다. 이는 혐오를 옹호하는 매우 보수적인 입장으로, 이를 통해 혐오가 해온 사회적이고 문화적인 역할을 엿볼 수 있다. 이 글에서 카스의 말을 재인용한 것은 그의 입장에 동조하기 때문이 아니라 바로 그 역할에 주목하기 위해서다.

30 줄리아 크리스테바, 『공포의 권력』, 서민원 옮김, 동문선, 2001, 25쪽.

31 너스바움은 독버섯을 예로 들면서 혐오는 "인지된 위험"과 일치하지 않는다고 설명한다. "위험한 대상은 그것을 섭취하지만 않는다면 같이 있어도 아무렇지도 않지만, 혐오스러운 대상은 그렇지 않다. 또한 독을 제거한 독버섯처럼 위험이 제거되면 위험한 대상은 먹을 수 있지만, 혐오스러운 대상은 모든 위험이 제거된다 할지라도 여전히 혐오스러운 것으로 남아 있다. 사람들이 살균한 바퀴벌레 가루를 먹기를 거부하는 것처럼 말이다. (……) 혐오는 자신의 몸 안과 밖이라는 경계와 관련이 있다. 혐오는 문제가 있는 물질이 자신의 체내로 들어올 수 있다고 여길 때 생긴다. (……) 혐오스러운 것은 이질적인 것으로 여겨져야 한다"(너스바움, 앞의 책, 168쪽). 즉, 물리적인 위험 자체가 혐오를 구성하지는 않는다는 것이다.

32 위의 책, 180쪽.

33 박권일, 「공백을 들여다보는 어떤 방식」, 『지금, 여기의 극우주의』, 자음과모음, 2014, 51~52쪽.

34 인터넷에서 벌어지는 '집단 따돌림'을 뜻하는 '조리돌림'이 영어로는 'shaming', 즉 '수치스럽게 만들기'로 불린다는 것은 매우 흥미롭다. 이 덕분에 나는 혐오와 수치심의 연관성을 좀더 정확하게 파악할 수 있었다.

35 너스바움, 앞의 책, 201쪽.

36 이 단락은 나의 논문 「성적 수치심과 혐오의 프로파간다」(《웹진 글로컬포인트》2호, 2015)에 수록된 부분에서 발췌하여 정리했다. 수치심과 혐오 사이의 관계, 그리고 수치심이 수행해온 사회적 기능에 대해서는 다음 글을 참조하라. Erica L. Johnson·Patricia Moran, "Introduction", Erica L. Johnson·Patricia Moran eds., *The Female Face of Shame*, Indiana University Press, 2013, pp. 1~19.

37 일베에서 쓰인 말로, 세월호가 잠겨 있던 진도의 바다에서 건져 올린 물고기로 만든 어묵이라는 뜻이다.

38 Dan M. Kahan, "The Anatomy of Disgust in Crminal Law", *Michigan Law Review* 96, 1998 (너스바움, 앞의 책, 142쪽에서 재인용).

39 너스바움, 앞의 책, 201쪽.

40 위의 책, 199쪽.

페미니즘 리부트_한국영화를 통해 본 포스트페미니즘과 그 이후

1 미러링 스피치 운동은 남성들의 여성 혐오 발화에 대해 '앵무새처럼' 똑같이 받아침으로써 경각심을 불러일으키는 운동이다. 이와 관련해 메르스 갤러리에서 펼쳐진 '여혐혐' 운동 및 《오마이뉴스》 기사에 소개된 한 고등학교의 사례(정지영, 「'마부장 놀이'에 맞선 '계집년'들의 퍼포먼스」, 《오마이뉴스》, 2015년 7월 6일) 등을 주목해볼 만하다.

2 2016년 5월 17일. 강남역에서 한 여성이 한 남성에 의해 무참하게 살해당했다. 이 소식이 전해지자마자 많은 여성들은 이 살인의 원인을 여성 혐오 문화로 규정하면서 '우리는 우연히 살아남았다'라는 공감대를 형성하게 된다. 이후 강남역 10번 출구에 추모의 시공간이 열렸고, 이때 결성된 '강남역 10번 출구'라는 여성 단체는 2017년 5월 1주기 추모 행사를 마련하기도 했다. 이 사건을 계기로 여성들은 '평등해야 안전하다'는 문제의식을 공유하고, 여성에게 있어 '안전한 거리'를 만드는 것이야말로 정치적 문제임을 선언한다.

3 전국디바협회(전디협)는 비디오 게임 〈오버워치〉에 등장하는 캐릭터 D.Va를 모티브로 하면서 스스로 페미니스트 그룹임을 천명하고, 게임 내 성차별주의를 혁파하겠다는 목표를 내세웠다. 〈오버워치〉의 비주얼 디렉터인 제프 캐플런이 "놀랍고 대단하다"라는 말과 함께 전디협을 '승인'하면서, 전디협이 메갈이라며 낙인을 찍던 일부 남성 유저들은 '멘탈 붕괴'를 경험했다.

4 1990년대에서 2000년대 중반까지 이어진 영페미니스트들의 사이버 페미니즘과 2010년대 중반 이후 등장한 온라인 페미니즘 사이의 차이는 다음 책을 참조하라. 권김현영 외, 『대한민국 넷페미사』, 나무연필, 2017.

5 Gaye Tuchman, *Making News*, Free Press, 1978.

6 2000년대 중반까지 이 문제에 관심을 기울였던 작업들은 다음과 같다. 김소영, 「사라지는 남한 여성들」, 김소영 외, 『아틀란티스 혹은 아메리카』, 현실문화연구, 2001; 주유신, 『한국영화의 성적 재현에 대한 연구』, 중앙대학교 첨단영상대학원 박사학위 논문, 2003; 손희정, 『한국의 근대성과 모성재현의 문제』, 중앙대학교 첨단영상대학원 석사학위 논문, 2005.
이러한 문제의식은 수년이 지나 다음의 작업에서 다시금 주목받는다. 고윤희, 『2000년대 한국영화에 나타난 여성 캐릭터 위축현상』, 한양대학교 석사학위 논문, 2011.

7 듀나, 「하정우가 남성이라서 성공한 것은 아니지 않나」, 《엔터미디어》, 2014년 7월 11일.

8 실비아 월비, 『가부장제 이론』, 유희정 옮김, 이화여자대학교 출판부, 1996. 실비아 월비는 가부장제를 "남성이 여성을 지배하고, 억압하고 착취하는 사회 구조와 관습의 체계"라고 정의하고, 그 형태를 사적 형태와 공적 형태로 구분한다. 그에 따르면, 사적 가부장제는 "여성 억압의 주된 위치를 가구 생산"에 두는 반면, 공적 가부장제는 "고용과 국가와 같은 공적 위치에 주로 기반"을 둔다. 그리하여 "사적 가부장제에서는 여성 노동의 착취가 가구 내의 개별 가부장에 의해 일어나지만, 공적 형태에서는 착취가 더 집합적이다. 사적 가부장제에서 주된 가부장적 전략은 배제이고, 공적 가부장제에서의 전략은 분리와 예속이다".

9 정영희는 이 시기의 광고를 다음과 같이 분석했다. "한국네슬레의 '네스카페' 광고에 커리어우먼이 등장하고 화장품 광고에서도 여성이 변화하기 시작했다. '산소 같은 여자' 이영애가 미모의 여형사로 나오는 '마몽드' 화장품 광고는 '세상은 지금 나를 필요로 한다'는 카피와 함께 운동으로 자신을 단련하고 사건 현장에서 남성들을 지휘하는 모습을 보여준다. 화장품 광고에서도 여성들은 인형 같은 미인이 아니라 적극적이고 진취적인 개성과 미인

으로 변하기 시작한 것이다. '세상은 지금 나를 필요로 한다' '이 봄을 정복하라' '이 봄의 출격 암호' 등의 카피를 사용하며 남성적 색깔을 입혔다." 정영희, 「광고 속 젠더 재현」, 이나영 외, 『다시 보는 미디어와 젠더』, 이화여자대학교출판문화원, 2013, 285~286쪽.

10 엄혜진, 『신자유주의 시대 한국의 자기계발 담론에 나타난 여성 주체성과 젠더 관계』, 서울대학교 박사학위 논문, 2015, 65쪽.

11 2000년대 이후 공포영화와 한국 근대성, 그리고 모성 이데올로기의 관계에 대해서는 손희정의 앞의 논문을 참조하라.

12 안병철·임인숙·정기선·이장원, 『경제 위기와 가족』, 생각의나무, 2001, 11쪽.

13 윤택림, 『한국의 모성』, 미래인력연구센터, 2001, 122~138쪽.

14 이선옥, 「신현모양처 이데올로기의 부상」, 《여성과사회》 8호, 1997.

15 마조리 로젠, 「팝콘 비너스」, 『페미니즘/영화/여성』, 유지나 외 옮김, 여성사, 1993, 27~31쪽. 여기에서 우리는 두 가지를 기억할 필요가 있다. 우선 스크린에서 여성을 거세하기 위해 장애가 '사용'되었다는 것은 여성 혐오와 장애 혐오가 공존했다는 의미이기도 하다. 타자에 대한 혐오는 평면적으로 작동하지 않는다. 두 번째로 마릴린 먼로는 매우 지적인 배우로 기억된다는 점이다. 실제로는 지적인 여성이 어째서 백치미로만 소비되었는지 우리는 고민해야 할 것이다.

16 지그문트 바우만, 『쓰레기가 되는 삶들』, 정일준 옮김, 새물결, 2008; 지그문트 바우만, 『유동하는 공포』, 함규진 옮김, 산책자, 2009; 지그문트 바우만, 『새로운 빈곤』, 이수영 옮김, 천지인, 2010 참조.

17 포스트페미니즘의 개념에 대해서는 다음 글들을 참조하라. 앤 브룩스, 『포스트페미니즘과 문화 이론』, 김명혜 옮김, 한나래, 2003; Angela McRobbie, "Post-Feminism and Popular Culture", *Feminist Media Studies* 4(3), 2004.

18 Susan Faludi, *Backlash*, Vintage, 1991.

19 한국의 포스트페미니즘 문화와 텍스트 소비에 대해서는 다음 논문을 참조하

라. 이화정, 「포스트페미니즘 드라마에 대한 수용자의 선호 연구」, 《기초조형
학연구》 13호, no. 2, 2012, 436쪽.

20 2015년 5월을 기준으로 삼을 때, 천만 영화는 〈실미도〉(2003), 〈태극기 휘날
리며〉(2004), 〈왕의 남자〉(2005), 〈괴물〉(2006), 〈해운대〉(2009), 〈7번방의 선물〉
(2012), 〈광해, 왕이 된 남자〉(2012), 〈도둑들〉(2012), 〈변호인〉(2013), 〈명량〉
(2014), 〈국제시장〉(2014)이다.

21 김현정, 「디지털 시대, 천만 관객 영화에 대한 고찰」, 《2015 춘계학술대회 자
료집: 무엇이 천만 영화 관객 시대를 만드는가?》, 한국영화학회, 2015, 52쪽.

22 2006년에 박스오피스 1위를 점하고 있던 〈괴물〉(2006)과 더불어 이 즈음에
개봉한 부성 멜로드라마로는 〈가족〉(2004), 〈우아한 세계〉(2006), 〈날아라 허
동구〉(2007), 〈눈부신 날에〉(2007), 〈아들〉(2007), 〈마이 파더〉(2007), 〈브라
보 마이 라이프〉(2007), 〈즐거운 인생〉(2007) 등이 있다.

23 "야오이(やおい)'는 남성 사이의 동성애물 혹은 그것을 창작하고 즐기는 문
화를 통칭하는 말로 "여성들이 자신의 작품을 '클라이막스가 없고(やまな
し)', '이야기의 완결이 없고(おちなし)', '이야기의 의미가 없다(いみなし)'"라
고 평한 데에서 기원했다고 한다(김효진, 「'동인녀'의 발견과 재현」, 《아시아문
화연구》 20집, 2013, 44쪽, 각주 1).

24 조은미, 「사람들은 왜 〈왕의 남자〉에 열광하는가」, 《오마이뉴스》, 2006년 1월
9일.

25 김조광수, 「〈후회하지 않아〉 기획에서 개봉까지」, 《독립영화》, 2007, 85쪽.

26 〈브로크백 마운틴〉 역시 야오이 문화의 연장선상에서 해석되기도 했다. 에니
스(히스 레저)와 잭(제이크 질렌할)의 성적이고 로맨틱한 관계를 소비하는 주
관객층이 여성이었다는 것, 그들이 젊고 매력적이라는 것, 야오이의 관습에
따라 에니스는 약한 '공(top)'이고 잭은 강한 '수(bottom)'로 묘사되고 있다는
것이 그 근거였다.
이러한 해석과 관련해서는 다음 논문들을 참조하라. Chris Berry, "The

Chinese Side of the Mountain", *Film Quarterly*, Spring 2007, 60, 3, Research Library, pp. 35~36; 김경태, 「야오이를 전유한 동아시아 남성 동성애 영화 재고」, 《영상예술연구》 19호, 2001, 18쪽.

27 "원칙적으로 동인녀는 아마추어 만화·소설 텍스트인 동인지를 생산·유통시키는 여성으로 아마추어 창작 활동을 하는 여성이라면 모두 이 범주에 포함된다. 그러나 아마추어 작가들이 개인 차원 혹은 동호회를 통해 생산한 작품을 기성 유통망의 개입 없이 유통시키는 텍스트로서, 관련 이벤트를 통해 판매되는 동인지의 많은 수가 남성간 동성애적 관계를 그리고 있다는 점에서 야오이·BL을 애호하는 여성을 동인녀로 정의하는 경우가 많다"(김효진, 앞의 논문, 44쪽, 각주 2번).

28 동인녀 문화는 1970년대 일본 만화로부터 이어지는 한국 만화 문화라는 유서 깊은 역사 가운데서 이해되어야 할 것이다. 그런데 여기에서 부녀자를 따로 변별해 이야기하는 것은 "2000년대 후반에 이르러 동성애가 점점 더 많은 대중문화의 소재로 등장하게 되면서 동인 문화와는 별개의 맥락에서 동성애 관련 콘텐츠를 향유하고 즐기는 소비자층이 등장"했기 때문이다. "부녀자는 바로 이런 소비자층을 가리키는 용어"다. 좀더 자세한 내용은 김효진의 위의 논문을 참조하라.

29 김경태, 앞의 논문, 15~16쪽.

30 이에 대한 자세한 분석은 권은선, 「신자유주의 문화 논리와 여성의 정체성」, 《영상예술연구》 21호, 2012 참조.

31 Yvonne Tasker, "*Enchanted*(2007) by Postfeminism: Gender, Irony, and the New Romantic Comedy", Hilary Radner·Rebecca Stringer eds., *Feminism at the Movies*, Routledge, 2011; Yael D. Sherman, "Neoliberal Femininity in Miss Congeniality", Hilary Radner·Rebecca Stringer eds., *Feminism at the Movies*, Routledge, 2011 참조.

32 Yael D. Sherman, op. cit., p. 83.

33 권은선, 앞의 논문.

34 이런 의미에서 주연(유호정)의 오빠에 대한 에피소드는 악의적이다. 1980년
대 '운동권'으로 집안의 골칫거리였던 주연의 오빠는 2000년대가 되어서는
외국인 노동자를 착취하는 악덕 사장이 되어 있다. 그는 임금 체불을 이유로
외국인 노동자들에게 고소를 당해 법정에 불려가게 되는데, 결국 재판에서
패소한다. 법정 밖에서 그는 노동자들에게 "미안하다"고 사과하지만, 노동자
들은 "개새끼"라는 말을 남기고 등을 돌린다. 주연은 이를 답답하다는 듯 바
라본다.

극장판에서는 삭제되었지만 감독판에는 그대로 살아 있는 이 장면에서, 감독
은 1980년대 민주화를 위해 싸운 사람들을 속물로 낙인찍어 간단하게 비하
해버린다. 이를 통해 민주화와 자유화 사이에 위계가 설정되고, 민주화는 자
유화에 복속된다.

35 권은선, 앞의 논문.

36 Yael D. Sherman, op. cit.

37 김수아, 「한국사회 사이버공간과 젠더정치」, 《한국언론학회 심포지움 및 세
미나》, no.7, 2011.

38 전혜영, 「포스트페미니즘 시대, 여성 전용 사이버 공간의 필요성과 페미니즘
의 역할」, 《여성연구논총》 28호, 2013, 124~131쪽.

39 예컨대 삼국카페에서의 포스트페미니즘 경향을 연구했던 전혜영은 다음과
같이 이 문제를 설명하고 있다. "(여성시대 회원들은) 소위 시월드의 부당함
에 대해서는 집단적으로 분노하지만 평소에는 멋모르는 순진한 여성으로
'일코'를 하는 동시에 남자 친구의 즐거움을 위해 가터벨트를 입는 이벤트는
자신의 성적 주체성으로 인지한다. 또는 순결 이데올로기와 성별 이중 규범
에 대해서는 예민하게 촉각을 세우지만 성매매 여성에 대해서는 규범적이지
않다며 비난한다. 더불어 신자유주의의 자기관리 서사와 소비주의가 사회를
잠식함에 따라 여지없이 자유게시판에는 지속적으로 '얼평', '몸평' 등 자신

의 외모를 평가해주기를 바라는 글이 올라오고 일상적인 자기검열을 관리의 과정으로 해석한다. 외모 관리를 통해 얻은 젠더 보상에 대해서는 수많은 관심이 쏠리지만 외모 관리가 어떤 메커니즘 속에서 작동하는지 혹은 어떻게 저항해야 하는지에 대해서는 침묵한다"(위의 논문, 130쪽).

40 류진희, 「'촛불 소녀'와 그 이후, 이천 년대 한국 여성의 탈/인종화」,《한국 사회와 성/문제》, 성균관대 동아시아학술원 인문한국연구소·국제한국문학문화학회, 2015.

41 정치적 개념으로 '남성 혐오'가 성립할 수 없다는 점에 대해서는 다음 글을 참조하라. 손희정, 「'개독'은 혐오 표현일까?」,《경향신문》, 2016년 2월 16일.

42 '편'과 '곁'의 개념에 대해서는 엄기호, 『단속사회』, 창비, 2014, 5~12쪽을 참조하라. 이 글이 엄기호의 논의에 기대는 방식과 신자유주의 시대 SNS의 주요 형식이자 대표적인 '편짜기 놀이'라고 할 수 있는 조리돌림 문화, 그리고 거기에서 발견할 수 있는 주목 경쟁의 문제에 대해서는 1부의 「혐오의 시대」 38~43쪽을 참조하라.

43 이 문제의식에 대해서는 다음 글을 참조하라. 손희정, 「'진짜 페미니즘'을 찾아서」, 윤보라 외 지음, 『그럼에도 페미니즘』, 은행나무, 2017.

젠더전과 '퓨리오숙'들의 탄생_2010년대 중반, 파퓰러 페미니즘에 대한 소고

1 에멀린 팽크허스트, 『싸우는 여자가 이긴다』, 김진아·권승혁 옮김, 현실문화, 2016, 310~311쪽.

2 장동민은 개그맨 이경규, 이휘재, 김숙, 옹달샘, 가수 장윤정, 칼럼니스트 김태훈 등의 소속사인 '코엔스타즈' 소속이다. 코엔스타즈는 미디어 그룹 '코엔'의 계열사로, 또다른 계열사인 '코엔미디어'에서는 다양한 프로그램들을 제작하고 있다. 현재는 KBS 〈해피선데이〉'슈퍼맨이 돌아왔다', MBC 〈기분 좋은 날〉, JTBC 〈님과 함께 2: 최고의 사랑〉와 〈내 집이 나타났다〉 등을 제작하고 있고, 종영된 대표작으로는 KBS 〈위기탈출 넘버원〉, 〈퀴즈쇼 1 대

100〉, SBS 〈일요일이 좋다〉 '아빠를 부탁해', JTBC 〈닥터의 승부〉, Mnet 〈식스틴〉, XTM 〈주먹이 운다〉, tvN 〈화성인 바이러스〉 등이 있다.

장동민 비호를 둘러싼 소속사-방송국-연예인 사이의 연대와 그렇게 형성된 미디어 권력의 문제에 대해서는 다음 글들을 참조하라. 강명석, 「장동민은 사과하지 않았다」, 《아이즈》, 2015년 5월 13일; 이지혜, 「방송사는 왜 장동민을 계속 쓸까」, 《아이즈》, 2016년 5월 2일.

3 손희정, 「여험을 팝니다」, 《경향신문》, 2017년 4월 18일 참조.

4 tvN 〈코미디빅리그〉의 한 코너인 '충청도의 힘'에서 장동민은 한부모 가정 어린이를 조롱하는 개그로 다시 한 번 문제가 된다.

5 이 글에서는 한국 대중문화에서 벌어진 젠더전의 역사를 1990년대부터 살펴볼 것이다. 그러나 이 글을 집필하는 직접적인 계기가 된 사건은 「IS보다 무뇌아적 페미니즘이 더 위험해요」라는 칼럼으로 촉발된 '김태훈전'이다. 이후 메갈이라는 진지가 구축되었고, 메갈리안은 많은 젠더전의 선봉에 섰다. 농담이라며 여성 혐오를 해댄 옹달샘과 장동민을 문제 삼았던 장동민 1차전, 왜곡된 '나쁜 남자' 콘셉트의 표지로 문제가 되었던 《맥심》전' 등의 국지전과 소라넷 폐쇄 전면전이 대표적이다. 이 전면전에서 여성들은 진선미 의원실과 연대하여 정치적 영향력을 행사했다. 온·오프라인에서 진행된 메갈의 전투에 대해서는 다음 논문을 참조하라. 신혜빈, 「온라인 여초 커뮤니티에 나타난 젠더의 재구성과 그 의의: '메갈리아'를 중심으로」, 《ATE》 6호, 2016. 한편 2016년에는 이러한 젠더전이 정치 영역으로까지 확대되었다. 정의당과 펼쳐진 '중식이밴드전'이 그것이다. 그러나 이런 기술은 '대표성'을 띠는 굵직굵직한 전투에 대한 것일 뿐, 일상적으로 펼쳐지고 있는 온갖 국지전들은 그 어느 글도 다 담을 수 없을 정도로 빈번하고 광범위하게 촉발되고 있다.

6 록산 게이, 『나쁜 페미니스트』, 노지양 옮김, 사이행성, 2016, 44~45쪽. 강조는 인용자.

7 게일 루빈, 『일탈』, 신혜수 외 옮김, 현실문화, 2015.

8 조애리·이혜경 외, 「좌담: 페미니즘과 대중문화의 만남, 뿌리내리기」, 《여성 과사회》 5호, 1994, 31쪽.

9 위의 글, 31~32쪽.

10 '안티 미스코리아 페스티발'의 개최 의의 및 행사의 성격에 대해서는 다음 글을 참조하라. 김신명숙, 「안티 미스코리아가 '페스티발'인 이유」, 《사회비 평》 29호, 2001.

11 1차 때는 거의 모든 일간지, 13개 방송국의 23개 프로그램, 14개 주·월간지, 10개 이상의 대학 학보에서 이 행사를 다루었다고 한다.

12 '안티 미스코리아 페스티발'에 대한 기술 및 평가에 대해서는 다음 글을 참 조하라. 이영자, 「페미니즘의 대중화: 몇 가지 유형에 관한 가능성과 딜레마 의 탐색」, 《한국여성학》 18권 1호, 2002, 60~64쪽.

13 Joanne Hollows·Rachel Moseley, "Popularity Contests: The Meanings of Popular Feminism", Joanne Hollows·Rachel Moseley eds., *Feminism in Popular Culture*, Berg Publishers, 2005, pp. 1~2.

14 페미니즘 제2의 물결이 대중문화와 맺어온 관계는 크게 두 가지 흐름으로 정리해볼 수 있다. 하나는 베티 프리단의 『여성의 신비』(1963)와 몰리 해스 켈의 『숭배에서 강간까지』(1974) 등으로 대표되는 '여성 이미지 재현 논쟁' 이다. 대중문화는 여성의 이미지를 왜곡하면서 여성 억압에 기여하고 있다 는 것이 이들 작업의 골자였다. 이는 이후 "왜곡된 여성 이미지가 있다면, 진정한 여성 이미지라는 본질이 있는가? 그것은 페미니즘적 이미지 아닌 가?"라는 비판에 직면했다. 이 논의와 관련해서는 다음 글들을 참조하라. 베 티 프리단, 『여성의 신비』, 김현우 옮김, 이매진, 2005; 몰리 해스켈, 『숭배에 서 강간까지』, 이형식 옮김, 나남출판, 2008; Marjorie Rosen, *Popcorn Venus*, Coward, McCann & Geoghegan, 1973.

또 하나의 흐름은 로라 멀비가 「시각적 쾌락과 내러티브 영화」에서 펼친 것 과 같은 스크린 이론에서 볼 수 있는 입장으로, 시각문화 자체가 남성의 쾌락에 복무하면서 어떻게 여성을 성적 대상화하고 물신화하는지 분석하면서 이를 극복하기 위해 대안적인 영상 언어를 창안해야 한다는 관점이 있었다. 이 관점은 대중문화에서 여성의 쾌락을 전혀 설명할 수 없다는 비판에 부딪히면서 여성 관객성에 대한 활발한 논의를 촉발시킨다. 로라 멀비의 논문을 포함하여 영상문화에 대한 페미니즘 비평의 고전적 논의에 대해서는 다음 책을 참조하라. 유지나·변재란 편, 『페미니즘/영화/여성』, 여성사, 1993.

15 1980년대 이후 페미니즘의 '새로운 물결'에 대한 명명은 '파퓰러 페미니즘' 이외에도 '포스트페미니즘'과 '페미니즘 제3의 물결' 등이 있다. 이때 각각의 명명은 조금씩 다른 맥락에서 사용되었다.

포스트페미니즘은 페미니즘의 의제가 이미 달성되었다는 인식하에서 등장했던 '페미니즘에 대한 역공(backlash)'을 규정하는 용어로, 미국 페미니스트 진영을 중심으로 사용되었다. 반면에 파퓰러 페미니즘은 앞서 소개했듯이 "대중성/통속성과 페미니즘 사이의 관계를 새롭게 이해해야 한다"는 주장을 바탕으로 고안된 개념이다. 이는 대중문화와 새로운 관계를 맺으며 등장한 페미니즘을 "안티페미니즘이냐 아니냐는 프레임을 넘어 여성성에 대한 변화를 포착할 수 있는 유연성"을 갖고 논의하고자 했다. 한편 페미니즘 제3의 물결은 '정체성, 총체, 그리고 집합체'를 대변하는 페미니즘 제2의 물결을 넘어서고자 했던 흐름을 일컫는 말로, 포스트모던페미니즘과 연결되어 있지만 "많은 형태가 대중성/통속성을 통해서 구축"되었다는 점에서 파퓰러 페미니즘과도 연결되어 있었다.

이들 세 명명과 관련한 논의와 사례에 대해서는 다음 책들을 참조하라. Susan Faludi, *Backlash*, Vintage, 1991; Lorraine Gamman·Margaret Marshment eds., *Female Gaze*, Real Comet Press, 1991; Joanne Hollows·Rachel Moseley, op. cit., pp. 7~15.

16 '대중성/통속성'의 해방에 대해서는 이 책에 수록된 「기억의 젠더 정치와 대중성의 재구성」에서 좀더 자세히 논의하고 있다.

17 '주목 경쟁'이라는 개념은 어째서 온라인에서의 혐오 표현이 갈수록 수위를 더해가는지, 그리고 트위터에서의 '개드립'이 왜 비아냥거림을 최대치로 끌어올린 자극적 표현에 기대고 있는지를 설명해준다. 하지만 다른 한편으로 이런 주목 경쟁이 하나의 주제에 대한 논의의 깊이와 넓이를 확장시키는 데 기여하기도 한다. 이슈에 따라서 '더 자극적인 말'이 인기를 끌기도 하지만, '더 예리한 논평'이 관심을 모으기도 하기 때문이다. 때로는 이 경쟁에 승리하기 위해 치열한 정보 수집과 학습이 이뤄지기도 한다. 결과적으로는 이런 과정이 주체의 변화를 불러올 수도 있지 않을까? 주목 경쟁의 부정적 측면에 대해서는 이 책에 수록된 「혐오의 시대」 38~42쪽을 참조하라.

18 흥미로운 사례 중 하나였던 아이유의 〈제제〉 사건'을 떠올려보자. 사건의 촉발은 아이유가 〈제제〉라는 곡에서 『나의 라임 오렌지나무』의 주인공인 '제제'를 '발칙한 아이'로 재해석한 데서 비롯되었다. 이에 원전을 번역 출판했던 출판사가 이 해석을 문제 삼았고, 곧이어 출판사의 고압적인 태도를 문제 삼는 트윗들이 등장했다. 대중은 특히 '문학'과 '대중음악'이라는 매체 간의 위계 설정을 문제 삼았다. 이어서 논의는 아티스트의 표현의 자유 문제로 옮겨갔으나, 곧이어 대중문화에서의 로리타 콤플렉스와 '아동 성애' 재현을 문제 삼는 논의들이 치고 나온다. 여기에는 보수적인 성관념에 기대어 '아동 성애'를 문제 삼는 이에서부터, 여성과 아동의 인권을 고민하는 논의, 그리고 개인적 경험에 대한 고통스러운 고백 역시 포함되어 있었다. 이에 대한 반응으로 이 사회의 성보수화를 염려하고 아동의 성적 주체성을 논하는 입장이 등장했고, 이에 덧대어 이 사건을 '표현의 자유'나 '아동 성애에 대한 대중문화의 재현'이라는 관점이 아니라 '제제=아이유'라는 또다른 해석에 기반해 아이유론(論)을 펼치는 논의가 이어졌다. 여기에선 한국 대중문화의 로리타 콤플렉스와, 일종의 문화상품이었던 아이유가 '뮤지션'으로 거듭나고자 했던 작가적 전략이 언급되었다. 동시에 한쪽에서는 아이유 음원 폐기 청원이, 다른 한쪽에서는 아이유 음원 보존 운동이 펼쳐졌다.

이것이 1~2주 사이에 펼쳐진 일이다. 이 모든 논의들이 단계적으로 진행되진 않았으며, 이렇게 기술했다고 해서 이어진 논의들이 발전적으로 진화했다고 평가할 수 있는 것도 아니다.

19 이 사건에 관심을 가진 여성학계의 논평들은 다음과 같다. 김수진·엄혜진·윤보라·김원정, 「농담과 비키니, 〈나꼼수〉 사건을 바라보는 조금 다른 시선」, 《페미니즘연구》 12호, 2012; 윤명희, 「소셜네트워크에서 여성/주의 정체성의 복합적 수행」, 《페미니즘연구》 13호, 2013; 김예란, 「소셜웹 대중문화: 페미니즘의 반동인가, 포획인가」, 《한국언론정보학보》, 2013년 5월.

20 2011년 4월, "성폭력의 피해자가 되지 않으려면 여성은 헤픈 여자(Slut) 같은 옷차림을 피해야 한다"는 캐나다 남성 경찰의 발언에 반발하여 캐나다에서 슬럿워크 운동이 촉발되어 전 세계적으로 확산된다. 그리고 슬럿워크 운동의 한국판으로 기획된 것이 '잡년행진'이다. 이는 고려대 의대생 성추행 사건과 관련하여 2011년 6월에 시작되었고, 트위터를 기반으로 모인 여성들이 기획, 실행했다. 이러한 활동은 이후 현대자동차 성희롱 해고 여성 노동자를 지지하는 '잡년난장'을 기획하는 등 '잡년행동'으로 이어졌다.

21 트위터에서 〈나꼼수〉-비키니 논쟁이 펼쳐지고 있을 당시, 올드 미디어에서는 그다지 주목할 만한 논평이 등장하지 않았다. 그때 트위터리안 사이에서 '이 사건을 정리할 만한 페미니스트 논평'으로 주목되었던 것은 여성학자 권김현영의 인터뷰였다. 권김현영은 한국 영페미니즘 운동을 정리할 때 빼놓을 수 없는 이름 중 하나일 것이다. 홍현진, 「누님들 왜 그래 부끄러워요, 했어야지!」, 《오마이뉴스》, 2012년 2월 11일.

22 김은미 외, 『SNS 혁명의 신화와 실제』, 나남, 2011.

23 그런 의미에서 "나는 페미니스트는 아니지만"이 "나는 포스트페미니스트다"와 같은 말이 아니라는 할로우스와 모즐리의 지적은 옳다. Joanne Hollows·Rachel Moseley, op. cit., p. 12.

24 록산 게이, 앞의 책, 355쪽.

25 이 논쟁을 자세히 다루면서 이에 대한 깊은 비평적 사유를 보여주는 다음 글을 참조하라. 조혜영, 「〈캐롤〉 논란 이후: 비평은 무엇을 할 수 있는가?」, 《서울국제여성영화제 뉴스레터》, 2016년 3월.

26 물론 성차는 이미 성별이다. 이에 대해서는 다음 글을 참조하라. 정희진, 「편재(遍在)하는 남성성, 편재(偏在)하는 남성성」, 『남성성과 젠더』, 자음과모음, 2011.

27 이 프로그램의 제작사는 '코엔미디어'다. 그리고 이 글의 주석 2에서 밝혔듯이 김숙은 '코엔스타즈' 소속이다. 연예인으로서 김숙의 노동은 현실적인 제작 기반을 벗어나는 것이 아니다. 이는 파퓰러 페미니즘의 줄타기를 상징적으로 보여준다는 점에서 흥미롭다. 2016년 2월, 김숙은 송은이와 함께 모바일 방송국 VIVO TV를 론칭하고 실험적인 예능 제작에 나섰다. 그의 줄타기가 어떻게 지속될지 주목해볼 만하다.

28 김숙, 〈님과 함께2: 최고의 사랑〉 37회, 2016년 1월 12일 방송분.

29 예능인으로서 김숙의 페미니즘적 요소에 대해서는 다음 글을 참조하라. 심혜경, 「개그/우먼/미디어」, 《여/성이론》, 2016년 여름.

30 @roman****, 강조는 인용자.

31 천관율, 「메갈리안⋯ 여성 혐오에 단련된 '무서운 언니들'」, 《시사인》 418호, 2015년 9월 19일.

32 김서영, 「남성 잡지 《맥심》⋯ '여성 납치' 콘셉트 화보 논란」, 《경향신문》, 2015년 8월 31일.

33 리베카 솔닛, 『남자들은 자꾸 나를 가르치려 든다』, 창비, 2015, 19, 49쪽.

34 김동섭, 「총각 6명 중 1명, 짝이 없다⋯ 올해 최악의 '남초(男超)'」, 《조선일보》, 2016년 4월 22일.

35 온라인 뉴스부, 「미혼남, 예비 신부의 '유학 경험' 알게 되면 결혼 포기해⋯ 이유는?」, 《서울신문》, 2016년 4월 18일.

36 2014년, 영화계에 종사하는 한 남성이 〈천주정〉과 〈그랜드 부다페스트 호텔〉

의 흥행 성적을 비교하면서 여자들이 〈그랜드 부다페스트 호텔〉 같은 영화에 몰려들기 때문에 더 뛰어난 작품인 〈천주정〉이 주목을 끌지 못한다는 내용의 트윗을 날리면서 논란이 촉발되었다. 곧이어 〈그랜드 부다페스트 호텔〉뿐만 아니라 〈천주정〉도 여성 관객이 더 많이 관람했다는 사실이 밝혀진다. 대중 문화의 여성 소비자 및 팬덤에 대한 폄하와 혐오, 그리고 그에 따른 위계 설 정에 대한 분석은 다음 글을 참조하라. 황미요조, 「문화 영역의 여성화와 여 성 혐오」, 《여/성이론》, 2015년 여름.

'느낀다'라는 전쟁 _미디어-정동 이론의 구축, 그리고 젠더적 시선 기입하기

1 이토 마모루, 『정동의 힘』, 김미정 옮김, 갈무리, 2016, 51쪽.

2 이토 마모루는 affect와 affection을 모두 '정동'으로 번역한다. 그에 의하면, 영어권에서는 affect와 affection 개념을 엄밀히 구별하지 않으며, 이 둘은 관 계성의 개념이기 때문에 어느 한쪽을 제외하고 정동을 상정할 수 없기 때문이 다(김미정, 「『정동의 힘』과 새로운 유물론적 조건에 대한 단상」, 위의 책, 296쪽).

3 "집단지성의 이상은 어디에나 분포하는 지성에 대한 기술적·경제적·법률 적·인간적 가치 부여를 통해 각각의 역량을 식별하고 동원하는 긍정적인 역 동성을 촉발하는 것이다." 이에 대한 자세한 논의는 피에르 레비, 『집단지 성』, 권수경 옮김, 문학과지성사, 2002, 38~40쪽을 참조하라.

4 위의 책, 36~37쪽.

5 나무위키와 관련해서는 이 책에 수록된 「어용 시민의 탄생」141~146쪽을 참 조하라.

6 윤보라는 온라인을 사로잡고 있는 혐오 발화를 추동하는 강력한 정서가 재 미임에 주목한 바 있다. 이에 대해서는 다음 글을 참조하라. 윤보라, 「김치녀 와 벌거벗은 임금님들」, 『여성 혐오가 어쨌다구?』, 현실문화, 2015.

7 피에르 레비, 앞의 책, 43쪽.

8 알랭 바디우는 '세계화된 세계'에서의 자유민주주의처럼 세상을 지배하는

셈의 법칙과 지식의 체계 외부에서 등장해서 새로운 세계로의 변화를 추동하는 힘을 '진리(truth)'라고 말한다. 그리고 그 진리가 생성되는 계기가 바로 '사건(event)'이다. 사건이란 "상황, 의견 및 제도화된 지식과는 '다른 것'을 도래시키는 것"이다(알랭 바디우, 『윤리학』, 이종영 옮김, 동문선, 2001, 84쪽).

9 '집단기억'은 사회적 현상이며 개인은 그들의 기억을 사회에서 습득한다. 따라서 기억은 가족과 종교 그리고 사회적 계급이라는 '사회적 기억의 틀'에 완전히 의존하며 정체성 및 개인이 스스로를 상상하는 방식, 즉 주체의 형성에 결정적인 영향을 미친다(Maurice Hallbwachs, *On Collective Memory*, University of Chicago Press, 1992). 이 집단기억의 일부는 '역사'의 형태로 기록되어 기억되며 어떤 공동체의 정체성 형성에 개입한다.

10 박종원, 「역자 해제」, 앙리 베르그송, 『물질과 기억』, 박종원 옮김, 아카넷, 2005, 439쪽.

11 베르그송의 작업에서 기억은 크게 전체기억(mémoir)과 부분기억(souvenir)으로 구분된다. 전체기억이 인간의 정신 작용을 일컫는 것이라면, 부분기억은 보존된 표상이나 습관들을 의미한다. 이때 전체기억은 학습에 의해 기억되는 습관기억과 전체기억에 단번에 새겨지는 독립적인 이미지-기억으로 이루어진다. 이 기억들이 잠재적인 형태로 보존되는 것이 순수기억이다. 순수기억은 순수한 과거이자 무의식으로 이해된다. 이때 무의식은 심리학적 차원으로 침잠된 것이 아니라 그 자체가 잠재적인 것으로 존재하는 과거다(앙리 베르그송, 위의 책).

12 박종원, 앞의 글, 439쪽.

13 이를 통해 미뤄본다면 '역사'에도 정동 이론이 개입할 수밖에 없음을 알 수 있다. 한 공동체의 순수기억으로부터 역사라는 현실태가 등장하는 과정에서 정동이 깊이 개입되는 것이다. 이처럼 역사는 객관적이지 않을 뿐만 아니라 그 자체로서 감정을 안고 있다.

14 조혜영, 「상호매개적 페미니즘」, 《문학동네》, 2016년 가을, 525~527쪽.

15 위의 글, 531쪽.

16 '강남역 10번 출구'를 비롯하여 '페미당당' '페미디아' '부산페미네트워크' 등 포스트메갈 페미니즘 운동 주체에 대해서는 다음 글을 참조하라. 손희정, 「이 제 '메갈-이후'를 봐야 할 때」, 《르몽드 디플로마티크》 97호, 2016년 10월.

17 멜리사 그레그·그레고리 시스워스, 「미명의 목록[창안]」, 멜리사 그레그·그 레고리 시스워스 편저, 『정동 이론』, 최성희 외 옮김, 갈무리, 2016, 47쪽. 강 조는 옮긴이.

18 사라 아메드, 「행복한 대상」, 위의 책, 76쪽.

19 위의 글, 76쪽.

20 앙리 베르그송, 앞의 책, 33쪽.

21 2012년, 용산 참사를 다룬 다큐멘터리 〈두 개의 문〉이 개봉한다. 이제까지 성소수자 문제에 집중했던 활동 단체 '연분홍치마'가 용산 참사 문제를 다 룬 것은 주목할 만한 일이었는데, 이때 감독들은 인터뷰 등을 통해 이 작품을 '페미니즘 관점'으로 만들었다고 밝혔다. 이에 트위터를 기반으로 느슨한 네 트워크를 형성하고 있던 일군의 페미니스트들이 '사회정의와 인권, 그리고 페미니즘'이라는 주제로 〈두 개의 문〉 페미니스트 상영회를 기획한다. 트위 터를 중심으로 진행된 후원금 모금에는 2,429,000원이 모금되었고, 상영회에 는 160명이 참여했다.

22 이토 마모루, 앞의 책, 75쪽.

23 섬-우주화 현상을 떠올려보자. 섬-우주화란 "젊은이들의 문화가 세분화되 고 공통분모가 없어짐으로써 상호 소통이 이루어지지 않게 된 상황을 뜻한 다. 자신이 속한 작은 인간관계나 취미 공동체(섬)를 자신에게 의미 있는 세 계 전체(우주)처럼 여기기 때문에, 미야다이는 이를 '섬-우주'라고 표현했다" (아즈마 히로키, 『일반의지 2.0』, 안천 옮김, 현실문화, 2012, 115쪽). 섬-우주화 현상이 가장 활발하게 일어나는 것은 현실 정치의 영역이다. 예컨 대 2012년 총선을 떠올려보자. 트위터에 모여 있던 민주통합당 지지자들은

총선 대승을 예견했으나 결과는 새누리당이 50.7%를 득표하며 승리를 거두었다. 트위터에 모여 자기들이 보고싶은 것만 '팔로우'할 때, 이런 착각은 흔히 일어난다. "내 타임라인에서는 이계삼이 대통령이다"라는 녹색당 지지자들의 '자조 섞인 농담' 역시 섬-우주화의 착시 효과를 이해하고 있기 때문에 가능한 것이다.

24 특정한 시공간에서 근대국가가 형성되는 시기에 '내적인 평등'이라는 환상을 바탕으로 '우리'라는 경계를 조직하고 그 경계 내부의 단결을 추동하는 상상력으로 작동했던 'nation'을 한국어로 어떻게 번역할 것인가는 상당히 까다로운 문제다. 이 책에서는 민족, 국민, 종족민족, 민족-국민, 국족 등으로 번역되는 세계사적 보편으로서의 'nation'을 '네이션'으로 옮겼고 한국의 특수한 민족·국민 역시 '네이션'으로 통칭했다. '민족'이나 '국민'은 역사에서 부여되어온 견고한 의미가 있고, 따라서 지속적으로 조정되고 변화되어온 것으로서 '네이션'의 유동적인 성격을 포착하기에 충분치 않다고 판단했기 때문이다. 이는 가라타니 고진의 용법 및 고진 전문 번역가인 조영일의 번역에 기댄 것이다. 이후의 논의 전개에서 대개는 '네이션'을, 그 용어가 사용된 역사적 배경이나 성격을 살려야 하는 경우에는 상황에 맞게 '민족' '국민' 등을 사용했다.

25 베네딕트 앤더슨, 『상상의 공동체』, 윤형숙 옮김, 나남, 2003 참조.

26 Eve Kosofsky Sedgwick, *Between Men*, Columbia University Press, 1985 참조.

27 영화연구자 릭 알트만은 영화학에서의 앤더슨주의를 수정하면서 다음과 같이 말한다. "앤더슨은 네이션이 형성되던 그 순간에 집중하고 거기서 멈춤으로써, 그가 묘사했던 과정의 지속성이라는 본질을 포착하는 데 실패했다" (Rick Altman, *Film/Genre*, BFI, 1999, p. 198).

28 Alan Williams, "Introduction", Alan Williams ed., *Film and Nationalism*, Rutgers University Press, 2002, pp. 3~4.

29 이에 대한 자세한 논의는 손희정, 『21세기 한국영화와 네이션』, 중앙대학교

첨단영상대학원 박사학위 논문, 2014 참조.

30 이토 마모루, 앞의 책, 214쪽.

31 디시인사이드와 같은 남초 커뮤니티가 지속적인 재생산을 위해 어떻게 여성 혐오에 기댄 남성 연대의 메커니즘을 활용하고 있는지는 다음 글을 참조하라. 엄기호, 「신자유주의 이후, 새로운 남성성의 가능성/불가능성」, 『남성성과 젠더』, 자음과모음, 2011.

32 애런 제임스, 『또라이 트럼프』, 홍지수 옮김, 한국경제신문, 2016.

33 피에르 레비, 앞의 책, 17쪽.

34 "현대는 공사 구분을 기본 원리로 구성된 근대사회의 구조가 점차 붕괴하고 포스트모더니티 단계로 이행해왔다. '사적 영역'과 '공적 영역'이라는 이항 구도에서 일탈하는 새로운 '제3의 영역'이 확대되고 있다. 인터넷이라는 미디어 테크놀로지에 의한 미디어 환경의 변모만이 아니다. 인터넷으로 대표되는 커뮤니케이션 매체는 이 사회의 근본적 변화와 나란히, 그리고 이 변화를 기술 기반 측면에서 담보하면서, 사회 변화와 미디어, 사회 변동과 커뮤니케이션을 일체화하고 있다"(이토 마모루, 앞의 책, 132쪽).

어용 시민의 탄생 _포스트트루스 시대의 반지성주의

1 네이버 시사상식 사전의 '포스트트루스' 항목 참조.

2 '대안적 사실'은 2017년 1월 트럼프 행정부와 미국 언론이 트럼프 취임식 참석 인원을 두고 설전을 벌이는 가운데 등장한 신조어다. 미국 언론은 2009년 오바마 취임식과 2017년 트럼프 취임식의 인파를 비교하는 사진을 공개하면서 "역대 최저 지지율로 출범한 인기 없는 정권"이라고 보도한다. 이에 숀 스파이서(Sean Spicer) 백악관 대변인은 1월 21일 브리핑에서 "역사상 최대 취임식 인파" 등 사실과 다른 내용을 발표한다. 다음 날, NBC 〈미트 더 프레스(Meet the Press)〉에 출연한 켈리앤 콘웨이(Kellyanne Conway) 백악관 고문은 "왜 거짓말을 했느냐"는 질문을 받는다. 그러자 그는 "스파이서는 대안적 사

실을 제시한 것뿐"이라고 답했다.

3 팩폭은 '팩트 폭격', '팩트 폭력', '팩트 폭행' 등의 준말이다. 팩트로 인한 공격은 그 무엇보다 치명적이고 반박 불가능하다는 의미다.

4 모리모토 안리, 『반지성주의』, 강혜정 옮김, 세종서적, 2016.

5 위키백과의 '나무위키' 항목 참조.

6 '주작'의 원뜻은 '없는 사실을 꾸며 만듦'인데, 인터넷에서는 다른 사람이 거짓으로 썼다는 뜻으로 쓰인다.

7 이에 대해서는 이 책에 수록된 「'느낀다'라는 전쟁」과 이토 마모루의 『정동의 힘』(김미정 옮김, 갈무리, 2016)을 참조하라.

8 2016년 11월 11일에 검색한 나무위키의 '메갈리아' 항목 중 일부. 반년이 지나 2017년 6월 3일에 검색해보니 이 부분은 다음과 같이 변경되어 있었다. "2015년 8월 6일, 디시인사이드 메르스 갤러리가 독립하여 만들어진 사이트다. 이른바 여성 혐오라고 불리는 현상에 맞선다는 유사 명분을 내세우고 있으며, 이름의 유래도 이와 관련이 있다. 하지만 해당 사이트의 게시 글을 보면 이 명분을 부정하는, 각종 범법 및 반인륜적 요소가 전부다. 그 외 6·25 전사자 비하, 군인 및 동성애자 차별, 아동 성추행, 몰카 촬영 등으로 언론의 조명을 받았으나, 몇몇 여성주의 언론과 단체는 메갈리아를 '나쁜 페미니즘'으로 연대해 비판받았고, 여성주의의 어두운 사례로 언급되고도 있다." 취소선은 언제, 왜 사라졌을까? 여기에 취소선의 정치학이 놓여 있을지 모른다.

9 박가분, 『일베의 사상』, 오월의봄, 2013.

10 박가분, 『혐오의 미러링』, 바다출판사, 2016.

11 『전문지식의 죽음』의 저자 톰 니콜스는 《중앙일보》와의 인터뷰에서 이런 디지털 시대의 "나도 너만큼 똑똑해"라는 나르시시즘의 결과 전문 지식이 위기를 맞이했다고 설명한다(신봉준, 「"나도 너만큼 알아 … 사람들 더 이상 전문가 의견 안 들어」, 《중앙일보》, 2017년 5월 8일).

12 김혀섬, 「"게시글 삭제해달라" 문 당선에 일베 대거 탈퇴 조짐」, 《뉴시스》,

2017년 5월 10일.

13 일베가 한 명의 구루를 인정하지 않는 문제에 대해서는 디시 갤러리의 무한한 평등주의를 분석했던 이길호의 『우리는 디씨』(이매진, 2012)가 이해를 도와줄 수 있을 것이다.

14 '깨어 있는 시민의 상징색'은 노란색이다. 그런데 한국 사회에서 노란색은 이미 세월호와 더 강력하게 결부되어 있다는 점에서 사용이 조심스럽다. 이 글에서는 세월호의 노란 리본과의 연결 고리를 느슨하게 만들고, 어떤 정치적 스탠스를 언급하기 위해서 '옐로'를 사용한다.

15 최태섭, 「전자정의의 탄생, 사이버 공간의 정치 없는 정의의 기원」, 『모서리에서의 사유』, 알마, 2013, 220~226쪽.

16 최태섭은 《딴지일보》의 효과에 대한 비판에서 "논리적 비판 과정에 특정한 스타일을 입혔던 것이 초창기의 《딴지일보》라면, 이제는 논리적 비판 과정을 생략하고 스타일만 남아 형식적 비난만 일삼게 된 것이다. 당혹스러운 점은 《딴지일보》의 최신 성과물이라고 할 수 있는 〈나꼼수〉가 이런 경향성을 스스로 보이고 있다는 것"이라고 쓰고 있다(최태섭, 「닥치고 대중, 〈나는 꼼수다〉에 대한 부질없는 첨언」, 『모서리에서의 사유』, 알마, 2013, 271~272쪽).

17 '프레임 전쟁'은 2006년 번역 소개되어서 화제를 불러 모았던 조지 레이코프의 『코끼리는 생각하지마』(유나영 옮김, 삼인, 2006)를 통해 '당시 깨시민 현 옐로 스탠스'들에게 소개되었다. 이 책은 미국에서 공화당이 어떻게 다수의 정치적 의제에서 계속해서 스스로를 가시화하는지, 그리하여 프레임을 공화당 쪽으로 유리하게 짜는지를 분석한 책이다. 여기서 코끼리는 공화당의 상징이다.

18 〈나는 꼼수다〉의 에피소드들을 하나하나 확인해 인용할 수 없으므로, 김어준의 베스트셀러 『닥치고 정치』의 서문에서 그가 외쳤던 '무학의 통찰'을 인용하는 것으로 갈음하겠다. 그는 가능성 충만한 진보 정치의 새 얼굴, 그러나 재미가 없어서 안타까운 조국을 보다가 이 책을 작업하기 시작했다고 밝히

면서 '무학의 통찰'을 언급한다. "안 되겠다, 돕자"가 그의 동기였다면, 그의 무기는 "무학의 통찰"이었다(김어준, 『닥치고 정치』, 푸른숲, 2011, 4~5쪽).

19 김민하는 문재인 지지자들 사이에서 발휘되는 김어준의 영향력에 대해 다음과 같이 설명한다. "김어준이 왜 각광받고 위력을 갖추게 됐는지 기성 체제에 속한 언론이 반성할 부분이 있다. 항상 '떠받들어주는 문재인 지지자나 이런 사람들이 문제다'라는 말이 따르는데 김어준이 주는 효능감을 기성 언론이 주지 못하는 게 문제"라고 말한다. "인터넷에서 쓰이는 문법이 일반화된 사회에서 그 방식으로 효능감을 주는 건 크게 어렵지 않은 일인데, 정론적인 방식으로 효능감을 주는 건 굉장히 어려운 일"이라는 것이다(정철운, 「진보 언론의 오래된 습관, 복잡한 반성」, 《미디어오늘》, 2017년 5월 29일). 여기서 효능감이란 뉴스 소비자들이 '자신의 정치적 입장과 관점에서 봤을 때 합리적이라고 판단되는 뉴스'를 접했을 때 느끼는 만족감에 가깝다.

20 전상진, 『음모론의 시대』, 문학과지성사, 2014, 40쪽.

21 이 '패거리' 문화는 팬덤 현상과도 맞닿아 있다. 개인적 대화에서 문화연구자 오혜진은, '김어준(선동가)-정봉주(정치인)-주진우(기자)-김용민(지식인/테크노크라트)'이라는 구성은 대중들에게 "권력의 심부와 요직에 들어 있는 인물들로 구성된 '유사-사회'의 '정의의 군단'으로 소통되었다"고 평가했다. 이는 매우 흥미로운 지적이다. 더불어서 이런 다양한 캐릭터의 구성이 강력한 팬덤을 가능하게 하는 서사적 장치가 되었던 것 같다. 〈나는 꼼수다〉는 선과 악의 구분이 분명한 세계관을 바탕으로 거대 음모와 싸우는 남성 영웅들의 대하드라마이기도 것이다. 〈나는 꼼수다〉는 일종의 독립된 유니버스를 형성하고, 이후 계속 외전과 후속 시리즈를 생산해내고 있는 셈이다.

22 김홍중, 『마음의 사회학』, 문학동네, 2009, 52쪽.

23 이에 대해서는 다음 글을 참조하라. 오혜진, 「'오구오구 우쭈쭈' 시대의 문학」, 《한겨레》, 2017년 5월 15일.

24 아즈마 히로키, 『일반의지 2.0』, 안천 옮김, 현실문화, 2011.

25 유창선, 「MS 인공지능 대화 로봇, 대량학살 지지… 서비스 중단」, 《전자신문》, 2016년 3월 25일.

2부 지금 여기를 조망하는 페미니즘 비평

천공의 상상력과 영화—구멍 _근대적 인식과 영화가 놓친 세계, 그 구멍에 관하여

1 세월호 사건을 떠올리면, 이 세계에서 소멸되도록 내버려지는 존재들을 생각하게 된다. 국가의 (의도된) 무능과 자본의 (의도된) 몰도덕성은 어떤 생명들을 사라지게 방치한다. 여기서 소멸되는 것은 생명 그 자체만은 아니다. 생명의 소멸로 야기된 죽음조차도 충분히 주목되거나 설명되지 않은 채 다시 또 사라지도록 방기된다.

2 잘 알려진 이야기지만, 영화의 관음증을 의미하는 '피핑 톰'의 유래는 11세기 영국으로 거슬러 올라간다. 영국 런던 북서쪽 코번트리에서 악독하기 짝이 없는 영주가 세금을 과중하게 부과해 민중들의 고통이 날로 커져가자, 이를 보다 못한 영주의 부인 고디바가 영주에게 선처를 호소했다. 그러자 영주는 고디바에게 알몸으로 성 안을 돌면 세금을 낮춰주겠노라 약속했고, 고디바는 알몸으로 말 위에 오른다. 민중들은 그를 존중하는 마음으로 누구도 문 밖으로 나오거나 문 밖을 쳐다보지 않았다. 단 한 사람, 재단사 톰만은 호기심을 누르지 못한 채 그의 알몸을 훔쳐보았고, 종국엔 눈이 멀고 말았다고 한다. 이후 재단사 톰은 피핑 톰, 즉 관음증에 대한 은유로 언급되어왔다.

3 Hollis Frampton, "For a Metahistory of Film: Commonplace Notes and Hypotheses", _Circles of Confusion: Film, Photography, Video Texts 1968~1980_, Visual Studies Workshop Press, 1983.

4 조르조 아감벤은 근대인의 움직임 및 몸짓에 대한 관심과 영화 매체 등장 사이의 관계를 이해할 수 있는 흥미로운 관점을 제시한다. 그는 19세기 말에

자신의 몸짓을 결정적으로 잃어버린 서구 부르주아지들의 불안이 영화라는 매체와 연결되고 있다고 보았다. "자신의 몸짓을 잃어버린 사회는 잃어버린 것을 영화에서 되찾고자 하며, 동시에 영화에 그 상실을 기록하고자 한다"는 것이다. 자세한 내용은 다음 책을 참조하라. 조르조 아감벤, 「몸짓에 관한 노트」, 김상운·양창렬 옮김, 『목적 없는 수단』, 난장, 2009.

5 질 들뢰즈, 『시네마 I』, 유진상 옮김, 시각과 언어, 2002, 16쪽. 영화의 매체성 자체에 내재되어 있는 '억압의 본성'을 다루고 있는 이 글이 '간격의 가능성'을 말하는 들뢰즈의 작업을 인용하는 것은 이율배반처럼 보일 수도 있겠다. 그러나 이 글은 들뢰즈 작업에 대한 도전이라기보다는 영화라는 '가능성의 매체'가 발휘하는 다양한 효과 중 하나에 주목해보는 작업이다. 들뢰즈에 대한 도전은 이 글이 다뤄낼 역량의 범위 바깥에 있다.

6 Jonathan Beller, *The Cinematic Mode of Production*, Dartmouth College Press, 2006, pp. 9~10.

7 벨러는 여기에서 더 나아가 포드주의적 생산양식에서 포스트포드주의적 생산양식으로의 전환은 생산, 유통, 노동 주체 재생산이라는 모든 층위에서 '영화적 생산양식'으로의 전환이었음을 밝히고 있다. 그렇다면 기실 영화란 근대적 주체뿐만 아니라 탈근대적 주체 형성에도 직접적인 영향을 미쳐온 셈이다.

8 로버트 스탬, 『영화이론』, 김병철 옮김, K-books, 2012, 33~36쪽.

9 이런 맥락에서 멜리에스의 〈달세계 여행〉과 제임스 캐머런의 〈아바타〉(2009)를 비교해보는 작업은 상당히 흥미로울 것이다. 구체적인 상상력에서는 차이가 나지만, 두 작품 모두 서구의 과학기술이 어떻게 새로운 식민지를 개발할 수 있는지를 보여주고 있고, 시대적 감수성에 따라 그 과정에 '설득력'을 부여하고 있기 때문이다. 또한 〈달세계 여행〉이 20세기를 사로잡은 새로운 환영성을 선보이면서 근대인을 사로잡았다면, 〈아바타〉 역시 21세기형 3D 영화라는 완전히 새로운 영화적 환영성을 바탕으로 세계인을 사로잡았다.

10 존 그레이, 『동물들의 침묵』, 김승진 옮김, 이후, 2014.

11 로버트 스탬, 앞의 책, 33쪽.

12 '거대 서사'의 죽음이 선언된 이후 '주류 상업영화'에서조차 〈퍼니 게임〉(1997)
이나 〈메멘토〉(2000) 등의 선구적인 작업들이 보여주었던 방식으로 새로운
서사성과 시간성을 추구하는 작품들이 등장하고 있다. 그러나 이런 '새로운
도전'들이 과연 진보주의와 발전주의라는 역사관에 근본적인 전환을 가져왔
는가? 누구도 이에 대해 긍정적인 답을 내리기는 힘들 것이다.

13 앙리 베르그송, 『창조적 진화』, 황수영 옮김, 아카넷, 2005, 452쪽.

14 미디어시티서울 2014 〈괴력난신을 말하다〉 포럼 중에 한 발언이다.

우리 시대 이방인의 두 얼굴 _JTBC 〈비정상회담〉을 경유하여

1 '이자스민 악법'이란 당시 새누리당 국회의원이었던 이자스민이 발의한 '이
주아동권리보장기본법'을 일컫는다. 이 법안은 미등록 체류자(소위 '불법 체
류자')의 자녀일지라도 "출생신고를 가능하게 하고, 기초생활 수급권자에 준
하는 의료 혜택과 복지 혜택, 의무교육-"을 받게 하며, 미등록 체류자인 부모
도 "법무부 장관의 심사를 거쳐 특별체류가 가능하다는 점에서 다른 법안과
차별화"된다. 이전에 정청래 당시 새정치연합 국회의원이 발의한, 일부 네티
즌들에게 '이자스민의 미친 법안'으로 잘못 알려졌던 법안의 경우에는 미등
록 체류자 자녀의 "의료급여 수급권과 의무교육"만을 명시하고 있다(김상용,
「이주아동권리보장기본법」, 《서울경제》, 2014년 12월 24일).

'양성평등연대'는 이자스민 의원이 발의한 법안에 대해 "대한민국의 다문화
정책은 우리의 이웃이 될 만한 선량한 외국인이 아닌 불법 체류자, 범죄자들
을 무분별하게 받아들이고 있다"고 지적하면서 "이것은 망국으로 가는 지름
길"이라고 주장한다.

2 2014년 4월, 양성평등연대에서 발표한 다문화 대국민 호소문에 등장하는 내
용으로, 이 호소문은 2015년 1월 17일 이 단체의 페이스북 페이지에 동영상

으로 다시 업로드되었다.

3 근대 민족국가 혹은 국민국가의 구조를 자본-네이션-스테이트의 착종 관계로 이해하는 입장에 대해서는 다음 책을 참조하라. 가라타니 고진, 『네이션과 미학』, 조영일 옮김, 도서출판b, 2009.

4 유동적으로 변해온 네이션을 규정할 수 있는 것은 그 성격이 아니라 오히려 네이션이 역사에서 수행해온 역할, 즉 자본과 국가라는 통약 불가능한 영역을 종합하는 상상력의 측면이다. 이에 대해서는 다음 논문을 참조하라. 손희정, 『21세기 한국영화와 네이션』, 중앙대학교 첨단영상대학원 박사학위 논문.

5 신기욱, 『한국 민족주의의 계보와 정치』, 이진준 옮김, 창비, 2009.

6 베네딕트 앤더슨의 고전적 작업인 『상상의 공동체』가 네이션에 대한 이론적 작업들에 미친 영향은 따로 설명하지 않아도 될 것이다(Benedict Anderson, *Imagined Communities*, Verso, 1991). 이 글에서 말하는 앤더슨주의란, 네이션은 시원적이고 운명적인 것이 아니라 역사적이고 우연적인 것이며, 그 형성 과정에서 '미디어'가 핵심적인 역할을 했다는 이해를 바탕으로 한다. 애초에 그가 주목했던 미디어는 인쇄자본주의를 통해 등장했던 출판물과 신문 등이지만, 이후 여러 학자들에 의한 수정 작업을 거치면서 다양한 '미디어'의 역할에 주목하는 것으로 그 관심이 확장되었다. 이때의 네이션은 등장만으로 완성되는 것이 아니라 끊임없는 조정을 거치며 '유지되어야' 한다는 전제가 놓여 있다. 네이션의 유지 과정에 깊게 개입되어 있는 것이 다양한 미디어인 것이다.
특히 영화학에서의 '내셔널리즘' 탐구는 적극적으로 앤더슨주의를 수정해왔다. 이에 대해서는 다음 책들을 참조하라. Matte Hjort·Scott MacKenzie eds., *Cinema & Nation*, Routledge, 2000; Valentina Vitali·Paul Willemen eds., *Theorising National Cinema*, BFI, 2006.

7 게오르그 짐멜, 『짐멜의 모더니티 읽기』, 김덕영·윤미애 옮김, 새물결, 2006, 79~80쪽.

8 김현미, 『우리는 모두 집을 떠난다』, 돌베개, 2014, 20쪽.

9 군사정권이 서구 선진화의 빠른 달성을 위해 전면적으로 내걸었던 수사적 정책은 민족 공동체의 정체성을 내세우는 것이었다. 이는 반공 이데올로기를 통해 공산주의를 '이방인'화하고, 역사 및 전통의 강조를 통해 호모 내셔널리티(남성 중심의 민족 공동체)를 확립하는 방향으로 진행되었다. 물론 역사와 전통의 복원과 재건이라는 모토와 서구 지향적 산업자본주의 사이에 드러나는 모순과 대립을 군사정권이 인식하지 못했던 것은 아니다. 이 모순과 대립을 무마하기 위해 제기된 것이 바로 '동도서기'이며, 박정희에 의해 주장되었던 '한국식 민주주의'인 '관리 민주주의(administrative democracy)'다.

'동도(東道)'를 '서기(西器)'에 담기 위해 군사정권은 국민 교육을 통한 전통의 고취를 시도했고, 이를 위해 조직되었던 국민윤리교육연구회나 한국정신문화연구원 등은 남성을 중심으로 한국의 전통과 역사를 재구성해낸다. 그 결과 형성된 한민족 주체는 남성뿐이었다. 재현의 층위에서 이렇게 배타적으로 남성 중심적인 네이션의 역사에 여성은 민족의 어머니(신사임당), 민족의 꽃(논개), 민족의 누나(유관순) 등의 형태로 존재한다. 일부 역사 교과서에서 '유관순'을 뺀 것은 사회가 총체적으로 보수화될 때 어떻게 네이션의 '배타적 남성성'이 강화되는지를 보여주는 흥미로운 징후가 아닐 수 없다.

10 N. N. 페도토바, 「세계화 상황에서의 정체성 위기」, 김창민 외 편역, 『세계화 시대의 문화 논리』, 한울아카데미, 2005, 83~84쪽.

11 이와 관련해서는 다음 책을 참조하라. 천꽝싱, 『제국의 눈』, 백지운 외 옮김, 창작과비평사, 2003.

12 이 글에서는 1회부터 30회까지 초창기 에피소드를 그 분석 대상으로 삼는다.

13 2014년 론칭해서 2015년부터 정식 방송되고 있는 〈찰스〉의 카피는 '리얼 한국 정착기'로, 스스로 '이방인들을 위한 학교'를 표방한다. 진행자인 알렉스는 '담임선생님'으로 심지어 '출석부'를 들고 등장한다. 〈찰스〉는 기존 공중파의 이방인 재현 프로그램들이 외국인-이방인에 대해 가지고 있던 훈육적

태도를 '리얼'이라는 형식을 통해 그대로 보여주고 있다. 한편 남녀 이방인이 등장하는 프로그램의 이름이 왜 '찰스'인지도 생각해볼 만하지 않은가?

14 다음 논문은 이들 두 프로그램이 아시아 여성과 서구 여성 사이의 위계를 설정함으로써 "한국적 다문화주의의 이중적 잣대를 고착화"시키고 있음을 분석하고 있다. 김인영·박관영·이인희, 「TV 프로그램에 나타난 한국적 다문화주의의 특수성에 관한 미디어 담론」, 《Oughtopia: The Journal of Social Paradigm Studies》, vol. 24, no. 2, 2009.

15 이방인 재현에 젠더가 개입될 수밖에 없다는 문제의식은, 또 하나의 근본적인 질문과 연결된다. 그것은 젠더 자체가 어떻게 또다른 이방인을 생산해내는가이다. 〈미수다〉에서 '이방인'으로 재현되는 것은 비단 출연진이었던 외국인 여성들만이 아니었다. 프로그램에서 또 하나의 이방인으로 재현되고 그렇게 구성되었던 것은 누구보다 '한국인 여성들'이었다.

"한국 여자들에게 배우고 싶은 것은?"이라는 '흥미로운 주제'로 진행된 회차에서 출연진은 "동안" "길들이기" "다리" "냄새" 등의 키워드들을 제시한다. "동안"에서는 성형이나 시술, 과도한 화장품 소비 등 외모 관리에 '환장'하는 면모가, "길들이기"에서는 남성들 위에 군림하는 밀당의 달인으로서의 면모가, "다리"에서는 '양다리의 달인'이, 그리고 "냄새"에서는 '돈 냄새를 잘 맡는 한국 여성'이 화제가 된다. 개념을 탑재한 외국 미녀들의 언설, 그 언설을 교묘하게 유도해내는, 고정 출연자로는 유일하게 한국말을 유창하게 할 수 있는 남성 진행자(남희석), 그리고 그에 동조하는 한국 여성 게스트들에 의해 진정한 '김치녀'가 탄생한다. 여성이라는 것 자체가 '이방인'을 구성하는 조건이 되는 것이다.

이런 재현 관습에서 '루저의 난' 사건이 발생한 것은 어쩌면 자연스러운 일이다. '루저의 난'에 대해서는 다음 글을 참조하라. 채은하, 「〈미수다〉 루저의 난은 핑계일 뿐이다!」, 《프레시안》, 2009년 11월 12일.

16 김인영·박관영·이인희, 앞의 글, 84~85쪽. "소재 및 주제의 표현만 보아도

한국의 문화적 특성은 외국인 여성들에게 있어서 '놀라움의 대상'이며 '충격의 대상'으로 그려지고 있다. 이것은 한국 문화의 이색적 특성을 강조함과 동시에, 한국 문화가 그들에게는 비판의 대상으로 작용하고 있음을 보여준다."

17 이방인을 훈육의 대상으로, 한국 원주민을 그들을 교육하고 이끌어주는 선생으로 설정하면서, 남성 이방인은 공적 영역에 두고 여성 이방인은 사적 영역에 위치시키는 '고리타분'한 이방인 재현 프로그램 〈찰스〉는 〈미수다〉에 필적할 만한 '한국 문화 혐오'를 드러낸다. 이탈리아 요리 요리사인 줄리아의 시부모님은 폭력적으로 줄리아에게 한국 문화와 한국식 가족 관계를 강요하고, 크레페 장사 아노가 시장에서 만나는 어른들은 무례하고 폐쇄적이다. 〈찰스〉는 이를 구성과 편집, 자막을 통해 극대화시킨다.

18 마리아 미즈, 『가부장제와 자본주의』, 최재인 옮김, 갈무리, 2014, 175~176쪽.

집, 정주와 변주의 공간_교환가치로 착취되는 우리 시대 집의 풍경과 가능성

1 경향신문 특별취재팀, 『어디 사세요?』, 사계절, 2010, 19~28쪽. 이 책이 인용하고 있는 2008년 통계청 자료에 따르면, 주택 마련까지 대한민국 국민의 총 이사 횟수는 2~5회가 50.6%, 6~10회가 17.2%, 10회 이상이 6.1%에 달한다. '읍, 면, 동의 경계를 넘는 이사' 비율은 17.8%로, 일본의 4.3%나 미국의 11.5%에 비해 월등히 높다(같은 책, 29~35쪽).

2 에드워드 렐프, 『장소와 장소상실』, 김덕현·김현주·심승희 옮김, 논형, 2005, 65쪽.

3 데이비드 하비, 『희망의 공간』, 최병두 옮김, 한울아카데미, 2009, 247쪽. 하비는 미국 도시 개발과 발전에 대해 논하면서 이 문제를 지적하고 있지만, 토건 국가인 대한민국 역시 마찬가지였다.

경향신문 특별취재팀은 한국의 주택 문제를 논하면서 '건설 담합 구조'를 다룬 바 있다. 건설 재벌을 중심으로 관료 집단, 정치인, 언론 그리고 학자가 서로를 보완하는 구조인데, 이는 주택정책의 파행으로 이어진다(경향신문 특별

취재팀, 위의 책, 105~132쪽).

4 전상인, 『아파트에 미치다』, 이숲, 2009, 122쪽.

5 1970년대에 이미 "산업화된 사회에서 주거는 완전한 휴식과 재생산의 기능을 담당하게 되었고, 핵가족이 일반화된 상황에서 이상적인 주택에 대한 꿈을 담은 '마이 홈' '스위트 홈'이라는 캐치프레이즈가 등장하기 시작했다. 여성지에서는 멋진 주택 설계안들이 지면을 장식해 주부들의 가슴을 설레게 했으며, 아름다운 집을 가꾸고 실내를 치장하는 것이 유행처럼 번지기 시작했다"(전남일·손세관·양세화·홍형옥, 『한국 주거의 사회사』, 돌베개, 2008, 230~231쪽). '건강한 관계'에 대한 강박은 사회의 가치관이 가장 보수적으로 반영되는 상품 광고에서도 수십 년간 지속되었다. 최근의 대표적인 사례로 한국 P&G 페브리즈 광고를 들 수 있는데, 열심히 직장 생활을 하는 남편, 집을 '냄새 하나까지 깔끔하게' 관리하는 아내, 그리고 서로 사이가 적당히 좋은 남매가 등장하며, 개별 광고에 따라서는 시부모까지 등장해서 '대한민국의 건강 가족'을 보여준다. 이때 '냄새'뿐 아니라 '세균'까지 차단해주는 페브리즈는 외부의 모든 침입으로부터 '건강 가족'을 지키기 위한 필수용품이 된다.

6 렐프의 앞의 책은 원제가 'Place and Placelessness'인데, 한국어판은 이를 '장소와 무장소성'이 아닌 '장소와 장소상실'로 번역했다. 따라서 '장소상실'은 '무장소성'과 같은 의미로 이해될 수 있을 것이다. 렐프가 말하는 '무장소성'이란 어떤 공간에서 생활하는 개인과 공간이 맺는 유기적 관계를 무시하는 태도, 그리고 그 결과로 구성된 공간의 특성에 가깝다. 반면에 이 글에서는 '장소상실'을 공간의 구성보다는 개인의 존재론에 집중하는 개념으로 사용했다. 일단은 공간으로부터 추방되었거나 혹은 자발적으로 공간을 유기하면서 '공간과 개인의 관계에 집중하는 개념'인 '장소'를 상실하고 부유하는 상태를 말하며, 때로는 현실적인 차원에서 '주거권 박탈의 상태'를 뜻하기도 한다. 실제로 이를 유의미하게 활용하기 위해서는 향후 좀더 정치한 개념화가 필요할 것이다.

7 2009년 1월 20일 일어난 용산 참사 이후 경찰과 용역에 맞서 남일당 분향소를 지켰던 '용산 4상공 철대위' 23인의 여성들을 따라가는 다큐멘터리. 뼈대만 남은 건물에서, 시청 앞 거리에서, 그리고 생계의 터전이었던 가게에서 노숙을 하면서 그들은 결국 1년여 만에 장례를 치뤄내고, 투쟁에 참여했던 모두가 충분치는 않지만 공평하게 보상받을 수 있는 합의를 끌어낸다. 남일당에서 371일간 계속되었던 그들의 투쟁은 '고통스럽지만 아름다운 탈주/투쟁'으로 기록될 것이다.

8 카야노 도시히토는 부를 축적하려는 욕망이 폭력의 독점을 불러왔고, 그렇게 독점된 폭력을 정당화하는 수단으로 국민국가가 등장하게 되었다고 주장한다. 그는 "국가를 포함한 정치단체는 어째서 폭력을 수단으로 사용하는가?"라고 질문을 던지면서 그것은 "유익하다고 판단되는 것, 즉 부의 축적을 위해서"라고 대답한다. 상대의 수중에 있는 부를 빼앗기 위해 혹은 내 수중에 있는 부를 지키기 위해 상대보다 더 강한 힘을 행사할 수 있어야 하고, 그런 의미에서 폭력처럼 간편하고 분명한 수단은 없다. 만약 폭력이 지배와 복종의 수단이라면 반발과 같은 부작용을 염두에 두지 않을 수 없다. 그러나 단순히 부의 강탈과 유지에 그 목적이 있다면 그 효과는 분명하다는 것이다. 이때 "국민국가란 국가의 폭력에 정통성을 부여하는 하나의 장치"다(카야노 도시히토, 『국가란 무엇인가』, 김은주 옮김, 산눈, 2010).

앞서 언급했던 철거와 재개발 문제를 논하는 모든 다큐멘터리, 즉 현실적 기록이 보여주듯이 공권력은 단 한 번도 국민의 편을 들었던 적이 없고 언제나 자본의 편이었다. 도대체 납득할 수 없는 공권력의 모순은 이런 국가와 폭력, 그리고 부의 축적의 근본적인 관계가 폭로되는 순간 선명하게 설명된다.

9 밤섬은 1967년까지 62세대가 고기잡이, 약초 재배, 염소 방목 등을 하며 사람들이 살다가 여의도 개발을 위해 이주했고, 이후 여의도 제방을 쌓는 데 필요한 잡석 채취를 위해 폭파 해체되는 과정에서 지금의 형태를 이루게 된다. 1988년에는 LG그룹에서 2970만 원을 들여 갈대, 갯버들, 버들강아지, 찔레

등 5만여 포기의 식물을 심었으며, 1999년에 자연생태계보전지역으로 지정되었다. 밤섬은 그 자체로 서울의 공간 개발의 결과물이며 국가에 소속되어 있는 땅인 것이다.

10 "한국도시연구소는 '사회적 배제'를 사회구조적으로 다양한 영역에서의 박탈과 결핍, 불이익을 당해 사회·경제·정치 활동에 재대로 참여할 수 없게 됨으로써 인간으로서의 최소한의 기본권마저 침해당하는 상황이라고 정의하고, 빈곤의 영역을 주거 차원, 고용/취업 차원, 교육 차원, 건강 차원, 사회적 관계 차원, 물질적 영역의 차원으로 나누어서 보고 있다. 최선미는 사회적 배제를 사회적 권리가 인위적으로 억압되어 있는 경우로 보고, 배제의 유형을 심리적 배제, 경제적 배제, 정치적 배제로 구분하고 있다"(이정봉, 『빈곤의 형성과 재생산에 관한 연구』, 성공회대학교 석사학위 논문, 2006, 61~62쪽).

11 "추방과 탈주의 시대"를 말한 고병권 역시 『추방과 탈주』에서 "대중들의 (탈주라 할 수 있는) '난입'과 '탈퇴' 운동이 그 자체로 어떤 적극적인 대안을 구성하는 것은 아니다"라고 지적하면서 "하지만 이런 실천은 대안적 사회질서의 발명을 위한 중요한 성찰이 기회를 제공한다"고 그 가능성을 설명한다. 또한 그는 가장 강렬하면서도 거대한 탈주였던 2008년 촛불 시위의 '승패'를 어떻게 설명할 것인가라는 질문을 던지고 "그 대답보다 중요한 것은 그 문제를 다루는 방법"이라고 말한다. 우리는 아직 "과정 중에 있는 존재"이며 "승패를 확정하려는 열망은, 우리가 지금 '과정' 중에 있으며, 앞으로도 '과정 중의 존재'일 수밖에 없다는 사실을 부인하려는 태도, 좀더 정확히 말하자면 '과정을 빨리 끝내고 싶은' 피로감의 선물"이라는 것이다(고병권, 『추방과 탈주』, 그린비, 2009, 66~72, 102~110쪽).

촛불이라는 거대한 탈주가 인식의 변화에 어떻게든 영향을 미칠 것이며 우리는 그 과정 중에 있다는 고병권의 의견에 전적으로 동의하면서, 이 글은 그 인식의 변화와 함께 갈 수 있는 현실적 대안들에 대해 상상해보고자 했다.

12 위의 책, 80쪽.

13 종교혁명의 배경에 인쇄술의 혁명이 놓여 있었었듯이, 역사적 혁명의 순간에는 언제나 그 혁명을 가능하게 하는 매체들이 있었다. 인터넷 매체는 그 매체들과 어떤 변별점을 가지고 있는가?

장하준은 그의 베스트셀러에서 "인터넷보다 세탁기가 세상을 더 많이 바꿨다"는 선정적인 제목 아래 인터넷에 대한 지나친 맹신을 비판한다. 그는 "전보의 발명으로 인해 대서양을 건너 소식을 전하는 데에 필요한 시간이 2주일에서 7~8분으로 줄었으니 2500배가 넘게 빨라진 셈"이라면서 "인터넷은 팩스 전송 속도보다 겨우 5배 단축시켰다"고 지적한다(장하준, 『그들이 말하지 않는 23가지』, 김희정·안세민 옮김, 부키, 2010, 57~68쪽). 물론 인터넷의 가능성을 '속도'로만 평가하는 것은 어불성설이지만, 이 지적이 중요한 시사점을 남기는 것 또한 사실이다.

14 역사를 단선적인 진보로 이해하는 것은 물론 위험하다. 그러나 거대한 원형을 그리며 조금씩 앞으로 전진하는 나선형으로 보는 것은 가능하지 않은가. 그것이 이 글이 기대고 있는 조금은 위험한 가정이다.

15 Foucault, Michel, "Of Other Spaces", 1967 (http://foucault.info/documents/heteroTopia/foucault.heteroTopia.en.html). 푸코는 이와 같이 헤테로토피아의 첫째 성격을 규정한 뒤 이어서 또다른 네 가지 성격을 덧붙여 설명한다. 둘째, 헤테로토피아는 문화와 긴밀하게 연결되므로 역사가 진행됨에 따라 한 장소의 기능이 달라질 수 있다. 푸코는 시대에 따라 역할이 계속 변해온 묘지를 그 예로 설명한다. 셋째, 그 자체로는 공존할 수 없는 다양한 장소가 공존하는 한 장소로, 전 세계에서 온 각양각색의 식물이 공존하는 정원 역시 헤테로토피아로 설명된다. 넷째, 다양한 시간을 한 장소에 모아놓은 공간으로 박물관 같은 경우가 그렇다. 마지막으로 헤테로토피아는 열렸다 닫혔다 하는 공간이다. 공공장소와 달리 아무나 들어갈 수 없기 때문에 닫힌 공간이지만, 사우나처럼 어떤 특별한 의식이나 과정 후에는 들어갈 수 있다.

16 예를 들어 당시 진보신당의 노회찬 서울시장 후보에게는 "우리나라의 결혼

연령은 예전보다 많이 늦어지고 있을 뿐 아니라 비혼을 선택하는 이들도 늘어나고 있습니다. 특히 현 정책상 35세 이하의 미혼 여성은 전세자금 대출에 어려움을 겪습니다. 거주에 있어 결혼 여부로 차별을 받고 있는 것이라는 비판의 목소리도 높습니다. 이에 대해 귀 후보는 어떠한 생각을 가지고 있습니까"와 같은 질문을, 당시 국민참여당 김철 마포구의원 후보에게는 "마포구는 다른 지역의 비해 시민사회 운동, 생협 운동 등 다양한 운동들의 보금자리입니다. 다양한 시민사회 운동들은 해당 지역을 건강하게 만들며, 지역을 활기차게 만들고 있습니다. 이에 대한 귀 후보의 지원 방안은 무엇입니까" 등의 질문을 보내 답변서를 받았다. 물론 마레연의 질의에 무시로 일관한 후보도 있었다.

17 박예슬, 「소수자가 행복한 마포구를 원합니다」, 《오마이뉴스》, 2010년 4월 27일.

18 카페 마레연(http://cafe.daum.net/maporainbow2010)의 「카페 마레연에 오신 것을 환영합니다」라는 게시물 중에서. 2017년 7월 현재 카페 마레연은 그 활동이 정지된 상태다. 그러나 여전히 유의미한 사례로 주목해볼 수 있다.

19 다만 성소수자 시민권 운동을 통해 상상할 수 있는 '정주와 변주의 공간'으로서의 집은 빈곤 문제를 소외시킬 수 있다는 맹점을 남긴다. 이에 대해서는 추후 더 진지한 연구와 실례 조사가 필요하다. 그러나 성소수자로서의 삶이 사회적 배제를 통해 빈곤으로 이어지는 경우가 많다는 것 역시 함께 고려되어야 할 것이다.

기억의 젠더 정치와 대중성의 재구성 _대중 '위안부' 서사를 중심으로

1 이 글은 《문학동네》 2016년 여름호에 수록된 권명아의 「'대중 혐오'와 부대낌의 복잡성」에 대한 응답이다. 그는 내가 《씨네21》에 기고했던 〈귀향〉(조정래, 2015)에 대한 비평(「어떻게 새로운 '우리'를 상상할 것인가」, 《씨네21》, 2016년 3월 16일)을 비판하면서 "엘리트 페미니스트가 대중 혐오에 사로잡혀 대중의 부대낌(정동)을 이해하지 못한 채 페미니즘의 계몽적인 비평 언어로 혐오 담

론을 양산하고 있다"고 평가했다. 글을 재차 읽어도 납득이 가지 않아 좀 지독한 평가라 생각했다. 그러나 비판에 대한 반박에만 집중하는 것은 별 의미가 없어 보인다. 무엇보다 그가 그런 비평을 쓴 이유를 잘 알고 있기 때문이다. 그것은 기실 나로 하여금 〈귀향〉 비평을 쓰게 한 '염려스러운 맥락'과 다르지 않다. 다만 이론적인 입장이 다르고, 더불어서 '이 난국을 어떻게 헤쳐나갈 것인가'라는 전략을 판단하는 정치적 입장이 다르기 때문에, 결국 해석도 달라진 것이라 생각한다. 따라서 무엇보다 중요한 것은 작금의 상황을 둘러싼 다양한 입장 차를 예민하게 인식하는 풍부한 논쟁을 통해 더 생산적인 담론의 장을 펼쳐내는 것일 터다. 그러므로 나는 이 글에서 권명아에 대한 반박보다는 그가 시작한 논쟁을 이어가면서 확장하는 것에 집중하고자 했다.

2 2016년 6월 제18회 서울국제여성영화제에서는 '쟁점: 일본군 위안부, 기억의 극장' 섹션을 기획하고, 〈귀향〉 〈눈길〉 〈레드 마리아2〉 〈침묵〉(박수남, 2016) 〈잊혀진 필리핀 위안부〉(비욘 엔센, 2015) 〈22: 용기 있는 삶〉(궈커, 2015) 등 6편의 '위안부' 관련 작품을 상영했다. 이와 함께 '일본군 위안부 재현과 문화정치'라는 포럼을 개최했는데, 여기서 〈레드 마리아2〉와 〈눈길〉은 〈귀향〉과 함께 가장 논쟁적인 작품으로 다루어졌다. 이 글의 초고 역시 이 포럼에서 〈기억의 젠더 정치와 대중성의 재구성: '제18회 서울국제여성영화제' 상영작을 중심으로〉라는 제목으로 발표되었다.

3 『제국의 위안부』는 '위안부' 문제에 대한 대중적 관심을 다시 환기시켰다는 점에서는 유의미한 역할을 했다. 그러나 중요한 것은 '어떤 방향으로' 다시 환기시켰느냐일 것이다. 그런 관점에서 보면 『제국의 위안부』는 오히려 '위안부' 논의를 퇴보시키고 단순화하고 있다는 점에서 문제적이다.

4 임옥희는 『제국의 위안부』를 대안적 서사를 선보이는 '문학'으로 이해하자고 제안한다. 연구의 결과로서 『제국의 위안부』가 점하는 위상에 동의할 수 없으면서도 그 의의를 폄하하지 않으려는 여성학자의 고심이 느껴지는 대목이다(임옥희, 「'제국의 위안부', 세계의 상식에 도전하는 문학」, 《말과활》 10호,

2016).

5 '강제 연행'이나 '노예사냥'보다, 이른바 '민간업자'에 의한 '취업 사기'에 집중하는 것도 문제적이지만, 더 중요한 것은 징모 과정의 자발성이 일본 제국의 책임을 해소시키는 것은 아니라는 점이다. "군위안소 제도와 관련된 일본의 국가 책임이 징모에만 국한되지 않는다는 사실은 말할 필요도 없다. 일본의 국가 책임은 군위안부의 징모뿐만 아니라 이송, 군위안소 설치, 운영 및 통제, 전후 처리 등 모든 정책 과정에 있다"(윤명숙, 『조선인 군위안부와 일본군 위안소 제도』, 최민순 옮김, 이학사, 2015, 38쪽).

6 〈레드 마리아2〉는 다큐멘터리이면서도 잘 짜여진 대중 서사다. 지극히 개인적 층위인 '나의 어머니'에 대한 이야기를 액자로 설정하고, 그 액자 안에서 위안부 문제와 성노동 문제라는 두 개의 거대한 서사를 엮어낸다. 그것이 마치 하나의 이야기인 것처럼. 관객-대중은 이 유려한 이야기꾼에게 쉽게 설득당하지만, 기실 그것들은 하나의 이야기가 아니다.

7 우에노 지즈코, 『위안부를 둘러싼 기억의 정치학』, 이선이 옮김, 현실문화, 2014, 228~252쪽.

8 손종업 외, 「서문: 제국의 변호인, 그리고 거짓말」, 『제국의 변호인 박유하에게 묻다』, 도서출판 말, 2016, 8쪽.

9 이진경, 『서비스 이코노미』, 나병철 옮김, 소명출판, 2015, 40쪽.

10 우에노 지즈코에 따르면 처음 오키나와에 위안소가 설치될 때 "현지 부인 단체는 '풍기가 문란해진다'는 이유로 반대 신청을 했는데, 이에 대해 군은 '양가 자녀의 정조를 지킨다'는 논리로 설득했다. 여기에 현지 여성들도 납득해 위안소를 받아들였다"고 한다. 지즈코는 "오키나와 여성의 정조가 한국인 여성의 희생으로 황군 병사에게 능욕당할 가능성으로부터 '지켜졌던' 것"이라고 부연한다(우에노 지즈코, 앞의 책, 115쪽).

11 "성폭행의 재범률은 확실히 높고, 영화를 만들 당시 출소하자마자 바로 성폭행을 저지른 사건이 실제로 일어났던 걸 보고 그대로 사용한 거였다. 성 충

동을 억누르지 못하는 남성의 심리가 과거 일본군이 위안소를 설치한 하나의 동기로 존재했을 수 있다는 생각이었다. 그리고 그 장면에서는 내가 직접 전과자를 연기할 생각이었다. 남성으로서의 죄의식이 있었는데 그게 단편적인 속죄라도 되지 않을까 싶었다. 다들 반대해서 그만뒀지만(웃음)"(윤혜지, 「조정래 감독 인터뷰: 그저 이 땅에 영령을 모셔오고 싶었던 게 다다」,《씨네21》, 2016년 3월 1일).

12 권명아, 앞의 글.

13 여기서 다루고 있는 〈눈길〉과 〈귀향〉의 위안부 서사 및 재현 비교는 젠더 연구자 류진희, 오혜진, 허윤과의 대화에서 많은 영감과 아이디어를 얻었다.

14 〈눈길〉은 KBS 광복 70주년 특집 드라마로 기획되어 2015년 초에 방영되었고, 극장판으로 재편집하여 개봉했다. 드라마판은 심달연의 꽃 그림으로 시작하지만, 극장판에서는 이 부분이 빠졌다.

15 권명아, 앞의 글.

16 장수희, 「비명이 도착할 때: 〈귀향〉을 둘러싼 각축전과 말 없는 비명」,《여/성이론》, 2016년 여름.

17 2016년 6월 5일, 제18회 서울국제여성영화제 관객과의 대화 중에 했던 유보라 작가의 말이다. 나는 이 행사에 진행자로 참여하여 무대에 있었던 탓에 그의 말을 기록할 수 없는 상황이었다. 따라서 이는 기억에 의존한 재구성으로 정확한 기록은 아니다.

18 유보라 작가는 관객과의 대화에서 재차 '여성 연대'야말로 '위안부' 문제를 해결할 수 있는 중요한 조건임을 강조한다.

19 이 장면의 의미에 대해서는 이미 장수희가 훌륭하게 해석한 바 있다. "일본군 '위안부' 생존자인 '영옥'은 동사무소에 피해 신고를 하러 가서, '어떤 미친 사람이 그런 걸 신고하겠어'라고 조롱하는 공무원을 향해 "내가 바로 그 미친년이다!"라고 외친다. 영화는 주인공의 얼굴을 정면으로 클로즈업해서 관객과 마주보게 한다. 일본군 '위안부' 생존자가 관객을 똑바로 바라보며 말

을 거는 장면이다. 이 영화를 보는 당신들도 일본군 '위안부' 문제와 생존자
들의 삶에 대한 목격자가 되라는 촉구인 것이다"(장수희, 앞의 글, 234쪽).

20 손희정, 앞의 글.

21 정동의 사회성과 역사성을 탐구하는 이론가 사라 아메드가 그의 대표적인
작업 『The Cultural Politics of Emotion』에서 중점적으로 다루고 있는 것이
이런 정동의 관습성과 역사성이다. 특히 감정(emotion)이 유통을 통해서 정
동(affect)으로 작동하는 것에 대해서는 다음 책을 참조하라. Sara Ahmed, *The
Cultural Politics of Emotion*, Routledge, 2015, pp. 44~49.

22 사라 아메드, 「행복한 대상」, 멜리사 그레그·그레고리 시스워스 편저, 『정동
이론』, 최성희 외 옮김, 갈무리, 2016, 76쪽.

참고 자료

한국어 참고 문헌

- 가라타니 고진, 『네이션과 미학』, 조영일 옮김, 도서출판b, 2009.
- 가라타니 고진, 『트랜스크리틱』, 송태욱 옮김, 한길사, 2005.
- 강내희, 『신자유주의 시대 한국문화와 코뮌주의』, 문학과학사, 2009.
- 게오르그 짐멜, 『짐멜의 모더니티 읽기』, 김덕영·윤미애 옮김, 새물결, 2006.
- 경향신문 특별취재팀, 『어디 사세요?』, 사계절, 2010.
- 고병권, 『추방과 탈주』, 그린비, 2009.
- 고윤희, 『2000년대 한국영화에 나타난 여성 캐릭터 위축현상』, 한양대학교 석사학위 논문, 2011.
- 고은광순 외, 『제국의 변호인 박유하에게 묻다』, 도서출판 말, 2016.
- 권김현영 외, 『남성성과 젠더』, 자음과모음, 2011.
- 권김현영 외, 『대한민국 넷페미사』, 나무연필, 2016.
- 권은선, 「신자유주의 문화 논리와 여성의 정체성: 〈미녀는 괴로워〉, 〈써니〉, 〈댄싱 퀸〉을 중심으로」, 《영상예술연구》 21호, 2012.
- 김경태, 「야오이를 전유한 동아시아 남성 동성애 영화 재고」, 《영상예술연구》 19호, 2001.
- 김소영 외, 『아틀란티스 혹은 아메리카』, 현실문화연구, 2001.
- 김수아, 「한국사회 사이버공간과 젠더정치」, 《한국언론학회 심포지움 및 세미나》, no.7, 2011.

- 김어준, 『닥치고 정치』, 푸른숲, 2011.
- 김인영·박관영·이인희, 「TV 프로그램에 나타난 한국적 다문화주의의 특수성에 관한 미디어 담론」, 《Oughtopia: The Journal of Social Paradigm Studies》, vol.24, no.2, 2009.
- 김조광수, 「〈후회하지 않아〉 기획에서 개봉까지」, 《독립영화》, 2007.
- 김종엽, 「87년체제론에 부쳐」, 김종엽 외, 『87년체제론』, 창비, 2009.
- 김현미, 『우리는 모두 집을 떠난다』, 돌베개, 2014.
- 김현정, 「디지털 시대, 천만 관객 영화에 대한 고찰」, 《2015 춘계학술대회 자료집: 무엇이 천만 영화관객 시대를 만드는가?》, 한국영화학회, 2015.
- 김홍중, 『마음의 사회학』, 문학동네, 2009.
- 김효진, 「'동인녀'의 발견과 재현: 한국 순정만화의 사례를 중심으로」, 《아시아문화연구》 20집, 2013.
- 노중기, 『한국의 노동체제와 사회적 합의』, 후마니타스, 2008.
- 데이비드 하비, 『희망의 공간』, 최병두 옮김, 한울아카데미, 2009.
- 로버트 스탬, 『영화이론』, 김병철 옮김, K-books, 2012.
- 록산 게이, 『나쁜 페미니스트』, 노지양 옮김, 사이행성, 2016.
- 류진희, 「'촛불 소녀'와 그 이후, 이천 년대 한국 여성의 탈/인종화」, 《한국 사회와 성/문제: 식민지 자본주의에서 신자유주의까지》, 성균관대 동아시아학술원 인문한국연구소·국제한국문학문화학회, 2015.
- 리베카 솔닛, 『남자들은 자꾸 나를 가르치려 든다』, 김명남 옮김, 창비, 2015.
- 마리아 미즈, 『가부장제와 자본주의』, 최재인 옮김, 갈무리, 2014.
- 마리아 미즈·베로니카 벤홀트톰젠, 『자급의 삶은 가능한가』, 꿈지모 옮김, 동연, 2013.
- 마사 너스바움, 『혐오와 수치심』, 조계원 옮김, 민음사, 2015.
- 멜리사 그레그·그레고리 시스워스 편저, 『정동 이론』, 최성희 외 옮김, 갈무리, 2016.

- 모리모토 안리, 『반지성주의』, 강혜정 옮김, 세종서적, 2016.
- 문지영, 『지배와 저항』, 후마니타스, 2011.
- 미셸 푸코, 『감시와 처벌』, 오생근 옮김, 나남, 2003.
- 박가분, 『일베의 사상』, 오월의봄, 2013.
- 박가분, 『혐오의 미러링』, 바다출판사, 2016.
- 박권일 외, 『지금, 여기의 극우주의』, 자음과모음, 2014.
- 베네딕트 앤더슨, 『상상의 공동체』, 윤형숙 옮김, 나남, 2003.
- 베아트리즈 콜로미나, 『섹슈얼리티와 공간』, 강미선 외 옮김, 동녘, 2005.
- 손희정, 『한국의 근대성과 모성재현의 문제』, 중앙대학교 첨단영상대학원 석사학위 논문, 2005.
- 손희정, 『21세기 한국영화와 네이션』, 중앙대학교 첨단영상대학원 박사학위 논문, 2014.
- 손희정, 「성적 수치심과 혐오의 프로파간다」, 《웹진 글로컬포인트》 2호, 2015.
- 손희정, 「이제 '메갈-이후'를 봐야 할 때」, 《르몽드 디플로마티크》 97호, 2016년 10월.
- 손희정, 「시간 속의 페미니즘」, 《릿터》 2호, 2016.
- 스튜어트 월턴, 『인간다움의 조건』, 이희재 옮김, 사이언스북스, 2012.
- 신기욱, 『한국 민족주의의 계보와 정치』, 이진준 옮김, 창비, 2009.
- 실비아 월비, 『가부장제 이론』, 유희정 옮김, 이화여자대학교 출판부, 1996.
- 실비아 페데리치, 『캘리번과 마녀』, 황성원·김민철 옮김, 갈무리, 2011.
- 심보선, 『그을린 예술』, 민음사, 2013.
- 아즈마 히로키, 『동물화하는 포스트모던』, 이은미 옮김, 문학동네, 2007.
- 아즈마 히로키, 『일반의지 2.0』, 안천 옮김, 현실문화, 2012.
- 안토니오 네그리·마이클 하트, 『다중』, 조정환·정남영·서창현 옮김, 세종서적, 2008.
- 알랭 바디우, 『윤리학』, 이종영 옮김, 동문선, 2001.

- 앙리 베르그송, 『물질과 기억』, 박종원 옮김, 아카넷, 2005.
- 앙리 베르그송, 『창조적 진화』, 황수영 옮김, 아카넷, 2005.
- 애런 제임스, 『또라이 트럼프』, 홍지수 옮김, 한국경제신문, 2016.
- 앤 브룩스, 『포스트페미니즘과 문화 이론』, 김명혜 옮김, 한나래, 2003.
- 엄기호, 『단속사회』, 창비, 2014.
- 엄혜진, 『신자유주의 시대 한국의 자기계발 담론에 나타난 여성 주체성과 젠더 관계』, 서울대학교 박사학위 논문, 2015.
- 에드워드 렐프, 『장소와 장소상실』, 김덕현·김현주·심승희 옮김, 논형, 2005.
- 우에노 지즈코, 『위안부를 둘러싼 기억의 정치학』, 이선이 옮김, 현실문화, 2014.
- 유지나·변재란 엮음, 『페미니즘/영화/여성』, 여성사, 1993.
- 윤명숙, 『조선인 군위안부와 일본군 위안소 제도』, 최민순 옮김, 이학사, 2015.
- 윤보라 외, 『여성 혐오가 어쨌다구?』, 현실문화, 2015.
- 윤택림, 『한국의 모성』, 미래인력연구센타, 2001.
- 이길호, 『우리는 디씨』, 이매진, 2012.
- 이나영 외, 『다시 보는 미디어와 젠더』, 이화여자대학교출판문화원, 2013.
- 이영자, 「페미니즘의 대중화: 몇 가지 유형에 관한 가능성과 딜레마의 탐색」, 《한국여성학》 18권 1호, 2002.
- 이정봉, 『빈곤의 형성과 재생산에 관한 연구』, 성공회대학교 석사학위 논문, 2006.
- 이진경, 『사회구성체론과 사회과학 방법론』, 그린비, 2008.
- 이진경, 『서비스 이코노미』, 나병철 옮김, 소명출판, 2015.
- 이토 마모루, 『정동의 힘』, 김미정 옮김, 갈무리, 2016.
- 이화정, 「포스트페미니즘 드라마에 대한 수용자의 선호연구: 〈달콤한 나의 도시〉의 시청자 게시판을 중심으로」, 《기초조형학연구》 13호, no.2, 2012.

- 임옥희, 「'제국의 위안부', 세계의 상식에 도전하는 문학」, 《말과활》 10호, 2016.
- 자크 랑시에르, 『민주주의는 왜 증오의 대상인가』, 허경 옮김, 인간사랑, 2011.
- 장수희, 「비명이 도착할 때: 〈귀향〉을 둘러싼 각축전과 말 없는 비명」, 《여/성이론》, 2016년 여름.
- 장하준, 『그들이 말하지 않는 23가지』, 김희정·안세민 옮김, 부키, 2010.
- 장 보드리야르, 『소비의 사회』, 이상률 옮김, 문예출판사, 1992.
- 전남일, 『한국 주거의 공간사』, 돌베개, 2010.
- 전남일·손세관·양세화·홍형옥, 『한국 주거의 사회사』, 돌베개, 2008.
- 전상인, 『아파트에 미치다』, 이숲, 2009.
- 전상진, 『음모론의 시대』, 문학과지성사, 2014.
- 전혜영, 「포스트페미니즘 시대, 여성전용 사이버공간의 필요성과 페미니즘의 역할」, 《여성연구논총》 28호, 2013.
- 전혜원·천관율, 「'김치녀'은 어떻게 탄생하게 되었을까」, 《시사인》 392호, 2015년 3월 21일.
- 정정훈, 「민주주의의 직접성, 데모스의 봉기적 사건과 연합된 역량의 결사체」, 《문화과학》, 2014년 겨울.
- 정정훈, 「혐오 발화는 무엇의 지표인가?: 한국의 사회적 변동 국면에서 혐오 발화의 위치에 관하여」, 이나코스 포럼 〈혐오의 발화정치학〉 미간행 발제문, 2015.
- 조르조 아감벤, 『목적 없는 수단』, 김상운·양창렬 옮김, 난장, 2009.
- 조은·이정옥·조주현, 『근대가족의 변모와 여성문제』, 서울대학교 출판부, 1997.
- 조혜영, 「상호매개적 페미니즘」, 《문학동네》, 2016년 가을.
- 조혜정, 『한국의 여성과 남성』, 문학과지성사, 1988.

- 존 그레이, 『동물들의 침묵』, 김승진 옮김, 이후, 2014.
- 줄리아 크리스테바, 『공포의 권력』, 서민원 옮김, 동문선, 2001.
- 지그문트 바우만, 『쓰레기가 되는 삶들』, 정일준 옮김, 새물결, 2008.
- 지그문트 바우만, 『유동하는 공포』, 함규진 옮김, 산책자, 2009.
- 지그문트 바우만, 『모두스 비벤디』, 한상석 옮김, 후마니타스, 2010.
- 지그문트 바우만, 『새로운 빈곤』, 이수영 옮김, 천지인, 2010.
- 질 들뢰즈, 『시네마 I』, 유진상 옮김, 시각과언어, 2002.
- 천꽝싱, 『제국의 눈』, 백지운 외 옮김, 창작과비평사, 2003.
- 최병두, 『근대적 공간의 한계』, 삼인, 2002.
- 최태섭, 『모서리에서의 사유』, 알마, 2013.
- 카야노 도시히토, 『국가란 무엇인가』, 김은주 옮김, 산눈, 2010.
- 태혜숙 외, 『한국의 식민지 근대와 여성 공간』, 여이연, 2004.
- 피에르 레비, 『집단지성』, 권수경 옮김, 문학과지성사, 2002.
- 홍성태, 『생태문화도시 서울을 찾아서』, 현실문화연구, 2005.
- 후지메 유키, 『성의 역사학』, 김경자·윤경원 옮김, 삼인, 2004.

외국어 참고 문헌

- Alan Williams ed., *Film and Nationalism*, Rutgers University Press, 2002.
- Angela McRobbie, "Post-Feminism and Popular Culture", *Feminist Media Studies* 4(3), 2004.
- Benedict Anderson, *Imagined Communities*, Verso, 1991.
- Erica L. Johnson·Patricia Moran eds., *The Female Face of Shame*, Indiana University Press, 2013.
- Eve Kosofsky Sedgwick, *Between Men*, Columbia University Press, 1985.
- Hilary Radner · Rebecca Stringer eds., *Feminism at the Movies*, Routledge,

2011.

- Hollis Frampton, "For a Metahistory of Film: Commonplace Notes and Hypotheses", *Circles of Confusion*, Visual Studies Workshop Press, 1983.
- Joanne Hollows·Rachel Moseley eds., *Feminism in Popular Culture*, Berg Publishers, 2005.
- Jonathan Beller, *The Cinematic Mode of Production*, Dartmouth College Press, 2006.
- Jonathan Crary, *Techniques of the Observer*, MIT Press, 1991.
- Lorraine Gamman·Margaret Marshment eds., *The Female Gaze*, Real Comet Press, 1991.
- Marjorie Rosen, *Popcorn Venus*, Coward, McCann&Geoghegan, 1973.
- Matte Hjort·Scott MacKenzie eds., *Cinema & Nation*, Routledge, 2000.
- Maurice Hallbwachs, *On Collective Memory,* University of Chicago Press, 1992.
- Michel Foucault, "Of Other Spaces", 1967 (http://foucault.info/documents/heteroTopia/foucault.heteroTopia.en.html).
- Nancy Fraser, *Justice Interruptus*, Routledge, 1997.
- Rick Altman, Film/Genre, BFI, 1999.
- Simon Critchley·Carl Cederstrom·Todd Kesselman, *Impossible Objects*, Polity Press, 2011.
- Susan Faludi, *Backlash*, Vintage, 1991.
- Valentina Vitali·Paul Willemen eds., *Theorising National Cinema*, BFI, 2006.

참고 영화

- 〈고지전〉(장훈, 2011)
- 〈구멍〉(차이밍량, 1998)
- 〈귀향〉(조정래, 2015)
- 〈김씨 표류기〉(이해준, 2009)
- 〈눈길〉(이나정, 2017)
- 〈댄싱 퀸〉(이석훈, 2012)
- 〈로드무비〉(김인식, 2002)
- 〈레드 마리아2〉(경순, 2015)
- 〈만신〉(박찬경, 2013)
- 〈미녀는 괴로워〉(김용화, 2006)
- 〈반가운 살인자〉(김동욱, 2010)
- 〈써니〉(강형철, 2011)
- 〈왕의 남자〉(김준익, 2005)
- 〈용산 남일당 이야기〉(오두희, 2010)
- 〈우리집에 왜왔니〉(황수아, 2009)
- 〈지구를 지켜라!〉(장준환, 2003)
- 〈페스티발〉(이해영, 2010)
- 〈화이〉(장준환, 2013)
- 〈후회하지 않아〉(이송희일, 2006)

찾아보기

발표 지면

- **혐오의 시대** _혐오는 어떻게 이 시대의 문제적 정동이 되었는가:《여/성이론》, 2015년 여름.
- **페미니즘 리부트** _한국영화를 통해 본 포스트페미니즘과 그 이후:《문화과학》, 2015년 가을.
- **젠더전과 '퓨리오숙'들의 탄생** _2010년대 중반, 파퓰러 페미니즘에 대한 소고:《여/성이론》, 2016년 여름.
- **'느낀다'라는 전쟁** _미디어-정동 이론의 구축, 그리고 젠더적 시선 기입하기:《민족문학사연구》, 2016년 12월.
- **어용 시민의 탄생** _포스트트루스 시대의 반지성주의:《말과활》, 2017년 여름.
- **천공의 상상력과 영화-구멍** _근대적 인식과 영화가 놓친 세계, 그 구멍에 관하여:《해시태그》1호, 2015.
- **우리 시대 이방인의 두 얼굴** _JTBC 〈비정상회담〉을 경유하여:《문화과학》, 2015년 봄.
- **집, 정주와 변주의 공간** _교환가치로 착취되는 우리 시대 집의 풍경과 가능성:《대중서사연구》25호, 2011년 6월.
- **기억의 젠더 정치와 대중성의 재구성** _대중 '위안부' 서사를 중심으로:《문학동네》, 2016년 가을.

페미니즘 리부트
혐오의 시대를 뚫고 나온 목소리들

ⓒ 손희정

초판 1쇄 발행 | 2017년 8월 1일
초판 3쇄 발행 | 2021년 9월 30일

지은이 | 손희정
펴낸이 | 임윤희
디자인 | 송윤형
제작 | 제이오

펴낸곳 | 도서출판 나무연필
출판등록 | 제2014-000070호(2014년 8월 8일)
주소 | 08608 서울 금천구 시흥대로73길 67 금천엠타워 1301호
전화 | 070-4128-8187
팩스 | 0303-3445-8187
이메일 | woodpencilbooks@gmail.com
페이스북·인스타그램 | @woodpencilbooks

ISBN | 979-11-87890-02-7 93300

• 이 책의 국립중앙도서관 출판시도서목록(CIP)은 e-CIP 홈페이지(www.nl.go.kr/cip.php)와
국가자료공동목록시스템(www.nl.go.kr/kolisnet)에서 이용하실 수 있습니다.
(CIP 제어번호 : CIP2020020499)

●

**Feminism
Reboot**